Axel Dammler/Ingo Barlovic/Brigitte Melzer-Lena

Marketing für Kids und Teens

Axel Dammler/Ingo Barlovic/Brigitte Melzer-Lena

Marketing für Kids und Teens

Wie Sie Kinder und Jugendliche als Zielgruppe richtig ansprechen

Die Deutsche Bibliothek – CIP-Einheitsaufnahme

Dammler, Axel:
Marketing für Kids und Teens : wie Sie Kinder und Jugendliche als Zielgruppe richtig ansprechen / Axel
Dammler/Ingo Barlovic/Brigitte Melzer-Lena. – Landsberg/Lech : mi, Verl. Moderne Industrie, 2000
ISBN 3-478-24530-3

© 2000 verlag moderne industrie, 86895 Landsberg/Lech
Internet: http://www.mi-verlag.de

Umschlaggestaltung: Farenholtz Büro für Gestaltung, Landsberg/Lech
Satz: Fotosatz Amann, Aichstetten
Druck: Himmer, Augsburg
Bindearbeiten: Thomas, Augsburg
Printed in Germany 240 530/030003
ISBN 3-478-24530-3

Inhaltsverzeichnis

Vorwort

„Ho, Ho, Ho Chi Minh", dieser Schlachtruf einer politisierten Jugendgeneration in den späten 60er Jahren, die nicht nur gegen den Muff unter den Talaren deutscher Professoren, sondern gegen das Establishment an sich rebellierte, gab auch den Anstoß für die Jugendforschung in Deutschland. Die legendären „Schwabinger Krawalle" brachten nicht nur die Münchner Polizei zum Nachdenken, ob man mit dieser Jugend nicht anders in den Dialog kommen könnte als mit Schlagstöcken und Wasserwerfern. Damals bahnbrechend modern: es wurde der erste Polizeipsychologe eingestellt, der junge Polizisten auf Verständnis- und Diskussionskurs mit demonstrierenden Studenten bringen sollte.

Hier meldete sich eine Jugend lautstark mit eigenen politischen Anliegen zu Wort und hat diese zumindest zu Beginn auch mit sehr viel Witz vertreten, wie die kabarettistischen Auftritte des Kommunarden Fritz Teufel vor der deutschen Gerichtsbarkeit eindrucksvoll belegten. Die APO, allen voran Rudi Dutschke, hat es damals verstanden, der jungen Generation zu einer eigenen Stimme zu verhelfen, und dies hat dazu geführt, dass man die Jugend unter einem ganz neuen Blickwinkel wahrnahm.

Allen war mit einem Schlag klar, dass es für einen Dialog zwischen den Generationen unerlässlich geworden war, sich auf diese Jugend ganz neu einzustellen und sie ernst zu nehmen. Der berühmte Satz deutscher Väter „... solange Du Deine Beine unter meinen Tisch stellst, wird in diesem Hause getan, was ich sage..." verlor sichtbar an Kraft und Relevanz. Die Jugend begann, sich abzukoppeln und ihr eigenes Leben zu führen. Es half den Vätern und Müttern gar nichts mehr, laut über die langen Haare ihrer Söhne und die indianischen Flatterblusen ihrer Töchter zu lamentieren.

Auch in der Markt- und Meinungsforschung, die ja selbst noch in den Anfängen stand, spürte man, dass man dieser Jugend, wenn man von ihr Auskünfte haben möchte, anders begegnen muss. Und dass hier auch neue Einstellungen und Verhaltensweisen in Sachen Kosum heranwachsen, denen man auf der Spur bleiben muss, wenn man den Zeichen der Zeit gegenüber nicht blind sein möchte.

Die systematische Jugendforschung wurde zu Beginn der 70er Jahre begründet, man befasste sich gezielt mit den neuen Jugendphänomenen und überlegte sich auch einen anderen Approach:

Man schickte zu Jugendbefragungen nicht gediegene Hausfrauen und rüstige Rentner aus, sondern Jugendliche selbst, nach dem Motto „Jugend befragt Jugend".

Bis Ende der 70er und Anfang der 80er Jahre war es noch ein hartes Brot, Deutschlands Markenartikel- und Dienstleistungsunternehmen davon zu überzeugen, dass es Sinn macht, sich mit den speziellen Bedürfnissen der jungen Generation auseinander zu setzen und sie als Zielgruppe ernst zu nehmen. Es bedurfte erst geballter Untersuchungen über die Kaufkraft der jungen Leute, ihren Einfluss auf das Kaufverhalten der Familie und auch ihre immer früher einsetzende intensive Beziehung zu Marken, um die Wirtschaft zu überzeugen, dass hier ein interessantes und wichtiges Potenzial liegt. In der Wirtschaft wurde man als Jugendforscher lange Zeit noch als Exot angesehen, dem man zwar gerne und aufmerksam zuhörte, dessen Drängen nach speziellen Jugendkonzepten aber als nicht mehrheitsfähig im Unternehmen abgewehrt wurde. Aber man hatte die Rechnung ohne die Kids gemacht. Diese wurden in immer früheren Jahren immer selbstbewusster, selbstbestimmter und konsumfreudiger.

In den 80er Jahren begann nicht nur der Siegeszug der marketingorientierten Jugendforschung, sondern man wendete sich auch immer mehr den noch Jüngeren, den Kindern zu. Es entstand immer mehr Bewusstheit dafür, daß diese Zielgruppen ein eigener Markt sind, und die Auseinandersetzung mit ihnen wurde auch immer professioneller. Heute wissen Marketing- und Kommunikationsfachleute, dass junge Zielgruppen und Kinder- und Jugendmarken der gleichen Pflege bedürfen wie Marken und Angebote für Erwachsene. Man weiß, dass im Kinder- und Jugendmarkt andere Gesetzmäßigkeiten herrschen und entsprechend andere Maßnahmen erforderlich sind. Man weiß auch, daß Kinder und Jugendliche keine Zielgruppe sind, die man auf Jahre festschreiben kann, sondern dass sie sich ständig verändern und dass es deshalb für Kinder- und Jugendmarken besonders mühsam ist und immer wieder viel Einfühlsamkeit und Feeling aufgebracht werden muss.

Um Ihnen diesen Weg zu jungen Zielgruppen zu erleichtern und Sie doch mit einigen Grundgewissheiten auszustatten, haben wir dieses Buch geschrieben. Es umfasst unser gesammeltes Wissen aus mehr als 20 Jahren Jugendforschung, aber auch mit einer deutlichen Orientierung in Richtung Zukunft.

So ein Buch kann nur im Team entstehen, und es haben alle Mitarbeiter von iconkids & youth dazu beigetragen, dass es so reichhaltig werden konnte. An dieser Stelle möchten die Verfasser ganz besonders den Mitarbeitern Astrid Middelmann-Motz, Christian Clausnitzer, Elisabeth Gottschaller und Dr. Gerd Hefler danken. Außerdem danken wir unseren Kunden und Auftraggebern, dass sie uns über lange Jahre hinweg mit interessanten Fragestellungen beauftragt haben, so dass wir zu dem gesammelten Erfahrungsschatz kommen konnten, der uns veranlasst hat, dieses Buch zu schreiben. Auch nach so langen Jahren der intensiven Beschäftigung mit den jungen Zielgruppen sind wir immer noch fasziniert von der Kinder- und Jugendforschung. Sie wird immer spannend bleiben, denn sie garantiert Veränderung, Entwicklung und Zukunft.

Brigitte Melzer-Lena

Teil 1

Kinder und Jugendliche als Zielgruppe

1 Warum junge Zielgruppen so wichtig sind

Eigentlich müsste Kinder- und Jugendmarketing schon längst wieder out sein.

Denkt man an die Prognosen der Rentenstatistiker oder hört man auf diejenigen, die den zunehmenden Egoismus und die Kinderfeindlichkeit in unserer Gesellschaft beschreiben, dann wundert es, dass es überhaupt noch Unternehmen gibt, die auf junge Zielgruppen setzen.

Kein Zweifel: Die Alterspyramide wird nach oben immer breiter. Es werden weniger Kinder geboren und die Medizin, aber auch unsere Ernährung und unser Lebensstil haben erreicht, dass wir immer älter werden. Dies müsste nun heißen: Markenartikler, stürze Dich auf die Alten, auf die Elvis-Presley-Generation bzw. auf die 68er, die jetzt in Rente gehen und Großeltern sind. Doch wie sieht die Wirklichkeit aus?

Wenn auch Seniorenmarketing als Schlagwort immer populärer wird – kaum eine Agentur, die dafür nicht schon ihre unit gegründet hat – so wird einem nach einer kurzen Recherche schnell bewusst: So mächtig sind die Senioren doch noch nicht im Kommen. Es gibt nur wenige interessante Marketingaktionen, die sich an Senioren richten und bei denen es nicht um Doppelherz, Klosterfrau Melissengeist, Corega Tabs und Co. geht. Man ist sich auch noch gar nicht sicher, wie man die „New Age"-Generation der 50-plus angehen soll und wie der Markt tatsächlich aussehen könnte. Während man mit Jugendmarketing immer noch gutes Geld machen kann. Woran das liegt, fragen Sie?

Jugend ist die Messlatte: „Jugendlichkeitswahn"

Eine Antwort liegt im Jugendlichkeitswahn, dem Streben nach ewiger Jugend unserer Gesellschaft, begründet. Was sind wir nicht alle cool, fahren Inlineskates, tragen Baseballkappen, flechten, wo es geht, lässigen Jugendslang ein. Jung ist chic, ist in. Und jung sein bedeutet: sportlich sein, fit sein und sich mit Attributen des Jugendlichseins umgeben.

So sah man vor kurzem auf dem Vorplatz der Wies'n in München die perfekte Verkörperung der Jugend: gestylt in Inlineskate-Klamotten, kurze Hose, Arm- und Knieschützer, schlank und durchtrainiert, gelehnt an einen Pfosten, dabei mit einem

Handy telefonierend. Das Alter wurde einem erst durch den Blick in das Gesicht bewusst: das Gesicht eines Mannes von ewigen 59 Jahren.

Da konnte man sie vor sich sehen, die neuen Senioren, die es mit ihrer Vielschichtigkeit den Agenturen so schwer machen sie zu fassen. Und es war zu erkennen, was Jugendlichkeitswahn bedeutet: Wir geben nicht nur vor, jung zu sein, machen einen „auf jung", sondern wir fühlen uns sogar auch so. „Forever young" als authentisches Lebensgefühl. Sie fragen: Was hat das alles mit Jugendmarketing zu tun?

Solange es junge Fotomodelle sind und nicht abgeklärte, reifere Frauen, die unser Schönheitsideal prägen, solange Fitness-Studios Erfolg haben und nicht öffentliche Bibliotheken, solange unsere Gesellschaft Jungsein als Wert proklamiert – und da ist derzeit keine Abkehr zu beobachten –, solange werden auch in der Werbung junge Bilder dominieren.

Jugend: Neue Impulse, Trendsetter

Neues geht in den meisten Fällen von der jungen Generation aus, sie gibt die Veränderungen und Trends vor, interpretiert neu. In der Mode ist es besonders augenfällig: Es waren junge Leute, die als erstes Sportschuhe als Freizeitschuhe trugen, den „Turnschuh" für sich umfunktionierten, und es waren junge Leute, die statt der biederen Taschen sich einen Rucksack auf den Rücken schnallten. Heute sieht man Damen im Nerz mit einen kleinen, feinen Edelrucksack durch die Münchner Maximilianstraße schlendern, die feinste Adresse der Metropole.

Wer also seine Marke jugendlich – aber nicht kindlich – positioniert, der gewinnt nicht nur die Jugendlichen und die jungen Erwachsenen, sondern der hat auch Chancen bei den „forever youngs". Und das sind quasi wir alle.

Ein gutes Beispiel dafür ist auch die Bierwerbung. Immer sah man frische 40-Jährige und Ältere, die in gediegener Atmosphäre – meist war die Farbe Gold dabei – ihr Pils tranken. Doch irgendwann war dieses Bild überholt. Die Marken wurden austauschbar und spießig; die Models wirkten dermaßen konservativ, dass sie eins auf keinen Fall waren: jugendlich. Diese althergebrachten Werbebilder und andere verschlafene Entwicklungen führten zu Umverteilungen innerhalb des Biermarktes und zu Stagnation bzw. Rückgang, insbesondere – aber nicht nur! – bei den Jüngeren.

Eines der wenigen Biere, die von den negativen Entwicklungen verschont blieben, war Beck's. Beck's lieferte eine attraktive Erlebniswelt gepaart mit *dem* Key-Visual der deutschen Werbeneuzeit: dem grünen Segelschiff. Doch war klar, auch das Segelschiff alleine würde auf Dauer nicht reichen, damit die Marke ein Winner bleibt. Und was hat man getan? Aus den Matrosen wurden zunächst ältere Yuppies und jetzt springen dynamische junge Menschen in die Fluten, wie sie aus einem Prospekt für Erlebnisreisen stammen könnten.

So wurde die Marke geschickt verjüngt, ohne sich vom Markenkern zu lösen. Beck's ist interessant geblieben für die bisherigen Verwender, die sich ja ebenfalls nach Jugendlichkeit sehnen, und bietet den fun- und erlebnisorientierten Jugendlichen und jungen Erwachsenen von heute Bilder, mit denen auch sie was anfangen können. Zwar nicht Partys ohne Ende, aber coole Typen und hübsche, nicht abgehoben und durchaus erreichbar wirkende junge Frauen.

Denken Sie also dran: Auf die Jugend einzugehen, um die Alten zu kriegen, ist eine sehr vielversprechende Strategie. Aber natürlich ist Jugendmarketing nicht nur wichtig, um damit die „Alten" zu erreichen. Ganz im Gegenteil: Kinder und Jugendliche sind selbst auch eine äußerst bedeutende Zielgruppe.

Kids haben Kohle

Es ist das alte Spiel: Wenn es uns gut geht, dann geht es auch unseren Kindern gut. Dann stecken wir ihnen zum regelmäßigen Taschengeld, das immer wieder erhöht wird, auch mal mehr Geld außer der Reihe zu. Und bei allem Klagen und Jammern: Nach dem „Einkommen" unserer Kinder in der Familie zu urteilen, geht es uns derzeit in der Tat relativ gut.

- So erhält die knappe Hälfte (45%) der 6- bis 7-Jährigen bereits Taschengeld; monatlich immerhin im Schnitt 15 DM.
- 65% der 8- bis 9-Jährigen erhalten durchschnittlich 22 DM.
- 77% der 10- bis 11-Jährigen erhalten durchschnittlich 28 DM.
- 88% der 12- bis 14-Jährigen 66 DM im Monat.

Natürlich macht das *Taschengeld* nur einen kleinen Teil des „Gesamteinkommens" unserer Kinder aus. Denn zu diesen 2,8 Mrd. DM Taschengeld kommen noch 1,8 Mrd. DM *unregelmäßige*

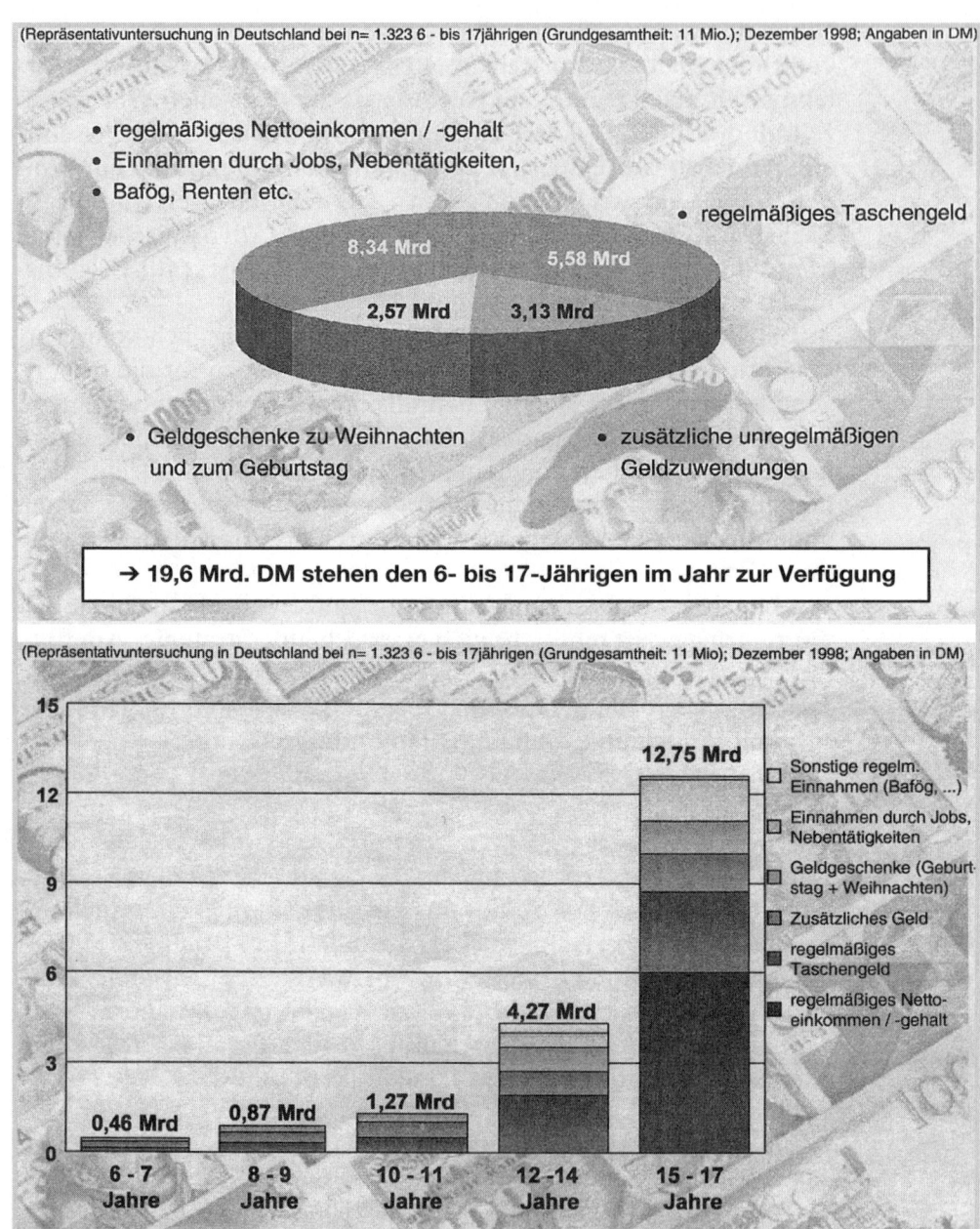

(Repräsentativuntersuchung in Deutschland bei n= 1.323 6 - bis 17jährigen (Grundgesamtheit: 11 Mio.); Dezember 1998; Angaben in DM)

- regelmäßiges Nettoeinkommen / -gehalt
- Einnahmen durch Jobs, Nebentätigkeiten,
- Bafög, Renten etc.

- regelmäßiges Taschengeld

8,34 Mrd

5,58 Mrd

2,57 Mrd   3,13 Mrd

- Geldgeschenke zu Weihnachten
  und zum Geburtstag

- zusätzliche unregelmäßigen
  Geldzuwendungen

→ 19,6 Mrd. DM stehen den 6- bis 17-Jährigen im Jahr zur Verfügung

(Repräsentativuntersuchung in Deutschland bei n= 1.323 6 - bis 17jährigen (Grundgesamtheit: 11 Mio); Dezember 1998; Angaben in DM)

15

12,75 Mrd

☐ Sonstige regelm.
  Einnahmen (Bafög, ...)

12

☐ Einnahmen durch Jobs,
  Nebentätigkeiten

☐ Geldgeschenke (Geburt-
  stag + Weihnachten)

9

☐ Zusätzliches Geld

☐ regelmäßiges
  Taschengeld

6

4,27 Mrd

■ regelmäßiges Netto-
  einkommen / -gehalt

3

0,46 Mrd   0,87 Mrd   1,27 Mrd

0

6 - 7
Jahre

8 - 9
Jahre

10 - 11
Jahre

12 -14
Jahre

15 - 17
Jahre

Abb. 1.1: Einkommen der Kinder und Jugendlichen

Geldzuwendungen (z. B. was vom Supermarkteinkauf an Klein-
geld übrig bleibt oder 5 DM von Oma) und 1,4 Mrd. DM *Geldgeschenke*, z. B. zum Geburtstag oder zu Weihnachten, hinzu. *Das
macht über 6 Mrd. DM im Jahr allein bei den Kindern!*

Nun sind die Kids natürlich keine Konsumidioten, die ihr ganzes Geld einfach zum Fenster hinauswerfen, sondern sie überlegen zum Teil sehr sorgfältig, was sie mit dem Geld anstellen.

Und mindestens 70% von ihnen sparen davon auch etwas – ein Eldorado für die Banken und die Sparkassen. Aber allein bei den 6- bis 14-Jährigen bleiben damit über 2 Mrd. DM, die sie persönlich in die Geschäfte und damit zu Ihren Händen bringen.

Kids sind Intensiv-Konsumenten

Was kaufen sie?

Bis zum 10. Lebensjahr stehen eindeutig die Süßigkeiten im Vordergrund, danach spielen Kleidung und Musik-CDs die größte Rolle. Und das sind nur Zahlen für die Kinder. Ganz andere Summen kommen dann noch bei den Jugendlichen ins Spiel. Unter Berücksichtigung aller Einnahmequellen steht den 12- bis 17-Jährigen pro Jahr insgesamt die stolze Summe von *17 Mrd. DM* an finanziellen Mitteln zur Verfügung.

Für was geben die Teenager ihr Geld aus?

Über 2,8 Mrd. DM im Jahr investieren sie in Kleidung, denn die mit den selbstgestrickten Sachen, das waren irgendwelche Typen von vorgestern, die noch nicht wussten, was Spaß haben bedeutet. Unerlässlich für den Fun sind die Freunde oder Leute, die man in der Diskothek kennen gelernt hat. Und die richtigen Klamotten spielen eine große Rolle für den Kontakt mit den anderen.

Milliardenbeträge bleiben in jedem Jahr aber auch für die Musik hängen, für Kleinigkeiten zum Essen und Trinken und natürlich für das Ausgehen, also die Gastronomie.

Über eine halbe Milliarde DM wird ausgegeben für Inlineskates, Sportbekleidung oder das neue Snowboard. Denn Sport und Spaß ist mehr als wichtig für die Kids.

Veränderte Erziehungsnormen

Manchmal hört man noch von einer angeblich wahren „Familienidylle" der 50er Jahre, der Kindheit der heutigen Großeltern. Was müssen das früher zu Hause geruhsame Zeiten gewesen sein: Gegessen wurde was auf den Tisch kam, dann gingen die Kinder brav ins Bett und Mama und Papa hatten Zeit füreinander oder für das Lesen der Zeitung. Fernsehen gab es noch kaum.

Beim Einkaufen war damals alles klar geregelt: Mutter war zuständig für die Kleidung, die Haushaltsmittel, das Essen und die Waschmaschine, Vater fürs Auto. (Und die Kinder?)

Doch da passierte in den 60er und 70er Jahren Aufregendes: die 68er-Bewegung, die antiautoritäre Erziehung, die Kita, Alice Schwarzer und das Zeitalter der sozialliberalen Koalition.

Wozu dies führte? Unter anderem dazu, dass auch Frauen im Beruf „ihren Mann" stehen durften – und aus ökonomischen Gründen oft genug auch mussten. Aber auch dazu, dass die klassische Familie – er auf Maloche, sie mit den Kindern zu Hause – erodiert wurde. Das Familienleben wurde immer weiter hintenan gestellt, die Kinder mussten sich mehr und mehr selbst beschäftigen und erziehen. Diese Selbstständigkeit der Kids wurde schnell gesellschaftlich legitimiert und die Mutter konnte ohne schlechtes Gewissen zur Arbeit gehen.

Das klassische Gedankengut der antiautoritären Erziehung beinhaltete zum einen, dass die Kinder sich frei entfalten sollten – ohne Reglementierungen. Und zum anderen, dass Eltern und Pädagogen dieser freien Entfaltung so viel Unterstützung wie möglich angedeihen lassen sollten. Von diesen Ideen machte sich insbesondere der erste Teil in abgeschwächter Form als gesellschaftlicher Konsens breit: Überlass die Kinder ruhig sich selbst, denn auch bzw. nur dann werden sie sich richtig entwickeln.

Hieraus leitet sich das Erziehungsziel bzw. -ideal des autonomen Kindes ab: Das Kind wird immer stärker als gleichberechtigter Partner gesehen, der seine Wünsche äußert und durchsetzt – und dies von klein auf.

Aber es kamen zunehmend auch andere Erziehungshelfer – man spricht von Sozialisationsagenten – ins Spiel, die das Vakuum füllten, das die Auflösung der klassischen Familie hinterlassen hatte: Vor allem die Freunde/die Clique und die Medien. Was dies mit unserem Thema zu tun hat?

Kids haben die Macht

Diese Autonomie, die sich permanent beschleunigende Selbstständigkeit, führte auch dazu, dass die Kids bei den Entscheidungen über die von der Familie gekauften Konsumgüter heute die „Hosen anhaben". Sie prägen in hohem Maße das Einkaufsverhalten der Eltern. Sie sind häufig Markenentdecker, -empfehler und -durchsetzer in einem.

So kam in einer Untersuchung, die zwei der Autoren 1996 für den Heinrich Bauer Verlag durchführten (Kaufentscheidung in der Familie), heraus:

- 82% der 8- bis 17-Jährigen haben Einfluss beim Kauf der Tafelschokolade
- bei Cornflakes sind es 75%
- bei Cola 73%
- bei Nuss-Nougat-Creme 69%

Aber: Kinder und Jugendliche sprechen nicht nur bei den klassischen Konsumgütern mit, sondern auch bei den Gebrauchsgütern.

- So nehmen 72% der 12- bis 17-Jährigen Einfluss auf die Auswahl der HiFi-Anlage
- 52% bei dem Videogerät
- und sogar 36% bei der Entscheidung für das Auto

Sie spielen hier eine Rolle, wie sie sich die Ehefrau noch vor einem Viertel Jahrhundert mühsam hat erkämpfen müssen.

Wenn wir von Produkten sprechen, dann gehören dazu selbstverständlich auch Dienstleistungen. So sprechen über ein Viertel der 6- bis 17-Jährigen mit bei der Frage, wohin die Urlaubsreise geht (Kids VA, 1999).

Eine wichtige Einschränkung gibt es bei der Sache mit der Macht. Kinder nehmen nur dann Einfluss, wenn sie das Produkt auch wirklich interessiert. Was ihnen an der Backe vorbeigeht, dafür werden sie sich auch nicht einsetzen. So nehmen nur 10% der Jugendlichen bei dem Kauf der Waschmaschine Einfluss. Und für das neue Bügeleisen interessieren sich auch kaum mehr.

Dies bedeutet für Sie: Falls Sie ein Produkt haben und sie wollen sich an die Kids wenden, dann überprüfen Sie, ob es für die Youngsters wirklich relevant ist. Oder ob es zumindest Ansätze gibt, es interessant zu machen (der Party-Kühlschrank mit eingebautem CD-Player?). Lautet Ihre Antwort zweimal Nein, dann vergessen Sie die junge Zielgruppe als Adressat Ihrer Kommunikationsmaßnahmen.

Das Mitspracherecht der Kids bei Kaufentscheidungen – intergenerative Kaufentscheidung genannt, da die Mütter auch ein Wörtchen mitzureden haben – leitet sich aber nicht nur aus der Erziehung, der Autonomie oder der passiven Verweigerung ab (ein Euphemismus für: „das Zeug ess ich nicht", bzw. bei den Jüngsten: „schrei, quengel").

Sondern in einigen Bereichen sind die Kids heutzutage besser informiert als ihre Eltern. Sie sind von den Eltern gern gehörte und ernst genommene kompetente Experten – sei es beim PC oder auch schon bei Kosmetik: Kinder geben Anregungen, beraten, informieren und entscheiden mit.

Für Sie ganz wichtig ist z. B., dass Kinder und Jugendliche neue Produkte in die Familie hineintragen. Wenn Sie sich also bei Familienprodukten, die auch die Kids interessieren, in ihrer werblichen Ansprache verstärkt an die Jüngsten wenden, dann wird Ihnen dies vor allem auch Ihr Mediabudget danken. Noch ein Gedankengang:

Kids als Käufer von morgen

Welche Cola-Marke trinken Sie am liebsten? Ist es die gleiche, die Sie auch als Jugendlicher bevorzugt haben? Ja? Dann sind Sie in guter Gesellschaft. Um herauszufinden, ob es eine Konstanz jugendlicher Markenbindung gibt, hat Brigitte Melzer-Lena 1984 eine Studie für Bravo durchgeführt, die mittlerweile ein Klassiker ist.

Es wurden 500 Personen im Alter von genau 30 Jahren mittels Collagen und alten Songs auf eine Zeitreise ins Jahr 1970 zurückgeschickt, als sie 17 Jahre alt waren: in die Welt von Jimi Hendrix, Woodstock, des Kniefalls von Kanzler Brandt und des ersten Comebacks von Muhammad Ali. Dann legte man ihnen über 100 verschiedene Marken aus 14 Produktbereichen vor und fragte, ob sie diese damals, d. h. als sie 17 waren, verwendet haben und ob sie dies heute noch tun.

Das Ergebnis: Bezogen auf eine Durchschnittsmarke verwenden 52% die damalige als Erwachsene 13 Jahre später noch immer. Was heißt allerdings Durchschnittsmarke? Die Verwendungstreue von über einem Jahrzehnt war mit 64% bei Tafelschokolade am stärksten. Aber selbst in den Bereichen mit den geringsten Treuefaktoren wie alkoholfreie Getränke, Waschmittel und Seife lag sie um 40%.

Soll heißen: Wer heute die Jugendlichen gewinnt, der hat zwar für die Zukunft noch nicht ausgesorgt, aber er kann ihr wesentlich gefasster ins Auge sehen. Damit erweist sich die Strategie „Setze auf die Jugend" als in hohem Maße erfolgversprechend in einer Zeit, die immer stärker von Konzentration und Verdrängung bestimmt wird.

Aber vielleicht sind Sie kein Markenartikler, sondern ein Dienstleister, der ein Hotel oder einen Vergnügungspark betreibt. Gilt das mit den Kunden von morgen dann auch?

Um dieser Frage nachzugehen, haben wir Mütter befragt, ob sie mit ihren Kindern schon einmal an den selben Ort in Urlaub gefahren sind, in dem sie selbst in ihrer Kindheit waren.

60% antworteten mit „Ja". „Aus gelungenen Familienferien werden Traumbilder des Urlaubs für Kinder" lautete daraufhin ein Vortrag, den wir für den Tourismusverband Baden-Württemberg gehalten haben.

Alles verstanden, mögen Sie sagen: Die Kids sind wichtig. Doch wie kann ich sie ansprechen? Hierfür müssen wir zuerst einen Exkurs in die Entwicklungspsychologie unternehmen, denn ohne fundiertes Zielgruppenwissen kann man schnell daneben greifen.

2 Segmentierung der Zielgruppen nach Alter und Geschlecht

Klischees und Stereotypen

Was gibt es nicht alles für Begriffe, um Kinder und Jugendliche zu beschreiben. Von der Generation X ist die Rede, von den Soziopathen, von der Generation Next, von den Computer-Kids, der Fun-Generation und ganz neu und très chic, von der Generation N (von Netz) und der Generation @.

Wenn sich Journalisten, Trendgurus und andere Berufene solch einer Etikettierungssucht hingeben, sollte man allerdings skeptisch werden. Denn eines ist klar: Solche Begriffe haben insbesondere dann Konjunktur, wenn man sich eigentlich überhaupt nicht klar darüber ist, wovon man redet.

Dass gerade die Zielgruppe Kinder und Jugendliche so ratlos macht, scheint auf den ersten Blick zu erstaunen – schließlich waren wir alle einmal jung, haben die verschiedenen Entwicklungsstadien mit allen Freuden und Leiden selbst durchlebt. Eigentlich müssten wir doch Experten sein, was Jugend angeht. Doch warum werden Kinder und Jugendliche zu oft als Mythos angesehen? Warum diese Ratlosigkeit?

Nehmen wir als klassisches Beispiel dafür die Präsentation einer Werbeagentur, die sich auf junge Zielgruppen spezialisiert hat. Die Aufgabe war eine Kampagne zu entwickeln für Kids im Alter von 6 bis 10 Jahren.

Der 1. Teil: Analyse der Zielgruppe. Und was erzählte da der Agenturchef, untermalt von tollen Grafiken? 8-jährige Kinder hören die ganze Zeit amerikanische Hip-Hop-Musik, sprechen eine Sprache, die voll ist mit Anglizismen und schlagen ihre Eltern. Der Mann meinte das ernsthaft. Auf die Frage, woher er das denn weiß, antwortete er: Wir haben 11-Jährige gefragt und die haben uns das erzählt. Und außerdem lese ich die Briefe verzweifelter Eltern in Elternzeitschriften.

Dieser Leiter einer Werbeagentur war ein exemplarisches Beispiel dafür, wie eine Generation zum Mythos wird: Indem man Spektakuläres zum Ausgangspunkt nimmt und über die Gesamtheit der Kinder und Jugendlichen stülpt.

Auch ein weiteres Problem wird hier sichtbar, das die „Szene" oft in einer ganz speziellen Weise betrifft: Man kommt nur schwer aus dem eigenen Dunstkreis heraus. Da man selbst cool ist, verkehrt man auch mit coolen Menschen in coolen Kneipen. Und an welchen Kindern orientiert man sich: natürlich an den coolen Kindern der noch cooleren Freunde. Man vergisst, dass es auch nicht so coole Leute draußen gibt.

Gerade bei diesem letzten Punkt müssen wir immer wieder konstatieren, wie sehr jeder Berufskreis auf seine eigene Welt zentriert ist. So haben wir heftige Diskussionen mit gesundheitsbewussten Pädagogen geführt, die nicht glauben konnten, dass Mütter, die nicht aus dem sozialpädagogischen Dunstkreis stammen, es schon längst aufgegeben haben, ihre Kinder puristisch gesund zu ernähren. Oder die nicht glauben wollten, dass anderen Müttern Spielzeug aus Plastik genauso recht ist wie aus Holz. Diese Pädagogen waren dann oft genug ratlos, wenn sie auf die anderen Mütter und deren Kinder trafen.

Beobachte Deine Zielgruppe, wo immer Du kannst

Wir können gar nicht oft genug dazu raten: *Schauen Sie sich die jungen Zielgruppen an:* wie sie sich kleiden, wie sie reden, wie sie sich z. B. in der U-Bahn verhalten oder vor der Schule. Sehen Sie sich die Sendungen an, die Kids lieben, z. B. Gute Zeiten, schlechte Zeiten oder Sailor Moon. Und lesen Sie zumindest manchmal die relevanten Jugendzeitschriften wie Bravo oder Sugar und machen Sie sich von Kindern und Jugendlichen auch Ihr eigenes Bild.

Zum Glück gibt es auch Werbeagenturen, die ein grundlegendes Verständnis für die jungen Zielgruppen besitzen und die sich auch kontinuierlich um ein solches bemühen. Sichtbar wird dies in richtig gelungenen Beispielen für jugendgerechte Kommunikation. Bei dem Verständnis der jungen Zielgruppen geht es eben nicht nur darum, was im Augenblick gerade kurzzeitig in ist, sondern es geht um tieferes Verstehen, um die Psychologie der Kids. Einer der wichtigsten Schlüssel für dieses Verständnis ist:

Das Alter: eine Entwicklungsskala mit wichtigen Abschnitten

Man kann es gar nicht oft genug sagen: Es gibt nicht *die* Kinder und *die* Jugend, – sondern Differenzierung tut Not. Und bei geeigneten Differenzierungen muss man zuerst einmal deutlich zwischen Kind und Jugendlichem unterscheiden, auch wenn die Übergänge zwischen diesen Stufen immer fließender werden.

Wir setzen das reine Kindesalter bis ca. 9 bis 10 Jahre an, dann erfolgt schon der Schritt zum Jugendlichen, der mit ca. 13 bis 14 Jahren abgeschlossen ist. Diese Unterscheidung ist deshalb so wichtig, weil für diese Gruppen unterschiedliche Kriterien am aussagekräftigsten sind: das *Alter* bei den Kindern und zusätzlich zu dem Alter der *Lifestyle-Aspekt* bei den Jugendlichen: Während 9-Jährige sich nur noch ungern mit 6-Jährigen unterhalten, hat der 14-jährige Snowboarder unter Umständen mehr Gemeinsamkeiten mit dem 17-jährigen Snowboarder als mit dem 14-jährigen Streetball-Aficionado.

Das Alter geht dabei einher mit den einzelnen kognitiven Entwicklungsstufen der Heranwachsenden. Dabei wird die Unterteilung in einzelne Altersgruppen immer feiner, man differenziert in mehr Entwicklungsschritte als früher. Von Entwicklungsjahr zu Entwicklungsjahr passiert mehr, sind die Veränderungen rasanter.

Für das Marketing ist dies ein Riesenproblem. Denn es wird immer schwerer, mehr als drei Altersklassen unter einen Hut zu bringen. Wobei wir raten: Versuchen Sie lieber eine punktgenaue Ansprache von zwei Altersklassen – Ihr Stammpotenzial – mit der Hoffnung, insbesondere auch noch jüngere, die sich grundsätzlich an älteren orientieren, eventuell aber auch ältere Kinder en passant zu gewinnen, als vier oder fünf Altersklassen unter einen Hut zu bringen und wegen fehlendem Fokus niemandem gerecht zu werden.

Natürlich gibt es Werbung, der es gelungen ist, altersübergreifend Eindruck zu hinterlassen, wie z. B. für Produkte wie die FruchtZwerge, Kinder Schokobons und Ähnlichem. Aber solch eine fast intergenerative Werbung ist eher die Ausnahme. Und was die ganze Sache noch erschwert: Die Entwicklungsstufen sind nicht fest, sie verändern sich sichtbar, d. h. zumindest von Jahrzehnt zu Jahrzehnt. Dafür verantwortlich ist das Phänomen der

Akzeleration: alles beginnt immer früher

Das Phänomen der Akzeleration ist in der Entwicklungspsychologie bereits seit Jahrzehnten bekannt. Dort bedeutete es in erster Linie die zeitliche Vorverschiebung der körperlichen Reifung (Schenk-Danzinger, 1991). So stellte man beispielsweise fest, dass sich die Veränderungen der Körperproportionen vom Kleinkind zum Schulkind nicht mehr im 6. und 7. Lebensjahr, wie früher, sondern bereits oft im 4. Lebensjahr zeigen. Oder dass die körperliche Reifung immer früher beginnt. Diese Akzeleration führt zu einer Verkürzung der Kindheit und verursacht u. a. eine frühere hormonelle Umstellung.

Das Interessante dabei ist, dass mit Akzeleration mittlerweile auch eine Beschleunigung der seelisch-geistigen Entwicklung des Kindes und des Jugendlichen bezeichnet wird. Die Kinder hören beispielsweise schon früher „erwachsene" Musik, schauen und genießen Sendungen außerhalb des Kindersendungsghettos und verlieben sich auch eher. Eine Promotion, die 1990 noch Kinder ab 8 Jahren begeisterte, wird 1997 in das Reich der „Babys" verwiesen.

Dies hat natürlich insbesondere Auswirkungen auf die sogenannte „Jugendphase": Die Jugendlichen werden immer jünger. D. h., während es immer weniger Kinder gibt, gibt es immer mehr Jugendliche.

Und wenn Sie dann noch bedenken, dass die Jugendlichkeit sich durch die „Berufsjugendlichkeit" auch immer mehr nach oben ausdehnt („Forever Young" lautet die Überschrift zu einem Artikel im Marketing-Journal zur (Erwachsenen-) Verbraucheranalyse), wird das Bild der ewigen Jugend – aber nicht der ewigen Kindheit – noch konkreter.

Doch zurück zur Akzeleration. Sie ist natürlich auch ein Grund dafür, dass sich die Kids immer früher immer weniger sagen lassen, und eine der Ursachen für ihre Macht zu Hause. Akzeleration in der Praxis zeigt sich u. a. bei den präferierten Medien.

- So wurde die Bravo immer „jünger", hat nun einen Leserstamm, der auch schon 8- und 9-Jährige umfasst.
- Und die Daily Soaps lassen bereits die 9-jährigen Mädchen vom Beziehungskarussell träumen.

Oder anders ausgedrückt:

- Das Pferd als romantisches Symbol wird immer früher von den Boy Groups verdrängt.

Für Sie heißt das: Schauen Sie nicht nur genau darauf, was bei Ihrer Zielgruppe angesagt ist, sondern werfen Sie auch einen Blick darauf, ob das, was immer funktioniert hat, auch heute noch funktioniert. Kleine Jungen und Piraten, das war eigentlich immer ein

Sure Shot. Aber um heute nicht ganz in die Vorschulkinder-Ecke abgedrängt zu werden, da muss der Käpt'n Iglo schon aussehen wie ein Hightech U-Boot-Kommandant, so wie ein moderner Jürgen Prochnow, nur wesentlich smarter.

Doch weiter mit der *konkreten Alterseinteilung* (siehe nächste Seite). Diese Abgrenzungen sind nicht „zementiert", vielmehr ist bei den Kindern und Jugendlichen alles im Fluss. D. h., dass ein 9-Jähriger sich durchaus mal wie ein 8-Jähriger verhalten kann, z. B. in Abhängigkeit von dem Zeitpunkt der Einschulung oder vom Geschlecht: Mädchen sind den Jungen in vielem wirklich immer ein wenig voraus.

Das Kleinkind: ab 2 Jahren Konsument mit eigenem Willen

Ein Baby ist heute in Deutschland nicht einfach nur „süß", sondern man stellt vom ersten Lebenstag an alles bereit, um es zu einem *klugen* Baby zu machen. Es wird so ernährt und mit Produkten umgeben, dass alle seine Fähigkeiten angeregt und entwickelt werden. Dies ist für Sie insbesondere dann von Interesse, wenn Sie Produkte für die Jüngsten herstellen.

Noch in den 70er Jahren waren für Mütter die guten Eigenschaften eines Kindes süß, lieb und knuddelig sein. Und in der Werbung gab es zufrieden dreinschauende, etwas dickliche Kinder, so echte Wonneproppen, glücklich vor sich hin brabbelnd und glucksend. Einmal davon abgesehen, dass man mit solchen Dickerchen nicht mehr so ohne weiteres werben darf, hat sich dieses Bild mittlerweile überlebt.

Ein Ideal-Kleinkind von heute ist aus Müttersicht ganz anders: Zwar auch noch süß, aber es soll schon zu erkennen geben, dass es intelligent reagiert, es soll die Welt erobern, kreativ spielen, autonom sein und so weiter. Und in der Werbung wollen Mütter dementsprechend diesen Typ Kind sehen. So kommt es zur Werbung mit dem fußballspielenden Baby oder dem Kleinkind, das seinem Papa eine Nase dreht, weil der glaubt, vor sich wäre seine Altersversicherung, oder die Scharen von Babys, die sich auf dem Rücksitz eines Autos über die Erwachsenen amüsieren.

Spätestens mit 2 Jahren, oft auch schon früher, darf das Kind seinen eigenen Willen entfalten, und es beginnt die Durchsetzung gegenüber der Mutter. Bereits ab dem 2. Lebensjahr nimmt die *Sprachentwicklung* des Kindes deutlich zu, im 3. Lebensjahr ist

DIFFERENZIERUNG JUNGER ZIELGRUPPEN NACH DEM ALTER

KIDS			
	BABYS	**0 – 1 Jahre**	Förderung zum „klugen" Baby
	SMALL KIDS	**2 – 3 Jahre**	Entfaltung des eigenen Willens, erste Durchsetzung gegenüber der Mutter
		ab 3 Jahre	Werberezeption im TV, Erkennen von Markenzeichen
	PRE-SCHOOL-KIDS KINDERGARTEN	**bis 6 Jahre**	Erste Sozialisation in der Gruppe
	SCHOOL KIDS	**6 – 7 Jahre**	Rasche Lernprozesse, aber noch „heile Kinderwelt"
		8 – 9 Jahre	Kritische Auseinandersetzung, „Fanatischer Realismus"

YOUTH			
	PRE-TEENS	**10 – 12 Jahre**	Übergang zum Jugendlichen, Orientierung an jugendlichen Verhaltensweisen
	TEENAGER	**12 – 13 Jahre**	Intensive Pubertätsphase, Orientierung an der Gruppe
	YOUTH	**13 – 15 Jahre**	

ADULTS			
	FIRST YOUNG ADULTS	**15 – 17 Jahre**	Übergang zum Erwachsenen, „Erwachsenenmarken" werden interessant
	YOUNG ADULTS	**18 + Jahre**	„Postadoleszenz"

Abb. 1.2: Alterseinteilung

schon die kritische Phase des Erlernens der Grammatik der Muttersprache beendet. Amerikanische Forscher haben nachgewiesen, dass Akzeleration z. B. auch in der Sprachentwicklung stattfindet, d. h., dass Kinder heute in immer früheren Jahren immer mehr Wörter beherrschen und kompliziertere Sätze bilden können.

Schon mit 2 bis 3 Jahren beginnt die bewusste Wahrnehmung und Auseinandersetzung mit unserer Konsum- und Warenwelt. Die Kinder lernen die ersten Markennamen und auch Markensymbole. Sie sitzen spätestens ab 3 Jahren vor dem Fernseher und dürfen Zeichentrickfilme sehen und automatisch auch Werbung.

Schon in diesem Alter kann der erste Grundstein für eine lang andauernde Bindung an eine Marke gelegt werden! Mütter berichten, dass 2-Jährige schon den Joghurt aus dem Regal holen und in den Einkaufskorb legen, den sie haben wollen, weil sie ihn an der Farbe oder den süßen Männchen wiedererkennen.

Natürlich würden wir Ihnen nicht empfehlen, sich mit Werbemaßnahmen bereits an diese junge Zielgruppe zu wenden. Denn es gibt da einerseits ethische Bedenken und andererseits haben die Eltern bei diesem Alter noch die Macht zu entscheiden, welche Marke gekauft wird. Hier sind Gatekeeper-Kampagnen nach wie vor das beste Mittel. Aber: Es gibt ein aktuelles Beispiel, das dieses letzte Argument ein wenig löchrig macht: die Teletubbies.

Nach riesigen (Merchandise-)Erfolgen in England und in Holland sind die vier Knuddeltypen Tinky Winky, Dipsy, Laa Laa und Po, die im quasi postatomaren Teletubbie-Land leben, endlich auch in Deutschland eingekehrt.

Platziert auf dem unbedenklichen, da öffentlich-rechtlichen und deshalb als besonders pädagogisch angesehenen Kinderkanal, bedeuten sie Fernsehen für die Windelgeneration: Für Kinder im Alter von 1 $\frac{1}{2}$ bis 4 Jahren. (Und für Erwachsene tödlich langweilig wegen des gaaaanz laaangsamen Erzähltempos, bei dem auch noch teilweise füüüürchterlich ereignislose Filmsequenzen wiederholt werden: „Noch mal?" „Ja, noch mal.")

Diese Kultsendung – Sie haben doch bestimmt auch schon mal jemanden gesehen, der sich mit „Winke Winke" verabschiedet hat – ist der Beweis dafür, dass sich auch an 2- oder 3-Jährige gerichtete Kommunikation rechnet. Dementsprechend wimmelt es auf dem Markt von Teletubbie-Spielen, Teletubbie-Bücher oder Teletubbie-Puppen.

Wobei es natürlich das typische Merchandise-Problem auch gibt: Die Rechte werden auf mehrere Firmen verrteilt, was dazu

Abb. 1.3: Teletubbies

führt, dass deren Produkte in Konkurrenz zueinander stehen und mit wenigen Ausnahmen (z. B. Teletubbie-Videos) keiner so richtig toll Gewinn macht – außer dem, der die Rechte vermarktet. Doch von diesem Phänomen einmal abgesehen: Gehen Sie bei Kleinkindern lieber den Weg über die Mütter.

Vorschulkinder: rasche Lernprozesse und zunehmende Konsumzuwendung

Schon ab dem 1. Lebensjahr haben Farben und Formen eine sehr starke Bedeutung. Die Vorschulkinder übertragen dies nun auch auf Konsumgüter und registrieren, wie Verpackungen gestaltet sind – beim Joghurt genauso wie bei Tütensuppen für Kinder. Kinder können sich in diesem Alter auch bereits Markenlogos merken – wir gehen auf diesen Aspekt im 2. Teil intensiv ein. Bereits jetzt beginnt so etwas wie Markenbewusstsein, die Macht der visuellen Markenverankerung.

Sobald die Kinder in den Kindergarten kommen, sehen sie, was andere Kinder besitzen, was sie essen, welche Kleidung sie tragen und es findet ein erster Austausch in der Gruppe statt. So kann sich ein Kind durch interessantes Promotionmaterial als Opinion Leader profilieren und die Meinung der anderen Kinder maßgeblich beeinflussen.

Aber Achtung: Es ist ein Unterschied, ob sich Vorschulkinder durch schöne Kleider oder durch tolle Marken abheben. Während ersteres oft der Fall ist, gehört letzteres insbesondere bei Kleidung eher ins Reich der Fabel.

Es soll zwar eine Kindergärtnerin geben, die ihre Schützlinge nur die kleinen Benettonis und Espritis nennt, so ausgeprägt sei da schon das Markendenken. Aber dieser Satz, der so häufig kolportiert wurde, dass man gar nicht mehr weiß, wer ihn an die Öffentlichkeit gebracht hat, hat wenig mit der Wirklichkeit zu tun. Denn hier wird ein Markenbegriff vorausgesetzt, wie er sich in der Regel erst mit 8 Jahren bei den Kids zeigt (siehe nächstes Kapitel). Für den 4-Jährigen gibt es zwar eine schöne Hose, aber noch keine „coole".

Was für Sie aber wichtig ist: In diesem Alter tragen die Kinder ihre Konsum- und Produktwünsche („Muss es eine Barbie sein? Eher ja!") in den elterlichen Haushalt. Die Mutter wird ständig mit diesen Wünschen konfrontiert. Das Kind wird zum Kaufbeeinflusser und Kommunikationsagenten für Werbung und Produkte.

Übrigens klafft in diesem Alter die Schere zwischen „Werbung schauen" und „Werbung verstehen" noch am weitesten auseinander. Vorschulkinder lieben die bunte, witzige und tolle Produkte zeigende Werbung, während es ihnen an Werbekompetenz noch fast vollständig fehlt. Dazu gibt es eine bezeichnende Anekdote des amerikanischen Entwicklungspsychologen Anderson.

Ein Kind wollte unbedingt ganz spezielle Turnschuhe haben. Jeden Tag quengelte es bei der Mutter, die es irgendwann leid wurde, dem Drängen nachgab und die Schuhe kaufte (die klassische „Pester Power"). Das Kind zog sie sofort an, sprang damit 2- bis 3-mal hoch und brach dann in Tränen aus. Des Rätsels Lösung: Das Kind hatte Werbung für die Schuhe gesehen, in der gezeigt wurde, wie Kinder mit den Schuhen meterhoch springen konnten. Da es noch nicht wusste, dass Werbung auch „lügen" kann, nahm es sie für bare Münze. Und der Kauf und das Produkt wurden zu einer schweren Enttäuschung.

Schulkinder: unterteilen sich in die heile Kinderwelt (Jüngere) und die kritische Kinderwelt (Ältere)

Die naiven Realisten

Mit dem Schuleintritt zwischen dem 6. und 7. Lebensjahr sprechen wir vom Schulkind. Hier machen die Kinder nicht nur beim Lernen gewaltige neue Erfahrungen, sondern auch im Umgang mit Produkten. Jetzt erhalten sie zumeist auch eigenes Taschengeld und lernen die Bedeutung von Geld nachhaltig kennen. Sie beginnen jetzt als selbstständige Konsumenten aufzutreten, die ihr Geld ganz gezielt ausgeben oder sparen; spätestens jetzt ist das Kind auch Zielgruppe für die Banken.

Die 6- bis 7-jährigen Kinder befinden sich in der Phase des „naiven Realismus". Er ist durch immer noch recht starken Bezug auf die Familie geprägt, aber auch durch das Fehlen einer „naturwissenschaftlichen" Denkweise. Kinder in diesem Alter besitzen wie die Vorschulkinder noch ein *magisches Denken*.

Das Kopfkissen kann zu einem wirklichen Freund werden und man hat magische Ängste wie die Angst vor Monstern oder vor dem Dunkeln. Nur langsam gelingt es dem realistischen Schuldenken, die kindliche Magie zu entzaubern und zu verdrängen. Und eigentlich gelingt es auch nie so richtig, wie immer wieder auftretende Ufo-Hysterien oder Weltuntergangsstimmungen beweisen.

Wir haben unser magisches Denken zwar unter Kontrolle, aber es bricht oft genug heraus. („Glauben Sie an Horoskope? Nein, aber vielleicht ist ja doch ein wenig dran und außerdem lese ich sie immer nur zufällig ...") Magisches Denken ist natürlich auch für das Marketing von Interesse: Helden wie z. B. Hexen und Zauberer haben Hochkonjunktur und bieten fantastische Anknüpfungspunkte für kindliche Erlebniswelten.

Aber Achtung: Überfordern Sie 6- bis 7-Jährige nicht mit Ihren Welten. Kinder sind noch stark eingebunden in eine ihnen vertraute *nähere Umwelt*. Zu fernen Ländern fehlt noch der Bezug. Das Haustier ist dem Kind wesentlich vertrauter als der ferne Löwe – außer, es hat ihn gerade als König in einem Disney-Film gesehen.

Warum die Kinderwelt auch noch heil ist in diesem Alter? Es *mangelt an Kritikfähigkeit* gegenüber Autoritäten. Die Eltern oder auch die Lehrer sind in diesem Alter noch wahre Helden und taugen als Bezugspersonen. Wenn es Ihnen gelingt, in diesem Alter in den Schulen und bei den Lehrern präsent zu sein, dann haben Sie für diese Zeitspanne ausgesorgt.

Dementsprechend werden Lehrer auch z. B. von Malkastenherstellern umworben, wobei gilt: Je mehr Arbeit Sie Lehrern abnehmen, desto mehr werden Sie in der Achtung steigen. Hierin liegt auch der Erfolg von Lehrer-Hilfen in Form von gut aufbereitetem Lehr- und Anschauungsmaterial begründet.

Als *Vorbilder* fungieren bei Kindern in diesem Alter daher neben Zeichentrickhelden wie Superman auch Personen aus der Familie oder aus dem sozialen Umfeld. Sie stehen auf lustige Comic-Figuren, finden die Schule noch richtig toll und lieben es, mit derBarbie oder mit Lego zu spielen.

Ein wichtiges Thema für die Kinder ist die Umwelt. Glaubwürdiges Engagement dafür fällt auf günstigen Nährboden. Kinder bis zu diesem Alter sind auch noch stark *egozentriert*. Es fällt ihnen schwer, eine andere Perspektive als die eigene anzunehmen, sie sind sich noch Mittelpunkt ihrer Welt.

Alles in allem findet sich zu Beginn der Schulzeit bis etwa in die 2. Klasse hinein noch am ehesten die „heile Kinderwelt" hinsichtlich der Begeisterung und der Hingabe, wie sie Productmanager und Werber gern auch noch für ältere Kinder postulieren. Doch diese heile Kinderwelt endet mit Beginn der 3. Klasse und es folgt das Zeitalter der

Fanatischen Realisten

Mit 8 bis 9 Jahren ist die „heile Kinderwelt" insofern vorbei, als die Kinder beginnen, sich bereits mit sehr kritischem Verstand mit ihrer Umwelt auseinanderzusetzen und alles immer stärker zu hinterfragen: die Phase des kritischen oder auch fanatischen Realismus. Fanatisch deshalb, weil Kinder mit 8 bis 9 Jahren zunehmend *facettenreich, logisch* und *kritisch* denken.

Sie gewinnen dabei an innerer und äußerer Autonomie und lösen sich vom Elternhaus. Und sie mucken gegen Erwachsene und Autoritäten auf. Für immer mehr Kinder wird die Schule zur „ätzenden" Pflichtveranstaltung, die Lehrer verlieren den Nimbus strahlender Helden – kein Wunder, schließlich gibt es jetzt schon mal schlechtere Noten, woran doch eigentlich nur der Lehrer Schuld sein kann.

Würden Sie diesen Kindern in der Werbung glückliche Kids

in der Schule zeigen – was bei den jüngeren durchaus funktioniert, stießen Sie bei vielen der älteren auf Ablehnung: Sie würden es Ihnen nicht glauben.

- In diesem Alter wächst die Schulangst und die Angst vor dem Tod.
- Des Weiteren beginnt der Siegeszug der Clique, die für die Sozialisation von größerer Bedeutung wird als die Eltern.
- Die Mädchen interessieren sich zunehmend für die Boy Groups als Ventil ihrer romantischen Neigungen, die das romantische Symbol „Pferde" immer stärker verdrängen.
- Der Computer gewinnt nachhaltig an Bedeutung und Zeichentrickfilme werden verdrängt durch junge Herz-Schmerz-Serien wie Gute Zeiten, schlechte Zeiten.
- In dieser Phase sind die Kinder äußerst sensibilisiert gegenüber Aussagen in der Werbung. Wer nicht glaubwürdig und überzeugend kommuniziert und argumentiert, trifft schon bei den jungen Konsumenten auf herbe Kritik.

Pre-Teens und Teens: eine neue Welt

Ab 10 Jahren beginnt bereits eine Art Grauzone mit einem deutlichen Umbruch in Richtung jugendliches Denken: die Pre-Teens. So eignen sich Kinder heute sehr schnell die sogenannte Jugendsprache an und nehmen früh jugendliches Ausdrucksverhalten vorweg. In diesem Alter hat die *Clique* in ihrer Bedeutung vielfach die Familie überflügelt.

Statt Zeichentrickfiguren werden „richtige" Schauspieler präferiert, statt Superman Schwarzenegger. Die beliebtesten Fernsehgenres sind neben den Daily Soaps Spielfilme, SitComs und Musiksendungen. Musik spielt eine immer größere Rolle, da das Szenedenken beginnt und sich die Kids auch über die Musik definieren.

Spätestens ab dem 10. Lebensjahr besteht eine besondere Abneigung gegenüber zu kindlicher Ansprache. Ein 10-Jähriger ist cool und wenn er nur ansatzweise vermutet, er werde als Kind angesehen, schaltet er auf stur.

Jugend: Es ist nicht nur eine Frage des Alters

Bevor wir zur Jugend kommen, eines vorweg: Das Lebensalter ist eine Möglichkeit, Jugendliche zu segmentieren. Aber es ist nicht die allein gültige. Bei Jugendlichen gibt es eine zunehmende Atomisierung, z. B. bezüglich der Szenezugehörigkeit und bevorzugten Funsportarten. Andererseits gibt es aber fast alle Jugendliche vereinende Charakteristika, wie die Dualität aus Hedonismus und Pragmatismus. Diese Grundtendenzen sind so elementar, dass ihnen im Anschluss ein eigenes Kapitel gewidmet wird.

Andererseits ist selbst bei den Lifestyle-orientierten Jugendlichen die Alterseinteilung so wichtig, dass man sie zumindest immer im Hinterkopf haben sollte. Einen Beweis? Reden Sie doch mal mit 15-Jährigen, mit 18-Jährigen und mit 23-Jährigen über Mode und Werbung für Mode. Sie werden schnell feststellen, dass die beiden jüngeren Jahrgänge meilenweit voneinander entfernt sind. Während für den 14-Jährigen alles noch cool sein muss und er sich eine Werbung wünscht, in der das Produkt im Vordergrund steht, ist der 18-Jährige schon wesentlich abgeklärter und kommt auch mit einer auf Ältere zielenden Lifestyle-Kampagne sehr gut zurecht. Und besitzt damit eine ähnliche Haltung wie der 23-Jährige.

Allerdings sollten Sie noch etwas bei der Alterseinteilung im Kopf behalten: Einen großen Unterschied macht es natürlich, ob der Jugendliche bzw. junge Erwachsene bereits arbeitet oder noch zur Schule oder zur Uni geht. Denn dies beeinflusst nicht nur das Freizeit- und Ausgehverhalten, sondern auch das Denken.

Alterseinteilung bei Jugendlichen

Die Stufe nach den Pre-Teens sind die Teenager im Alter zwischen 13 und 15, geprägt durch die Kernzeit der Pubertätsphase. Schon ab 16 bis 17 beginnt jedoch wieder eine Umorientierung – und zwar in Richtung des Denkens junger Erwachsener. 40% der Jugendlichen treten hier ins Berufsleben ein und spätestens mit 17 sehnt man herbei, was man schließlich mit 18 dann endlich alles darf. Deshalb sprechen wir hier auch von den pre-young-adults. 18- bis 19-Jährige sind dann schon junge Erwachsene.

Der *Kern der Jugend* ist also zwischen 13 und 17 Jahren anzusetzen, aber die Grenzen sind fließend.

Ein sehr entscheidender Sprung ist dann noch einmal die Altersgrenze um 20 Jahre. Wir diagnostizieren in unseren Untersuchungen immer wieder, dass die über 20-Jährigen sich recht deutlich und bewusst von den Jugendlichen unter 20 absetzen. Das, was zum Klischee „Jugend" gehört, dieses Fetzige mit einer ständigen Über-Action, bleibt unter 20 bzw. der Kern reicht bis ca. 17 Jahre.

Es nimmt eindeutig ruhigere Formen an über 20: Die Persönlichkeit ist gefestigter, man braucht das Schrille nicht mehr so, man wird realistischer und pragmatischer, wenn man nicht mehr zu Hause wohnt und auf sich allein gestellt ist. Die Kultivierung und das extreme Ausleben von Gruppen-Events, die intensive Selbstinszenierung in der Kleidung und so weiter gehen nur bis ca. 17 Jahre.

Das bedeutet natürlich nicht, dass die über 20-Jährigen spießige Couchpotatoes sind – ganz im Gegenteil –, auch sie sind Teil der Ballermann-Generation (siehe Kapitel 4). Aber sie müssen nicht mehr permanent ihre Jugendlichkeit unter Beweis stellen.

Ab 20 verliert die Alterseinteilung sowieso an Aussagekraft. Je jünger die Altersgruppe, desto mehr korreliert das Alter mit der Entwicklung der kognitiven Fähigkeiten und der Entwicklung der Persönlichkeit. Je älter die jungen Erwachsenen sind, desto mehr spielen dann die Festigung der Lebenssituation und die Weichenstellung für die Zukunft eine Rolle.

Die Segmentierung nach dem Alter wird also immer feiner, die einzelnen Entwicklungsschritte setzen immer früher ein und die Phasen bis hin zum jungen Erwachsenen sind immer kürzer.

Das Tempo der Veränderung ist bei den Jahrgängen der Heranwachsenden mehr als rasant. Im Längsschnitt stellen wir hier 3 Entwicklungen fest, die für die Definition der Zielgruppen immer entscheidender werden.

1. Die Akzeleration, d. h., dass sich Entwicklungsprozesse immer mehr beschleunigen und Kinder immer mehr Vorgriffe auf die Jugendlichkeit zeigen und Jugendliche immer früher zu jungen Erwachsenen werden – dass also alles immer früher beginnt.
2. Die Fragmentierung, d. h., dass sich Jugend immer mehr in Untersegmente aufteilt, sowohl altersmäßig als auch bei den Lebensstilen und Selbstinszenierungen.
3. Immer mehr Konturierung. Gerade in den letzten Jahren stellen wir fest, dass sich die Jugendlichen innerhalb ihrer Lebensphasen immer konturierter und eigenständiger abgrenzen, insbesondere nach unten. So sind die 10- bis 12-Jährigen schon sehr bestrebt, sich von möglichst allem Kindlichen abzusetzen –

und die über 20-Jährigen treten in neue Lebensphasen ein und distanzieren sich von denen, die noch nicht so weit sind.

Damit erweisen sich Segmentierungen nach dem Alter als wesentlich problematischer als früher, man muss sehr aufpassen, wie man diese Gruppen anspricht und dass man sie auf keinen Fall „zu jung" behandelt. Es gibt keine spätere Zeit des Lebens mehr, wo die Unterschiede zwischen den einzelnen Jahrgängen so groß sind wie bei den Heranwachsenden. Bei den Erwachsenen denkt man in Zehnersprüngen, bei Kindern und Jugendlichen zählt jedes Jahr.

Die Turning Points

Wie entscheidend bei Jugendlichen ein Jahr oder ein bestimmtes Ereignis sein kann, wird allein aus der biographischen Situation dieser Altersgruppen nachvollziehbar. Wo finden die großen Umbrüche im Leben statt, die Wendepunkte, die Turning Points?

- Bis 17 Jahren wohnen noch nahezu alle Jugendlichen bei den Eltern und es sind noch knapp 60% von ihnen in der Schule.
- Zwischen 18 und 20 Jahren ist dann ein deutlicher Bruch zu sehen: Nur noch ein Drittel geht zur Schule oder auf die Uni, aber man wohnt noch zu drei Vierteln im Elternhaus. Sie wissen schon: die Sache mit dem Hotel Mama. Hier zeigt sich, wie liberal und tolerant die Eltern und wie pragmatisch die Jungen geworden sind: Man fetzt sich nicht mehr zu Hause und findet kaum einen Grund, das gemachte Bett und das tägliche Essen für länger als ein oder zwei Nächte oder einen Urlaub zu verlassen.
- Zwischen 21 und 25 sind es nur noch 21%, die in der Ausbildung sind, 75% sind im Beruf und es wohnen dann nur noch 44% zu Hause.

Auch an den Jugendszenen kann man die Veränderungen beim Alter sehr schön ablesen: Nur bei den Techno-Raves finden sich noch Ältere, zum Teil bis 30-Jährige, aber ihr Anteil ist deutlich geringer. Die aktiv ausgelebte Szenenzugehörigkeit geht nur bis ca. 17 Jahre und sinkt mit 18 bis 19 Jahren deutlich ab.

Alternativ ist auch eine andere Alterseinteilung bei Jugendlichen möglich:

12 bis 14 Jahre	Pubertätsjugendliche
15 bis 17 Jahre	Inszenierungsjugendliche: optisch auffälligste, lauteste Inszenierung, Bedürfnis am größten, die Persönlichkeit zu demonstrieren, da noch nicht so gefestigt („Sceneagers")
18 bis 19 Jahre	inszenieren sich noch, aber schon distanzierter und souveräner
20 bis 25 Jahre	neue Lebenswelten und Einüben einer selbstbestimmten und neu definierten Erwachsenenwelt

Dass die Alterseinteilung bei Jugendlichen nicht alleine zufrieden stellt, dies liegt auch daran, dass es pro Produktbereich unterschiedliche Alterssegmentierungen gibt.

Unterschiedliche Alterssegmentierungen pro Produktbereich

Das In-Produkt bei Jugendlichen, über das sie sich so richtig toll definieren können, sind Turnschuhe. Jedoch ist die Alterseinteilung im Bereich Sportschuhe/Turnschuhe viel „jünger" als z. B. bei Kaffee und wieder anders als bei Banken:

■ Im Bereich Sportschuhe – ob adidas oder Nike – wissen 10- bis 12-Jährige schon hervorragend Bescheid und fahren auch auf Werbung ab, die eigentlich 17-Jährige meint.

■ In Bezug auf Kaffee, in den sie erst spät einsteigen, sind selbst 14- bis 15-Jährige noch ohne eigene Meinung, aber die Älteren, die 17- bis 19-Jährigen, wollen es hier richtig peppig.

■ Bei Banken gibt es wieder andere Zäsuren: Das Einstiegsalter ins Girokonto liegt zwischen 12 und 14 Jahren, d. h. hier beginnt die Auseinandersetzung mit den Angeboten und der Kommunikation der Geldinstitute. Dann folgt eine Latenzphase mit deutlich schwächerem Interesse und erst bei Berufseintritt mit 16 wird es wieder interessant, eine neue Stufe der Reife setzt ein.

Mit 18 gibt es einen entscheidenden Schnitt, denn dann darf man juristisch schon sehr viel mehr. Das bringt aber auch die Notwendigkeit anderer Angebote und einer anderen Ansprache mit sich. Und was beispielsweise bei Banken das Problem mit den Altersgruppen noch schlimmer macht: Während arbeitende Jugendliche schon mit 18 für das Girokonto Geld bezahlen müssen, ist das bei Studenten erst mit Abschluss des Studiums der Fall. Mit monetären Vorteilen zu locken, das interessiert also einen Teil der 18-Jährigen und einen Teil der 25-Jährigen. Und wer ist dann Ihre Zielgruppe?

Diese unterschiedlichen Zäsuren pro Produktbereich hängen also immer sehr stark mit den Lebensphasen der Jugendlichen zusammen und damit, wann sie in welche Produktbereiche einsteigen und wann sich ihre Anforderungen an Produkte verändern. Wir plädieren deshalb bei vielen Produkten – so z. B. auch denen der Telekommunikation – nicht für ein einfaches Alterskonzept, sondern ganz klar für ein *Lebensphasenkonzept*. Alter, Lebensphase, Berufstätigkeit... Da fehlt doch noch ein wichtiges Kriterium! Sind etwa Jungs und Mädchen, bzw. junge Frauen und junge Männer gleich?

Das Geschlecht

Natürlich unterscheiden sich Mädchen sehr deutlich von Jungen bezüglich ihres Denkens, Handelns und Fühlens. Wobei grundsätzlich gilt: (Fast) alle Klischees stimmen.

Mädchen sollen vernünftiger und weniger wild als Jungen sein? Ja, stimmt meistens – was aber nicht zwangsläufig von Vorteil für die Mädchen ist.

Es ist z. B. immer spannend, zu sehen, wie sich Jungen und Mädchen neuer Software nähern. Jungen klicken nur so in der Gegend rum, probieren alles aus und erfassen so sehr schnell die wesentlichen Spielfeatures.

Mädchen gehen da wesentlich vorsichtiger vor, versuchen sorgfältig, alles richtig zu machen. Und bleiben dabei hinter den Jungen deutlich zurück.

Jungen müssen sich und der Umwelt ständig beweisen, wie cool sie sind, während bei Mädchen Schönheit und sich um andere kümmern (Tiere!) wichtiger ist? Ja, stimmt meistens: Schauen Sie sich nur an, wie Jungs und Mädchen spielen.

Jungen stehen auf Action und Wildheit, bei Mädchen darf es

auch mal ruhiger sein? Ja, stimmt – was sich insbesondere die Werbung zunutze macht.

Da liefern sich die Power-Spielzeugautos rassige Rennen, unterstützt von schnellen Schnitten, während es in der Barbiewelt ruhig, bedächtig und sehr rosa zugeht. Oder fragen Sie mal 9-Jährige, welche Tiere sie toll finden (und die Sie in der Werbung nutzen können). Da werden Ihnen die Mädchen etwas von Delphinen und Pferden erzählen, die Jungs aber von wilden Leoparden.

Jungen stehen auf Fußballer, Mädchen auf Boy Groups? Ja, auch das stimmt.

Dahinter steckt, dass Jungen eher identifikativ eingestellt sind („Ich wär gern so wie...“), also Vorbilder suchen, Mädchen hingehend überwiegend projektiv („Ich wäre gerne zusammen mit...“). Wobei es natürlich Ausnahmen gibt wie die Super-Teeni-Heldin Sailor Moon.

Und schließlich: Bei Mädchen geht es eher um weiche Werte wie Romantik, Liebe oder auch Horoskope – Sachen, die für Jungen absolut uncool sind? Natürlich stimmt auch dies: Wer Jungen bis zu einem Alter von 11 bis 12 Jahren in der Werbung mit Liebe oder Romantik kommt, der hat so richtig verloren.

Hier liegt natürlich ein Grund, warum einige Disney-Weihnachtsfilme nur noch Zielgruppenfilme sind und nicht mehr die breite Masse der Kids ansprechen. Denn welcher „echte“ Junge interessiert sich schon für das Liebesleben eines Indianermädchens oder (kein Disney-Film) einer Zarentochter. Während Mädchen irgendwelche geschichtlichen Schlagetots wie Herkules zuerst einmal ganz schön an der Backe vorbeigehen.

Natürlich sind dies alles Klischees, natürlich werden Sie auch immer Gegenbeweise finden. Aber: Machen Sie sich die Sache nicht unnütz schwer, bedienen Sie sich der Stereotypen, die in unserer Gesellschaft (noch) existieren. Und bedenken Sie: Wenn Sie bei Ihrer Werbung bei der geschlechtsspezifischen Ansprache daneben liegen, dann ist das sogar noch schlimmer, als wenn Sie die falsche Altersgruppen ansprechen. Dann werden Sie nicht nur nicht beachtet, sondern Reaktanz auslösen, man wird versuchen, Ihre Marke oder Ihr Produkt zu „töten“.

Zu den Geschlechtsstereotypen gibt es auch eine interessante Untersuchung von Trautner, Helbing u. a. bei 823 Kindern im Alter von 4 bis 9 Jahren (nach Schenk-Danzinger, 1991).

Dabei wurden ihnen auf Rollenverhalten bezogene Fragen gestellt wie: „Wer steuert einen Bus?" oder „Wer backt zu Hause und kocht?", „Wer weint häufig?" oder „Wer ist mutig?". Unterschieden wurden danach drei Antwortkategorien:

1. Rigide Stereotypisierung entsprechend dem gängigen Rollenbild (Das tun nur Männer oder nur Frauen)
2. Flexible Stereotypisierung, d. h. hauptsächlich Männer bzw. Frauen oder beide Geschlechter gleichermaßen
3. Gegenstereotype Zuordnung, d. h. falsche Zuordnung wie: „Mehr Frauen als Männer steuern einen Bus" oder „Nur Männer häkeln und stricken".

Die Antworten der Kinder zeigten einen interessanten Altersverlauf: Mit 4 Jahren gab es fast gleich viele der drei Antwortzuordnungen. In diesem Alter beginnen sich also die Geschlechtsstereotype zu entwickeln.

Im Alter von 5 bis 7 Jahren dominieren rigide Stereotypisierungen. Die Kinder sind noch nicht in der Lage, mehr als eine Möglichkeit ins Auge zu fassen: Entweder alle Frauen oder alle Männer. Hier zeigt sich, dass die Welt in Schwarz und Weiß unterteilt wird. Und die Rollenverteilung zwischen den Geschlechtern ist den Kindern glasklar.

Diese Art der Urteilsbildung wird dann mit ca. 8 Jahren abgelöst durch die flexible, relativierende Urteilsbildung. Es wird erkannt, dass es nicht nur ein Entweder-Oder gibt, sondern graduell verschiedene Kombinationen – wobei die Kinder natürlich die Rollenverteilung immer nach den gängigen Klischees vornehmen.

3 Segmentierung durch Szenen

Alles Szene oder was?

Mensch, war das chic, über Szenen zu schreiben. Die Techno-Szene, die Schlager-Szene, die Trekkie-Szene und so weiter. Kaum ein Buch über Jugend, das nicht die Szenen in den Vordergrund stellte, kaum eine Zeitschriftenreportage über Jugendliche, in der nicht die tollen und ach so fotogenen Szene-Kids abgelichtet wurden.

Und urplötzlich hatten fast alle Agenturen Szene-Scouts, die in die jugendlichen Szenen eintauchten, auf der Suche nach *dem* neuen Trend. Wohin diese Entwicklung führte, war z. B., dass klassische Massenwerbung vernachlässigt wurde und sich selbst das konventionellste Unternehmen auf Szene-Events tummelte – wobei oft genug nicht danach gefragt wurde, welchen Sinn es macht, auf der Eintrittskarte an 5. Stelle zu stehen.

Mittlerweile hat sich die Szene-Hysterie zum Glück ein wenig gelegt. Und so kann man nun etwas gelassener über das interessante, aber nicht das Leben aller Jugendlichen bestimmende Phänomen schreiben.

Die Bedeutung von Szenen

In ihrem Buch „Echt abgedreht" behaupten Janke und Niehues, Szenen seien die Gesellschaftsordnung der 90er Jahre. Ähnlich argumentieren beispielsweise auch die Forscher vom Österreichischen Institut für Jugendforschung (ÖIJ) in Wien. Warum sind Szenen so wichtig?

Szenen haben für Jugendliche zwei Funktionen: Sie dienen als Integrationsraum nach innen und als Unterscheidungs- und Abgrenzungsmerkmal nach außen. Dabei will man sich nicht nur gegenüber den Erwachsenen abgrenzen, sondern auch gegenüber anderen Jugendlichen, was ja besonders für die Jüngeren bis 17 Jahre wichtig ist.

Manfred Zentner vom ÖIJ meint hierzu, dass an die Stelle der Klassen und Schichten in unserer Gesellschaft die individuell zu wählenden Stile getreten sind und sich dies insbesondere bei Jugendlichen zeigt: Szenen – zumindest die, die im Mainstream vertreten sind – sind weitgehend für alle sozialen Schichten zugänglich (ausgenommen politisch motivierte Szenen wie Skinheads). Nicht offen sind sie für Erwachsene – und wenn man nun beobachtet, wie sich Daddys und Hausfrauen in perfekter Verkleidung auf Inlineskates abmühen, von Ampel zu Ampel hangeln und über Asphaltbuckel stolpernd, ist vorauszusehen, dass sich die Jugendlichen bald von dieser Szene distanzieren werden. Nur die Halfpipe ist noch eine Insel, wo sich die Erwachsenen kaum hintrauen.

Im Szeneführer „Berlin Underground" wurde behauptet, die Golfmütze von Kangol war so lange als kultige Kopfbedeckung modern, bis Thomas Gottschalk sie im Fernsehen getragen hat. Ab dann war sie bei Insidern „out".

Szenen sind also wichtig zur Selbstdefinition und dazu, dass man eine Heimat findet und sich von den anderen abgrenzt. In Trend-Guru-Deutsch heißt dies Clanning oder Tribalisierung: Meine Szene, mein Stamm – oder in diesem Sinne.

Um Szenen zu charakterisieren, macht es Sinn, sich anzuschauen

- welche Musik gehört wird
- welche Mode getragen wird
- welcher Sport ausgeübt wird

Als Beispiel dazu die 1999 heißeste Szene:

Die Hip-Hoper

Bei den Hip-Hopern hat sich bei der angesagten Musik ein interessanter Wandel vollzogen. Noch vor wenigen Jahren haben uns die Szene-Kids auf die Frage, welche Musik sie hören, immer auf amerikanische Vorbilder verwiesen, auf Gangsta Rapper wie Snoop Doggy Dog.

Und die echte Hip-Hop-Szene war damals teilweise durchaus gewalttätig. Es waren häufig Jugendliche aus ärmeren Verhältnissen, die sich von den Gangsta Rappern angezogen fühlten und dadurch eine neue Identität fanden, indem sie sich Banden und Gruppierungen anschlossen, die scheinbar genau das Leben des Ghettos adaptierten. Dort erfüllten sich dann all ihre Core-Needs: Indem sie andere Gruppierungen bekämpften und einschüchterten, indem sie sich durch cool sein und manchmal durch Gewalt profilierten. Und das wichtigste Wort war: Respekt.

Kein Wunder, dass sich damals z. B. immer mehr türkische

Jugendliche in Banden einfanden: Sie fühlten sich heimatlos, stammten aus armen Verhältnissen, waren ohne Perspektiven. Sie werden in ihrer deutschen Heimat als Türken gesehen und in der Türkei als almanci – „Deutschlinge". Sie kamen sich vor wie Ausgestoßene.

Aber zusammen, umrauscht von Hip-Hop-Musik von Gruppen wie Cartel, fühlten sie sich stark. Sie betrieben bis zum Exzess Kickboxen und entwickelten dadurch ein neues Selbstbewusstsein. Kanackattack hieß es dazu in einem einflussreichen Buch.

Wenn man heute Jugendliche fragt, welche Musik sie gut finden, dann erzählen sie immer häufiger von deutschem Hip-Hop. Deutscher Hip-Hop kann zwar durchaus kritisch sein, ist häufig äußerst intellektuell, manchmal poetisch, aber so gut wie nie gewalttätig. Deutscher Hip-Hop macht Spaß, ist dadurch authentisch und bietet eine Musik, die toll groovt.

Dementsprechend ist auch die Szene viel weniger Ghetto-orientiert, wird immer mehr zum Mainstream. So wird Hip-Hop zum harmlosen und gewaltlosen Freizeitspaß für Leute, die das Denken noch nicht aufgegeben haben.

Aber Hip-Hop ist mehr als Musik und eine Lebensphilosophie. Hip-Hop bedeutet auch, bestimmte Klamotten zu tragen, idealerweise weite Kapuzenpullis und Marken wie Fishbone, Stüssi, Fubu, Dickies oder Homeboy. Hier gilt der Spruch: Zeig mir, was Du trägst, und ich sage Dir, wer Du bist. Und wenn Sie dann noch bedenken, dass Hip-Hoper auch häufig Skater und Snowboarder sind, dann ist diese Szene geradezu ein exemplarisches Beispiel für die Zusammenhänge zwischen Mode, Musik und Sport.

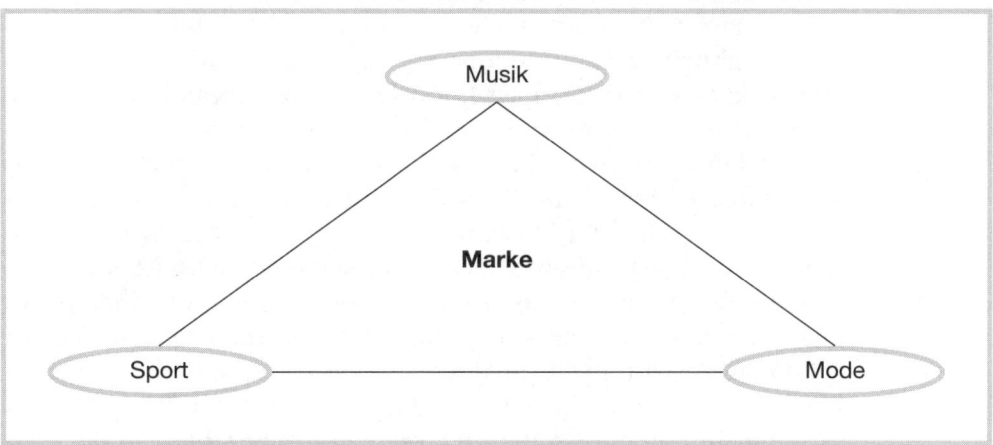

Abb. 1.4: Das magische Dreieck: Musik, Mode, Sport

Diese 3 Dimensionen, die sich gegenseitig beeinflussen, sind nicht nur wichtig, um Jugendszenen zu beschreiben, sondern sie beeinflussen auch, welche Marke angesagt ist. So prägte die Technokultur eine fast neuartige Moderichtung, während nun Modeimpulse eher im Bereich des Sports zu suchen sind. Ein „Must" für die Kids sind derzeit Skaterklamotten.

Übrigens: Sport gehört für die Kids zu den attraktivsten Erlebniswelten. Aber denken Sie daran: Die Sportarten, die die Kids ausführen, sind in den seltensten Fällen schillernde Extremsportarten, sondern weit vorne liegt immer noch Fußball. Vernachlässigen Sie bitte nicht die Basics vor lauter schicken Szene-Events, die man sich natürlich für das Marketing nutzbar machen sollte.

Die Atomisierung der Jugend

Ein Problem bei Szenen ist, dass sich die Jugendkultur in immer verzweigtere Richtungen aufspaltet. Man kann gleichsam von einer „atomisierten" Szene sprechen. Da gibt es die Rollerblader, die Boarder, die Rapper, die Raver, die Hip-Hoper und so weiter, und jede dieser Gruppierungen splittert sich noch weiter in Subkulturen mit eigener Sprache und eigenen Codes auf.

Codes bedeuten hier, dass jede Szene eine bestimmte Musik hört und eine Kleidung trägt, die angesagt ist. Es kann auch die betonte „Nicht"-Kleidung sein, die Ablehnung von Marken, Labels und Stilvorschriften, die coole, aber gezielte Gleichgültigkeit und demonstrative No-name-Klamotte.

So haben uns Jugendliche in einer qualitativ-psychologischen Untersuchung 18 verschiedene Szenen genannt, wobei die Tischtennis-Spieler und die Fast-Food-Prolls die originellsten waren. Und eins ist ganz klar: Wenn sich die Jugend immer stärker tribalisiert, dann macht es für einen Markenartikler immer weniger Sinn, auf eine bestimmte Szene zu setzen. Und setzt er auf mehrere Szenen, dann wird er unglaubwürdig, oder, wie zwei der Modeworte der 90er lauten: Es fehlt an *Authentizität* und *Credibility*.

Damit haben wir das Szene-Problem: Szenen erscheinen so unglaublich wichtig, dass man ohne ihre genaue Kenntnis die Jugendlichen nicht mehr ansprechen kann. Und andererseits so kompliziert, nur für Insider zugängig und im steten Wandel, dass es Wahnsinn sein muss, darauf zu setzen – außer man hat die richtige Szene-Agentur. Aber:

Auch bei Szenen wird nicht alles so heiß gegessen, wie es gekocht wird

In einer Repräsentativbefragung bei 12- bis 17-Jährigen haben wir ermittelt, zu welchen Gruppen sich die Jugend Deutschlands affin fühlt und haben unter anderem die Unterscheidung getroffen „gehöre selbst dazu" bzw. „finde ich gut", also eine Unterscheidung zwischen Szenekern und Szenesympathisanten.

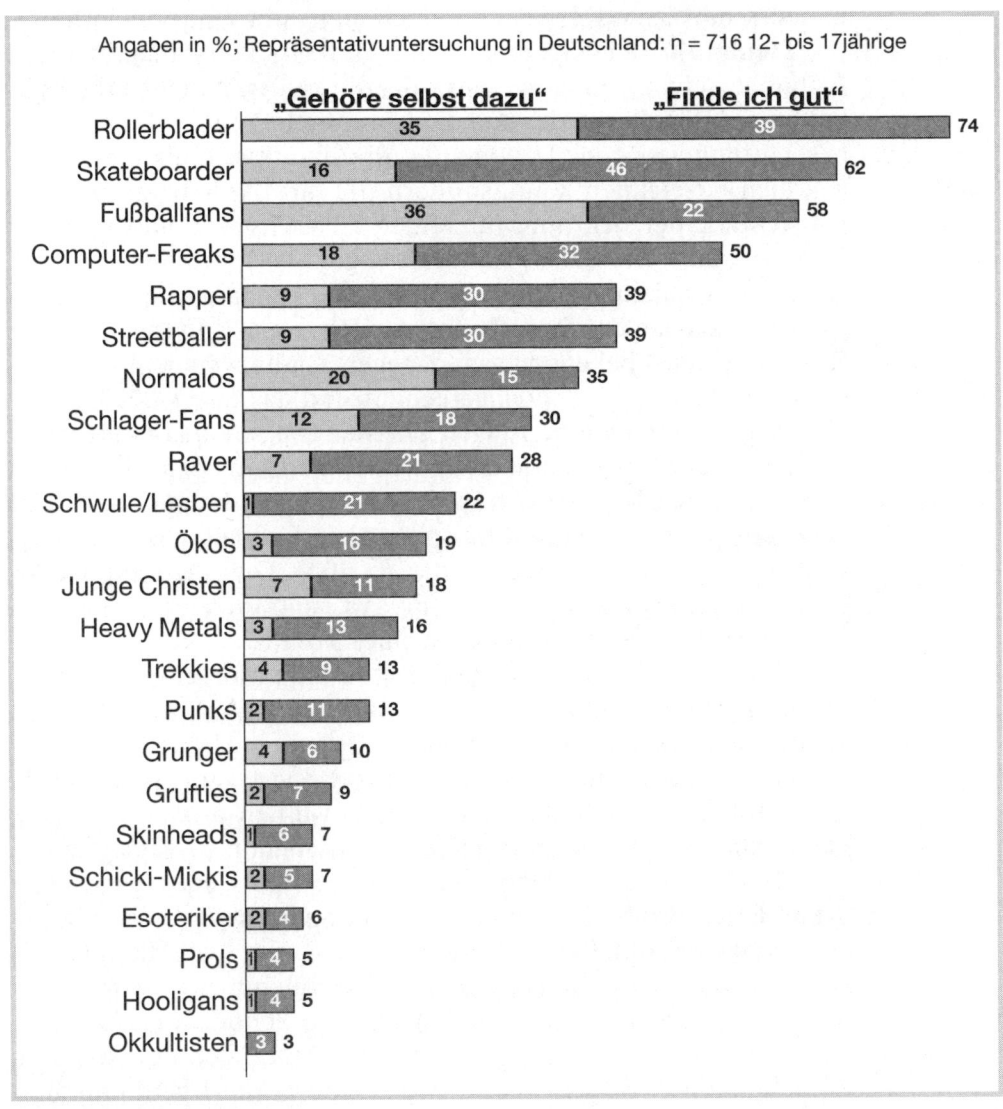

Abb. 1.5: Szenezugehörigkeit

Vorne dran stehen mit 74% Zustimmung die Rollerblader, jeder Dritte zählt sich selbst zu dieser Szene, es folgen die Skate- und Snowboarder, dann die Fußball-Fans, dann kommen schon die Computer-Freaks, die Rapper, die Streetballer und dann aber auch die Normalos. Es gibt aber auch die Schwulen und Lesben, die Jungen Christen, die Trekkies, die Grunger, die Grufties, die Skinheads, die Esoteriker und die Okkultisten.

Was deutlich wird: Unsere Untersuchung bei 700 Jugendlichen beweist zwar die existierende Szenenvielfalt, zur engen Anhängerschaft, zum Kern zählt jedoch meist nur eine Minderheit.

Denn: Zu den Gruppierungen mit einer erwähnenswerten Anhängerschaft („Gehöre selbst dazu") zählen lediglich die Fußballfans, die Rollerblader und die Computer-Freaks, also Freizeitbeschäftigungen oder Lebensstile, die man kaum als typisch jugendlich bezeichnen kann, sondern die ihre Anhängerschaft genauso stark bei sich jung fühlenden Erwachsenen haben. Jeder fünfte Jugendliche (20%) sieht sich sogar als „Normalo".

Zu den vielzitierten und zu Werbezwecken fast schon überstrapazierten Szenen der Streetballer, der Rapper (Hip-Hop) oder der Raver (Techno) bekennen sich dagegen relativ wenige. Mit einem harten Kern von 7% – hochgerechnet sind das fast 400000 12- bis 17-Jährige – sind hier die Jungen Christen fast schon konkurrenzfähig. Und rechnet man zusammen, wieviel Prozent der Jugendlichen in avantgardistischen, ganz spezifischen Jugendszenen sind, das heißt also nicht die Rollerblader oder die Fußballanhänger, dann kommen wir auf knapp die Hälfte: auf 40%. Die Mehrheit der Jugendlichen sind also keine Szene-Freaks, sondern höchstens Szene-Touristen, die zweiten Adaptoren eines Trends.

Überlegen Sie sich also genau, wen Sie ansprechen möchten: die Freaks und damit die Vorreiter oder den Mainstream, der dem Trend folgt und ihn ganz gut findet?

Deutlich zeigt sich einerseits, dass Szene-Events zwar durchaus Erfolg haben können, man sich mit ihnen profilieren kann. Dass man aber nie die „normalen" Jugendlichen vergessen darf.

Zum anderen erreichen Sie 60% der Kids auch ganz ohne Szene-Brimborium, bzw. indem Sie mit Szene spielen oder Mainstream-Szene anbieten. Toll dafür ist z. B. die Love Parade, der Narhala-Marsch der Jungen und jung Gebliebenen. Es ist sicherlich kein Zufall, dass vor kurzem der Bravo-Sender RTL 2 so massiv auf diese Veranstaltung gesetzt hat. Denn auch dort hat man mitbekommen, wie sehr dieser einst echte Szene-Event kommerzialisiert wurde und dass man damit richtig Geld machen kann.

Natürlich lohnt es sich für echte Szene-Produkte weiterhin, bei den Avantgardisten zu bleiben. Aber für Massenmarken?

Noch eine Erkenntnis aus dieser Untersuchung, die dem widerspricht, dass Szenen Stämme sind, die sich gegen andere abgrenzen: Es gibt auch Querverstrebungen zwischen den einzelnen Szenen. So hören die Snowboarder häufig relativ harte Pop- oder Punkgruppen und Raver gehören zum Teil auch zu den Inlineskatern und so weiter. Die 40% der Szene-Jugendlichen unserer Untersuchung waren im Schnitt Mitglied in zweieinhalb Szenen.

Es gibt somit keine Ausschließlichkeit, wie sie vielleicht früher vorherrschte, als die Mods noch gegen die Rocker oder später die Punks gegen die Popper vorgingen. Ja, man könnte von Lifestyle- oder gar von Teatime-Szenen sprechen.

Hier zeigt sich das berühmte *Szene-Surfen* oder auch *Sampling*. Die Jugendlichen lassen sich nicht gerne in eine Schublade stecken, sondern schauen sehr wohl über den Tellerrand und nutzen auch andere Angebote. Szenen sind insgesamt betrachtet durchaus wichtig als Ausdruck jugendlicher Kultur, aber auf keinen Fall darf man ihren Einfluss überschätzen.

Wenn man sich die Szenenlandschaft bei den Jugendlichen verdeutlicht, wird klar: Wenn Sie auf eine dieser Szenen setzen möchten, dann ist es wichtig, dass Sie die spezielle Sprache, die Codes, die Symbolik, das Verhalten, die Musik, die Kleidung in allen Nuancen richtig treffen, sonst wird daraus schnell ein Schuss in den Ofen und von den Jugendlichen als aufgesetzt und als „gewollt und nicht gekonnt" entlarvt.

Deshalb raten wir in der Regel von einer zu stark szeneorientierten Ansprache ab, denn es besteht die Gefahr, dass es in Kombination mit Ihrem Angebot unglaubwürdig wird. Meist schafft man es auch nicht, mit der schnellen Entwicklung der Szenelandschaft mitzuhalten.

Bieten Sie also nur eine ausgesprochene Szene-Ansprache, wenn Sie die Codes genau kennen. Wenn Sie sich auch nur ein wenig unsicher sind beim Spiel mit der Szene, dann deuten Sie die Szene nur an, passen Sie die Musik etwas an, arbeiten Sie fast unterschwellig mit Szene. Das wird zwar nicht unbedingt den Szene-Afficionado überzeugen, aber die ganzen Mitläufer, den Szene-Mainstream durchaus. Denken Sie immer daran: Es gibt derzeit bei den 12- bis 17-Jährigen nur 9%, die von sich behaupten, Streetballer zu sein. Aber weitere 30% finden Streetballer gut. Als attraktive Erlebniswelt taugen Szenen allemal.

4 Megatrends bei der jungen Generation

Ja, wir geben es zu: Auch wir kommen nicht ohne Etikettierung aus, um Jugend zu beschreiben.

Jugend als die Sampler-Generation

Aus einem Tiefeninterview zum Thema Urlaub:

„Als ich mit meinen Freunden in der Türkei im Urlaub war, kam im Radio türkische Volks- und Popmusik. Aber wir hatten einen Kassettenrecorder dabei und wenn uns das andere gelangweilt hat, oder wir einfach keinen Bock hatten oder zu zehnt auf dem Balkon gesessen sind, haben wir unsere Musik gehört...

Die Kellner sind rumgelaufen wie typische Türken. Das war OK. Aber die Animateure waren dann vom Lebensstil, von der Art und von der Kleidung her wie wir. Und das war gut so, denn da hätten wir nämlich auf irgendwelche türkischen Geschichten keinen Bock gehabt...“

Hier zeigt sich deutlich ein wichtiges Prinzip der 90er und darüber hinaus ein Megatrend bei den Jugendlichen: das Sampling. Das heisst, dass unterschiedliche Stile und Felder miteinander vermischt werden. Man ist nicht mehr strikt auf einer Linie, will sich nicht mehr festlegen – hier könnte jetzt eine Diskussion zum Thema Postmoderne ansetzten.

Dieses Phänomen zeigt sich unter anderem beim Sport, bei der Musik – nicht umsonst heißt eine der erfolgreichsten Musikrichtungen Crossover – oder bei der Mediennutzung (mit dem Zapper durch die bunte Medienwelt). Desgleichen gibt es, wie schon ausgeführt, kaum ausgesprochene Anhänger einer bestimmten Szene, sondern man kombiniert mehrere Szenen miteinander: das Szene-Surfen.

Wieder zu dem Urlaubsbeispiel zurück: Die jungen Leute kombinieren im Urlaub das miteinander, auf was sie Lust haben. Die Suche nach dem Echten/Authentischen/Wahren einer Kultur ist nicht mehr gefragt. Sondern man nimmt alles als Spielball mit dem Ziel: Optimierung des Fun. Man möchte auch im Urlaub Alternativen: mal was Authentisches, mal was von zu

Hause. Man möchte Wahlmöglichkeiten haben und diese auch nutzen.

Nun werden Sie vielleicht einwenden: Das ist doch bei Erwachsenen so ähnlich, denkt man nur an den multioptionalen Verbraucher. Stimmt. Aber haben wir versucht, Ihnen einzureden, die Jugend sei ein mystisches Wesen? Allerdings betreibt sie das Sampling, die offenen Wahlmöglichkeiten, wesentlich intensiver als die Erwachsenen. Ein neues Wort in diesem Zusammenhang lautet *Bag Culture*. Sie haben sicherlich auch schon bemerkt, dass Jugendliche fast immer kleine Rucksäcke oder Taschen dabei haben. Darin ist so etwas wie ein Überlebenspack: Papiere, Schminke (bei Mädchen), Geld, teilweise auch die Zahnbürste. Wenn Sie nun bedenken, dass viele Jugendliche morgens nicht wissen, wo sie abends essen werden, wo es sie abends hinverschlägt, wird die Notwendigkeit des Rucksackes deutlich: Er unterstützt es, dass alle abendlichen Optionen offen bleiben. Wohin es auch geht, ob Party oder Disco, das Notwendige für unterwegs ist dabei.

Ein schönes Beispiel für Sampling ist das Einkaufsverhalten *der Jugendlichen*. Wie sprunghaft und multioptional (heute Aldi und morgen der teure Szeneshop) 14- bis 17-Jährige dabei sind, haben wir 1999 in einer Untersuchung feststellen können. So suchten die Jugendlichen für einen Kauf innerhalb des Produktbereichs „T-Shirts und Pullis" im Durchschnitt 4 verschiedene Geschäfte auf und erwiesen sich da in hohem Maße als Geschäftstypen-Surfer.

Nur ein Viertel der Jugendlichen begnügte sich damit, für einen Kauf genau in einen Geschäftstyp wie junge Bekleidungsketten, Kaufhäuser oder Szeneläden zu gehen; ein weiteres Viertel ging in 2 Typen und der Rest, also ungefähr die Hälfte, suchte mindestens 3 unterschiedliche Geschäftstypen auf, informierte sich also in einer breiten Auswahl an Geschäften.

Diese Ergebnisse sind aber nicht nur negativ zu sehen. Zwar wird da einerseits deutlich, dass es relativ schwer ist, eine hohe Geschäftstreue aufzubauen, obwohl natürlich nicht alle Geschäftstypen gleich häufig besucht werden (vorne in der Besuchshäufigkeit liegen die jungen Bekleidungsketten).

Aber es heißt, dass auch nicht jugendgerecht aufgemachte Geschäfte wie klassische Kaufhäuser aufgesucht werden und eine Chance bekommen. Wie sehr diese Chance dann genutzt wird, das steht auf einem anderen Blatt.

Aber bei allem Sampling: So sprunghaft und unberechenbar

ist die Jugend nun auch wieder nicht. Auch wenn die Jugendlichen teilweise von Trend zu Trend surfen, zeigen sie eine erstaunlich hohe Markentreue. Dafür als Beispiel eine Vorwegnahme aus dem 2. Teil:

In einer Untersuchung für den Heinrich Bauer Verlag (1999) befragten wir mittels psychologischer Interviews 337 10- bis 17-Jährige zu 12 verschiedenen Produktbereichen. Das Ergebnis:

Alles in allem, d. h. über alle Produktbereiche gesehen, sind

- 40% der Jugendlichen Markenfans, mit einer emotionalen Bindung an „ihre" Marke
- 20% Stammkäufer, denen es an emotionaler Bindung fehlt, die trotzdem einer Marken überwiegend treu sind
- 40% sind Sampler, die den Bienen gleich, von Markenblüte zu Markenblüte wechseln

Was dieses Ergebnis für Sie bedeutet?

- Langfristige Strategien, um die Jugendlichen an Ihre Marke zu binden, können durchaus zum Erfolg führen.
  Sie können aber auch durch kurzfristige Aktionen, die die Sampler ansprechen – zumindest für einen kurzen Zeitraum – Geld verdienen.

Noch ein Beispiel fürs Sampling? Fragen Sie einmal Marketing-Studenten, warum sie Marketing studieren. Wir haben das getan und die Studie im Marketing Journal veröffentlicht. Heraus kamen Sampling-Begründungen wie aus dem Lehrbuch: Weil es so vielseitig ist, weil es nicht immer das Gleiche ist, weil es so viele mögliche Ansätze gibt, weil man sich nicht so festlegen muss, weil man später im Berufsleben in ganz verschiedene Bereiche gehen kann – das Marketing-Studium also als ausgesprochener Sampling-Studiengang.

Das Sampling – auch wenn es nicht so exzessiv betrieben wird, wie oft befürchtet (vergessen Sie von daher auch irgendwelche Chaos- und Fraktaltheoretiker) – hat 2 wesentliche Grundströmungen der Jugend als Ursache: Zum einen führt Samplen zur Spaßmaximierung. Und zum anderen zeigt sich hier der Pragmatismus der jungen Generation, die das tut, was ihr subjektiv am meisten Nutzen bringt.

Jugend zwischen Hedonismus und Pragmatismus

Neben dem Sampling gibt es insbesondere 2 szeneübergreifende Einstellungen, die für die junge Generation prägend sind:

- Hedonismus
- Pragmatismus

Die heutige Generation ist zum einen eine *hedonistische, aktive, extrovertierte Power-Generation.*

- Sie ist zielstrebig, unternehmenslustig und spaßbetont.
- Sie will das Leben noch bewusster genießen und will alles aus dem Leben herausholen, Spaß und intensive Erlebnisse haben.

Die meiste Zeit verbringt man deshalb mit seinen Freunden, ist unterwegs, auf Partys, Clubs oder auf einer Rave. Bei einem Großteil der Jugendlichen ist Passivität in der Freizeit „out". Dementsprechend ist die Jugend auch stark outdoor-orientiert: Wenn sie auch durchschnittlich ca. 2 Stunden am Tag Fernsehen schauen, so finden sie ihre Erfüllung aber nachts und am Wochenende beim Abtanzen.

Was aber ist mit den Jugendlichen, die keine Möglichkeiten haben, auf diese Art Spaß zu haben? Schaut man sich die Straßenkinder insbesondere in den neuen Bundesländern an oder die Aggressivität, die es teilweise bei kleinen Randgruppen gibt, z. B. gegen Ausländer; schaut man sich an, wie leergefegt teilweise Stadtkerne sind, dann werden Berichte über die zunehmende Aggressionsbereitschaft der jungen Leute nachvollziehbar.

Aber darauf kann man gar nicht deutlich genug hinweisen: Noch sind dies Ausnahmen, die Mehrheit der jungen Leute ist anders, die will etwas erleben und die will Spaß – aggressionslosen Spaß.

Fast alles, was man Ihnen über die Spaß-Generation gesagt hat, stimmt: Die Kids und Jugendlichen lieben es, einen drauf zu machen; sie interessieren sich für ultimative Kicks wie die Extremsportarten und die Sprünge auf der Halfpipe. Aber das ist nur ein Teil ihres Lebens, der Gegen-Alltag. Und es ist schön, den Kids Träume und Eskapismus-Möglichkeiten zu liefern, aber sie sind nicht der einzige Ansatzpunkt für das Marketing.

Denn auf der anderen Seite sind junge Leute *unglaublich*

pragmatisch. Ein junger Mann nannte das einmal „duale Professionalität": „Beim Feiern und im Job ein Profi sein."

Doch was heißt nun pragmatisch? Da gibt es viele Ausprägungen wie z. B.:

- bequem
- nutzenorientiert
- desillusioniert

Und all dies können Sie für das Marketing nutzen. Die jungen Leute sind äußerst offen für gute Argumente. Ein schönes Beispiel ist das Thema Banken. Denn Jugendlichen ist in diesem Zusammenhang nicht wichtig, wie cool eine Bank ist, sondern welche ganz konkreten Nutzenaspekte sie hat: Was bringt sie für die eigene Vorsorge? Inwieweit ist sie günstiger als andere Angebote?

Dieser Pragmatismus zeigt sich am deutlichsten bei der Einstellung zum Beruf. Noch vor 3 bis 4 Jahren strebten die jungen Leute häufig nach Selbstverwirklichung und danach, sich selbst einzubringen in den Beruf. Das war ein wichtiges Lebensziel. Dies hat sich radikal geändert. Heute sagt kaum noch einer, dass der Beruf ihn ausfüllen muss oder gar das eigentliche Lebensziel sei. Heutzutage ist er nur noch Mittel zum Zweck, sich das eigene Leben, das Ausagieren des Hedonismus und die eigene Zukunft zu finanzieren.

Wenn man dabei noch Spaß hat, um so besser. Die Jugendlichen definieren sich nicht mehr über ihren Beruf. Man ist, was man erlebt, und nicht, was man leistet. Sicherlich haben die jungen Leute auch noch Traumberufe, aber insgesamt zeigt sich ein stärkerer Realismus.

Eine Marke, bzw. Kleidungskette, hat es vorzüglich verstanden, auf das Phänomen Pragmatismus zu setzen: H&M.

Natürlich ist die Marke cool, auch wenn die Müttergeneration immer häufiger zusammen mit ihren Töchtern in diesen Läden einkauft. Klar kommt den Kids die lockere Atmosphäre in den Läden zupass – sie können sich alles in Ruhe anschauen und anprobieren, ohne dass ein Verkäufer misstrauisch kuckt oder sie „dumm anlabert". Und natürlich liegt die Mode auch im Trend: Schauen Sie sich nur einmal an, was es in den H&M-Läden zu kaufen gibt, was die Stars in den Daily Soaps tragen und welche Klamotten das Straßenbild prägen.

Aber am meisten imponiert an H&M, dass es schicke und jugendliche Klamotten zu einem Preis gibt, den man sich leisten kann. Sie sind zwar nicht immer von ultimativ guter Qualität – aber dies wird auch nicht verlangt: Schließlich ist es wichtiger, Auswahl zu haben und den aktuellen Modetrends zu genügen. Wer kauft schon Klamotten für die Ewigkeit?

Bedenken Sie immer: Auch wenn die Kids auf Marken stehen, auch wenn sie versuchen, trendy zu sein: Sie sind keine Konsum-Doofies, die sich leicht manipulieren lassen. Denn dafür sind sie zu pragmatisch. Die Jugendlichen leben nicht in einer Scheinwelt, sondern sind meist „coole Checker".

Sie sind sich beispielsweise der zunehmenden Probleme bezüglich der Arbeitslosigkeit, der sozialen Situation und des „Standorts Deutschland" bewusst. Insbesondere in den neuen Ländern können sie tagtäglich in ihrem direkten Umfeld beobachten, wie sich die soziale Lage verschärft. Sei es, weil der Bruder keine Arbeit findet; sei es, weil der Vater eines Freundes arbeitslos ist. Die Jugendlichen wissen von dem eklatanten Ausbildungsplatzmangel. Und sie fühlen sich hilflos, sie fressen ihre Ängste und Frustrationen in sich hinein.

Die Zukunftsangst führt nicht zu Versuchen, alles besser zu machen, sondern dazu, damit zu leben: Die Tendenz zu Eskapismus ist deutlich spürbar. Die Welt ist aus den Fugen und man selbst kann nichts ändern, das ist die derzeitige Grundeinstellung der jungen Leute.

Dass man dann wenigstens versucht, gut zu leben, indem man abends die eigenen, aber auch die gesamtwirtschaftlichen und sozialen Probleme vergessen möchte, erscheint nur verständlich. Und so tanzt man die Nacht durch, nimmt manchmal auch Drogen, um das Glücksgefühl, die Flucht in eine schönere Welt zu verstärken.

Andererseits führt die Wahrnehmung der nicht mehr ganz so rosigen Wirklichkeit dazu, dass Jugendliche versuchen, besser im Alltag zu bestehen. Sie sind froh, wenn sie überhaupt eine Lehrstelle bekommen können, und sie versuchen, aus ihrem nicht so geliebten Beruf das Beste zu machen. Jugendliche lassen sich heute kein X mehr für ein U vormachen, sie versuchen, ihr Leben selbst in die Hand zu nehmen. Dass sie deshalb immer danach fragen, welcher Nutzen etwas für sie hat, erscheint nur logisch. Sie sind ohne Illusionen. Der beste Weg für Sie, um junge Zielgruppen zu erreichen, ist daher: ein Produkt zu besitzen, das gegenüber der Konkurrenz Vorteile besitzt.

Auf eine Facette des Hedonismus möchten wir noch genauer eingehen und werfen Ihnen dazu noch einmal ein Schlagwort zu:

Die Ballermann-Generation

Woran denken Sie, wenn Sie das Wort Ballermann hören? Natürlich an das kleine Fleckchen Mallorca, an dem sich Tausende zumeist junge Urlauber so richtig die Kante geben, wo angebaggert wird, was das Zeug hält – bzw. was das alkoholumnebelte Gehirn zulässt, wo man so richtig die Sau raus lässt und es liebt, den anderen zuzuschauen, wie sie die Sau raus lassen. Und natürlich hat das alles überhaupt nichts mit uns zu tun: Dieser vulgäre, niveaulose Ballermann, das sind immer die anderen. Doch wagen wir einmal einen genaueren Blick:

Ballermann heißt: sich bis zum Abwinken in der Gruppe zu amüsieren. Auf Ballermann ist kein Platz für Einzelgänger. Zeigt sich hier nicht in Reinkultur die Cliquenorientierung der Jugendlichen?

Und das mit dem totalen Amüsement? Was ist das denn anderes, als der eine Teil der Maxime: beim Feiern Profi sein?

Und die Vulgarität? Welche Art von Witz hat denn derzeit Hochkonjunktur? Die gepflegte Wortsatire eines Hans Dieter Hüsch? Oder eher die lauten Gags eines Ingo Appelt oder der ehemaligen Samstagsnacht-Komiker? Ist nicht auch Harald Schmidt dann am besten, wenn er vulgär ist: Insbesondere, wenn er Political-Correctness-Tabus bricht? Und was ist denn *die* Sit-Com im deutschen Fernsehen? Natürlich Eine schrecklich nette Familie mit dem Anarchisten Al Bundy, der gleichermaßen dumm ist und gemein-gehässig und der auch deshalb so gut ankommt, weil er gerade auch etwas mit uns zu tun hat, sich Sachen erlaubt, die wir uns nie erlauben, aber gerne machen würden.

Und was ist mit dem Anbaggern, dem Sex und dem geradezu exhibitionistischen „Sau-raus-lassen"? Welche Sendungen im Fernsehen sind denn neben den SitComs die eigentlichen Ikonen unserer heutigen Zeit? Die unzähligen Sexmagazine à la Liebe Sünde und die täglichen Talkshows, in denen es nur so von Seelenstriptease und Exhibitionismus wimmelt und in denen millionenfacher Voyeurismus befriedigt wird.

Keine Frage: Unsere ganze Gesellschaft ist derzeit auf dem Bal-
lermann-Trip.

Das exzessive Ausgehen, die Tabledance-Bars und Diskothe-
ken sind eindeutig ein wichtiger Teil der älteren Jugend. Nutzen
Sie dies für sich: Machen Sie dort Sampling-Aktionen und Events,
veranstalten Sie Partys, seien Sie in der Szene aktiv – wobei wir
nicht bestimmte Szenen meinen, sondern die Ausgehmöglichkei-
ten der Jugendlichen.

Beteiligen Sie sich am Ballermann und seien Sie nicht mora-
linsauer, sondern bedenken Sie eher: Die Jugend lebt hier nur vor,
was sich als Gesamtveränderung in unserer Gesellschaft abzeich-
net. Die Zeit der intellektuellen Debattierclubs, das wird immer
mehr gestern sein.

5 Konsumrelevante Bedürfnisse: die Core Needs

Einer der erfolgversprechendsten Ansätze für Kinder- und Jugendmarketing basiert auf der Berücksichtigung der Core Needs der Kids. Die Core Needs sind Grundbedürfnisse der Kinder und Jugendlichen, sind tiefliegende Persönlichkeits- und Motivstrukturen.

Jeder Mensch besitzt sie – denken Sie nur an den Faktor Prestige bei Erwachsenen. Sie sind aber bei den jungen Zielgruppen besonders ausgeprägt, werden weniger durch die sozialen Rollen, die Erwachsene vortrefflich spielen und internalisiert haben, überlagert, d. h. bei Kindern und Jugendlichen treten diese Core Needs noch wesentlich unmittelbarer in Erscheinung.

Aufgabe des Marketing muss es nun sein, Produkte passend zu diesen Core Needs zu inszenieren und zu beweisen: Dieses Produkt befriedigt dein Bedürfnis.

Doch welche Core Needs gibt es? Da kommt nun wieder die Alterseinteilung ins Spiel, denn natürlich dominieren in den verschiedenen Altersklassen verschiedene Needs – mit der Ausnahme einiger altersübergreifender Grundbedürfnisse, die wir am Ende dieses Kapitels beschreiben werden.

Die Core Needs der Kids

Bei Kleinkindern ist das *sensitive Handling* von Produkten ganz wichtig. Kinder entdecken ihre Welt spielerisch durch *Anfassen, Fühlen, Hören* und *Sehen*. Sie besitzen eine ausgeprägte *Polysensualität*, nehmen mit allen Sinnen wahr.

Dieses Ertasten und Erfühlen der Welt wird von den Eltern so weit es geht unterstützt. Hierin ist ein Grund zu sehen, warum Eltern von Klein- und Vorschulkindern noch skeptisch sind gegenüber dem Computer: Kinder sollen die dingliche Welt kennenlernen und nicht eine virtuelle, künstliche.

Für das Marketing bedeutet dies natürlich, Produkte am Markt zu lancieren, die den Kindern dieses polysensuelle Vergnügen bieten, ohne sie dabei zu überfordern. Passende Beispiele dazu gibt es aus dem Bereich der Kinderbücher. Beispielsweise ist an einem Cover, das die Umrisse eines Teddybären besitzt, ein Winnie Puh aus Plüsch befestigt. Oder es finden sich in den Büchern ausklappbare Seiten, die den Charakteren nachempfunden sind und durch die sich die Geschichten geradezu nachfühlen lassen.

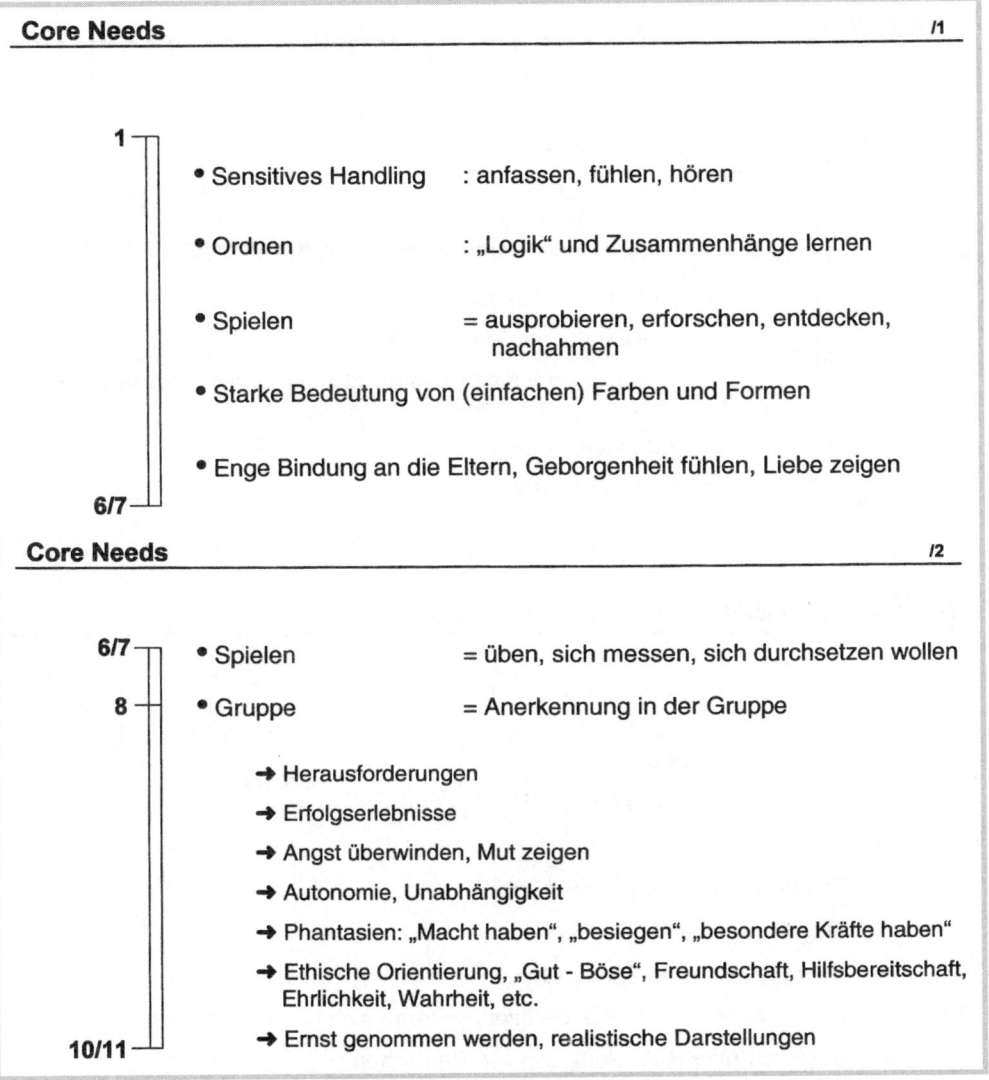

Core Needs   /1

1 ⎤
- Sensitives Handling   : anfassen, fühlen, hören

- Ordnen   : „Logik" und Zusammenhänge lernen

- Spielen   = ausprobieren, erforschen, entdecken, nachahmen

- Starke Bedeutung von (einfachen) Farben und Formen

- Enge Bindung an die Eltern, Geborgenheit fühlen, Liebe zeigen
6/7 ⎦

Core Needs   /2

6/7 ⎤
- Spielen   = üben, sich messen, sich durchsetzen wollen

8
- Gruppe   = Anerkennung in der Gruppe

→ Herausforderungen

→ Erfolgserlebnisse

→ Angst überwinden, Mut zeigen

→ Autonomie, Unabhängigkeit

→ Phantasien: „Macht haben", „besiegen", „besondere Kräfte haben"

→ Ethische Orientierung, „Gut - Böse", Freundschaft, Hilfsbereitschaft, Ehrlichkeit, Wahrheit, etc.

10/11 ⎦
→ Ernst genommen werden, realistische Darstellungen

Wir sind der festen Überzeugung, dass Markenartikler von Buchverlagen noch viel über kindgerechte Gestaltung lernen können, damit die Verpackungen liebevoller erscheinen und mehr Gefühle transportieren.

Ein hervorragendes Produkt gibt es z. B. von Pelikan: ein Malkasten für Vorschulkinder mit dem Namen Rondini.

Die Farbtöpfe befinden sich in Halbkugeln, die sich herausnehmen lassen. So können die Kinder einzelne Farben ertasten, sich eine individuelle

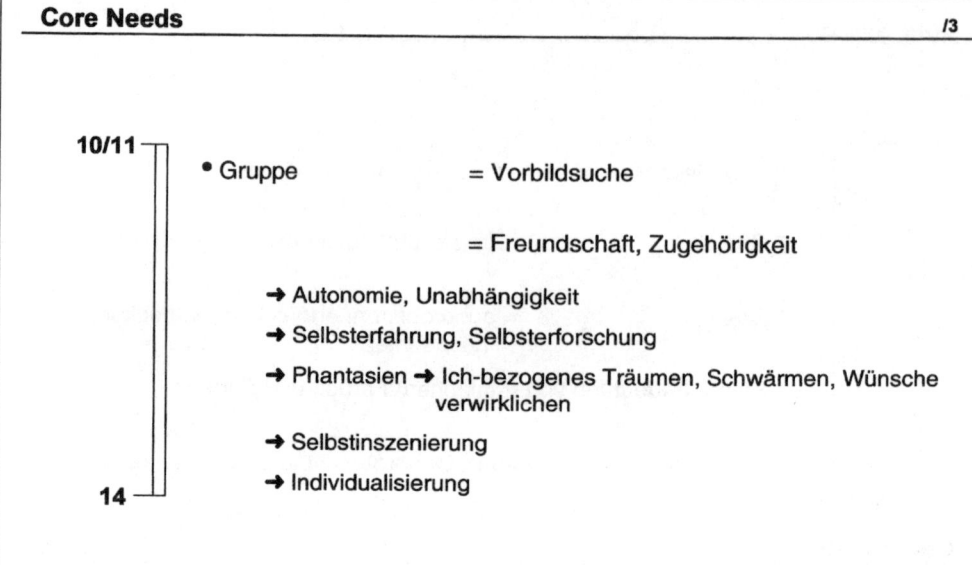

Core Needs /3

10/11
- Gruppe   = Vorbildsuche

                    = Freundschaft, Zugehörigkeit

→ Autonomie, Unabhängigkeit

→ Selbsterfahrung, Selbsterforschung

→ Phantasien → Ich-bezogenes Träumen, Schwärmen, Wünsche
   verwirklichen

→ Selbstinszenierung

14
→ Individualisierung

(Fast) altersunabhängige Grundbedürfnisse

- Lachen, Spaß
- Anerkennung, Lob
- Wettstreit, sich messen
- Gerechtigkeit
- Freundschaft, einen Freund haben
- Aufschauen, bewundern können
- Orientierung, klare Richtlinien
- etwas bekommen, etwas besitzen, ganz für sich haben, sammeln
- möglichst rasche Befriedigung von Wünschen
- etwas schützen, retten, helfen (Umwelt, Tiere)

Abb. 1.6: Die Core Needs der Kids

Farbreihenfolge zusammenstellen (was z. B. Montessori-Anhänger erfreut) und die Farben aufteilen, so dass sich auch ohne Streit mehrere Kinder einen Farbkasten teilen können – und noch dazu ist das Produkt im Handling so einfach, dass es auch die jüngsten nicht überfordert.

Abb. 1.7: Malkasten Rondini von Pelikan

In die kleine persönliche Welt *Ordnung* zu bringen, sie zu *struktu-rieren*, ist ebenfalls ein elementares Grundbedürfnis. Kinder, die jeden Tag neue Entdeckungen machen, für die eigentlich die Welt tagtäglich aus den Fugen gerät, können schlecht in Anarchie le-ben. Sie suchen und brauchen Strukturen und Logik, möchten Zu-sammenhänge lernen. Deshalb sind Gegenstände so beliebt, die man sortieren kann – nach Größe, Farbe, Form und so weiter (z. B. die gute alte Knopfschachtel).

Dabei ist die Logik eines Kindes aber noch weit von der na-turwissenschaftlichen Logik entfernt. Ob ein Fernseher etwas Ma-gisches ist, oder echte Menschen mit ihm reden, ist zuerst einmal egal. Hauptsache, der Fernseher lässt sich in ein Schema integrie-ren.

Ordnung heißt natürlich auch: Die Welt in Gut und Böse un-terteilen. Sie machen es Kindern nur unnötig schwer, wenn Sie beispielsweise mit ambivalenten Figuren werben. Ein einfache Orientierungshilfe sind auch Marken: Die Puppe ist schön und sie heißt Barbie. Also sind alle Barbies schön und ich will immer eine Barbie besitzen. Auch Marken sind Ordnungsschemata.

Insbesondere müssen Sie aber dem Wunsch des Kindes nach *Spielen* nachkommen. Kinder probieren aus, erforschen, entdek-ken, ahmen nach, machen Rollenspiele, um die Welt explorativ zu begreifen und weil ihnen das alles großen Spaß macht.

Übrigens haben Mütter und so langsam auch die Hersteller von pädagogischem Spielzeug dazugelernt: Produkte dürfen nicht nur pädagogisch wertvoll sein, sondern müssen auch Spaß machen.

Haben Sie in Ihren Produkten, wenn diese sich an Jüngere richten, genügend Elemente, die diesen Entdecker- und Spieltrieb befriedigen? Dabei meinen wir nicht nur die für die Kids tatsächlich wichtigen In- und Onpack-Promotions. Wie ist es mit Geheimfächern, Möglichkeiten der Schatzsuche, Produkten, deren Form sich leicht verändern lässt und immer neue Designs ermöglicht – ein Grund für den Siegeszug des Transformer-Spielzeugs – und so weiter?

Wenn Sie das Spielen oder auch das Entdecken in der Werbung kommunizieren möchten, gehen Sie auf keinen Fall zu weit weg von der Lebenswelt der Kinder. Denn die Vorschulkinder sind physisch und psychisch noch sehr an ihrer näheren Umwelt orientiert.

Am deutlichsten zeigt sich dies an ihrer engen Bindung an die Eltern, trotz der Suche nach Autonomie und dem Versuch, ihr egozentrisches Weltbild durchzusetzen. In der Werbung eine glückliche Familie voller Geborgenheit und Liebe zu zeigen, trifft bei den jüngeren Kindern auf einen günstigen Nährboden – und natürlich auch bei deren Eltern. Hierin liegt auch begründet, warum jüngere Kinder häufig bei Tiermotiven eine Tierfamilie gegenüber einzelnen Tieren oder Tiergeschwistern vorziehen.

Die Core Needs der älteren Kinder

Natürlich spielen auch ältere Kinder gerne, aber es ist eine *andere Art* von Spielen.

Fallstrick Wettbewerb

Da es schon mit ca. 8 Jahren wichtig ist, in der Peer Group akzeptiert zu werden und auch, weil die Schule beginnt, Leistung zu verlangen, wird das Sich-Messen, das Sich-Durchsetzen immer wichtiger: Spielen wird zu einer Art *Wettbewerb*, bei dem man gewinnen möchte.

Diese verschiedenen Interpretationen gilt es zu berücksichtigen, wenn Sie sich an die junge Zielgruppe wenden. Jüngere Kinder wollen zeigen, was sie können, aber es darf *keinen Verlierer* geben. Zu groß wäre dabei die Frustration.

Um zum Thema Malen zurückzukommen: Lassen Sie doch einmal 4- oder 5-jährige Jungen oder Mädchen etwas malen. Da werden bei den Jungen wilde, expressive Sachen herauskommen, z. B. eine riesige grüne Fläche mit schwarzen Strichen drin („Was hast Du denn gemalt?" „Einen Fußballplatz") oder überbordende Grafitti-Kunstwerke und bei den Mädchen ein Haus, ein Tier und Kinder.

Doch ob Schmiererei oder nicht: Die Kinder finden ihre Malereien toll und werden sie stolz ihren Müttern zeigen. Wenn Sie bei den Kindern nun Gewinner und Verlierer kürten, würden Sie auf Unverständnis stoßen, schlimmstenfalls sogar auf Tränen. Falls Sie also Events veranstalten oder Kinder in der Werbung zeigen und ihre Zielgruppe jünger als 7 Jahre ist, dann Hände weg von Leistung unter Konkurrenzbedingungen.

Das Alter der klassischen Wettkämpfe beginnt erst mit 8 Jahren. Wobei es dann immer noch Sinn macht, dass es zwar Gewinner gibt, aber die Verlierer auf keinen Fall als absolute Loser dastehen. Denn von ihren Freunden gehänselte Kinder werden Ihre Events nicht gerade in sehr guter Erinnerung behalten.

Autonomie, Omnipotenz und sich nach den Älteren strecken

Was die Kids auf keinen Fall möchten ist stehen zu bleiben. Sie möchte sich beweisen, zeigen was sie können und streben nach oben: nur kein Stillstand und nur nicht das kleine, dumme Kind bleiben. Dementsprechend orientieren sich die Kids auch an anderen, die zwei oder drei Jahre älter sind als sie. Für die Schulkinder sind z. B. *Herausforderungen* und *Erfolgserlebnisse* zur Erlangung eines eigenen Selbstverständnisses und Selbstbewusstseins überaus wichtig.

Sie möchten *Ängste überwinden* – je wilder die Achterbahnen auf der Kirmes, desto besser – und *Mut zeigen*. Dementsprechend sind Hefte mit mutigen Helden hoch im Kurs. Die Kids wollen zeigen, dass sie ganze Kerle bzw. patente, reife Mädels sind. Und hier lassen sich für das Marketing natürlich unzählige Ansatzpunkte finden: von den Events bis hin zu Comic-Helden.

Überlegen Sie sich, was Ihr Produkt dazu *beitragen* kann, diese Core Needs zu befriedigen. Und es muss ja nicht immer die typische Werbung mit dem klassischen Werbekind sein, das Ihr Produkt konsumiert und dann im Sport gewinnt.

Denn eines müssen Sie bei dem Spiel mit den Core Needs bedenken: Kinder sind kritisch. Wer einen zu einfachen Ursache-Wirkungs-Zusammenhang herstellt (durch das kannst du das ...), der wird meist Schiffbruch erleiden. Da müssen Sie den Kids schon Beweise geben, wenn Sie solche Produkt-Core-Need-Strukturen aufbauen.

Gehen Sie ruhig auf die kindlichen Phantasien ein, schaffen Sie Traumwelten, in denen Kinder *Macht haben* oder besondere Kräfte – siehe Superman oder Sailor Moon. Aber seien Sie subtil: Man glaubt z. B. eher einer Comicfigur, dass sie durch Spinat stark wird als einem echten Kind. Nutzen Sie also für Ihre Botschaften Comics oder Tiere – Schnellschüsse ins Gehirn von Kindern und Erwachsenen, die ohne größere kognitive Beteiligung aufgenommen werden, um aus der „die lügen in der Werbung"-Falle herauszukommen.

Was auch funktioniert: Sprechen Sie die *ethische Orientierung* der Kids an, appellieren Sie an Freundschaft oder Hilfsbereitschaft.

Achten Sie auch darauf, die Kinder *ernst zu nehmen*! Kinder merken, wenn sie vorgeführt werden. Vermeiden Sie es, in der Werbung z. B. unmotiviert schreiende Kinder zu zeigen, womöglich auch noch mit Kindern, die jünger sind als ihre eigentliche Zielgruppe.

Die Kids reagieren allergisch, wenn sie als lärmende Staffage missbraucht werden. Und: einer ihrer *wichtigsten* Core Needs wird verletzt: *Autonomie* und *Unabhängigkeit.*

Kinder möchten demonstrieren, dass sie eigenständige Wesen sind, die die Umwelt beeinflussen, und nicht umgekehrt von ihrer Umwelt gegängelt werden. Und dementsprechend mögen sie auch souveräne junge Helden, die aber etwas älter sein sollten, als sie selbst sind – aber dabei keine Streber sein dürfen.

Der clevere FruchtZwerge-Junge ist geradezu eine Ikone für das gewiefte, selbstständige Kind:

Ein eigentlich recht normaler Typ, der alleine auf die Idee kommt, wie er seine FruchtZwerge nicht mit seinen Geschwistern teilen muss – indem er mit Gesundheitsaspekten argumentiert.

Was ab 8 bis 9 Jahren massiv auftritt ist der Wunsch, in der *Peer Group*, bei den Freunden *akzeptiert* und *anerkannt* zu werden. Mit diesem Alter beginnt der Siegeszug der Clique, wird sie wichtiger als die Eltern – ein Prozess der mit ungefähr 11 bis 12

Jahren abgeschlossen ist. Die Anerkennung bei den Freunden und das damit verbundene Sozialprestige ist eines der ergiebigsten Core Needs für das Marketing überhaupt.

Das gewagteste Spiel in diesem Zusammenhang hat Danone mit Werbung für FruchtZwerge-Eis gespielt.

Da konnte man ein Kind zusammen mit seinen Freunden sehen, das sein Schleckeis genoss. Doch die Freunde gingen allein in ein Haus und ließen das Kind als Außenseiter zurück, denn dazugehört nur der, der FruchtZwerge-Eis isst: und nicht ein Schleckeis-Luschi. Zum Glück kommt der Kleine auf eine rettende Idee: Er wirft sein Stieleis weg und darf dann auch ins Haus an den Kühlschrank zu den tollen FruchtZwerge-Produkten.

Bei dieser Werbung wird nicht nur gezeigt „durch dieses Produkt bis du in", sondern auch „ohne es bist du out, ein Außenseiter". Hier wird also mit negativen Gefühlen gearbeitet, wie einst bei dem schlechten Gewissen der Lenor-Mutter. Eine Art Hard-Boiled-Werbung, die sicherlich nicht zu jedem Produkt passt.

Core Needs der Jugendlichen

Die jugendlichen Grundbedürfnisse werden bestimmt durch die Polarität *„dazugehören"* versus *„sein eigenes Ding machen"*. Jugendliche befinden sich im Spannungfeld zwischen Gruppenmeinung und Individualität, wobei die Individualität mit zunehmendem Alter an Bedeutung gewinnt.

Für das Jugendmarketing bedeutet dies eine Gratwanderung. Jugendliche möchten nicht zu reinen Massenmenschen verkommen, genau so wenig, wie sie sich als Außenseiter, als Spinner ohne Freunde sehen möchten.

Vielversprechend erscheinen daher Ansätze, in denen beide Core Needs miteinander kombiniert werden. Indem man z. B. zeigt, wie jemand etwas kann, was seine Freunde nicht können, und diese Fähigkeit dann an seine Freunde weitergibt oder zu ihren Gunsten einsetzt. Wobei immer deutlich sein muss: Der Protagonist ist kein Streber, er gehört zu den anderen dazu, er ist einer von ihnen und kein aufdringlicher Führer.

Eine andere Möglichkeit ist ein Produkt damit zu verbinden, dass es jemand verwendet und sich dadurch von seinen Freunden zuerst einmal abhebt. Bis sie dann merken, dass das Produkt wirklich Vorteile hat und nachziehen.

Selbstverständlich kann man auch einen dieser beiden Core Needs alleine bedienen. Aber dann muss die Hauptperson sympathisch rüberkommen, zur Identifikation einladen, sonst geht der Schuss womöglich nach hinten los.

Ein weiterer Core Need: *Phantasien, ich-bezogenes Träumen, Schwärmen, Wünsche* verwirklichen. Liefern Sie den Teenagern Typen in der Werbung, die nicht zu perfekt sind, aber dennoch zum Träumen einladen: keine Boss-Männer, sondern DiCaprio- oder Brad Pitt-Typen.

Oder zeigen Sie, wie jemand erfolgreich ist, beispielsweise beim Erobern des anderen Geschlechts. Seien Sie jedoch nicht plump, arbeiten Sie eher mit ironischer Brechung.

Dass man durch die richtige Body-Lotion zum Frauenschwarm wird, das glaubt Ihnen niemand. Wenn diese Botschaft von der animalischen Kraft allerdings in der Axe-Werbung mit dem Eunuchen Abdul verpackt wird, dem nach Gebrauch von Axe im Harem sichtbar Frühlingsgefühle entstehen, dann gelingt die Ansprache dieses wichtigen Core Needs ebenso wie die Verknüpfung mit der Marke. Auf diese Weise gehen (Un-) Glaubwürdigkeits-Argumente im Strom der Lacher einfach unter.

Denken Sie schließlich bei den Jugendlichen an die Altersskala. Die 15- bis 17-Jährigen haben wir *Inszenierungsjugendliche* genannt. Insbesondere Kleidung, aber auch die richtige Getränke- oder Zigarettenmarke liefern genügend Ansatzpunkte. So kann man sich als coolen Lifestyle Nike-Typen inszenieren oder als ruhigeren, nicht so marktschreierischen adidas-Typen. Selbstdreher definieren sich als individuell und Lucky Strike Typen als „in" und spaßorientiert. Hier tut sich nahezu ein El Dorado auf für Markenartikler, worauf wir im 2. Teil noch einmal eingehen möchten.

Das genügt Ihnen noch nicht? Sie haben den Core Need noch nicht gefunden, mit dem Sie Ihr Produkt und Ihre Marke verknüpfen wollen? Oder sind sie Ihnen zu speziell, zu sehr vom Alter abhängig? Hier hilft ein Blick auf die

(Nahezu) altersunabhängigen Core Needs

Spaß haben, lachen

Funktioniert in jeder Altersklasse, nur gibt es deutliche Unterschiede, worüber gelacht wird.

Mit Abdul könnten 6-Jährige noch sehr wenig anfangen, da Sex und damit verbundene Anspielungen noch zu weit entfernt sind von ihrem Alltag. Oder, wie es der kürzlich verstorbene Prof. Baacke, *der* deutsche Universitäts-Forscher im Bereich Medienkompetenz, in einem Vortrag formuliert hat: „Was macht ein 5-Jähriger, wenn im Fernsehen ein Porno läuft? Er wird kurz zuschauen und dann weggucken, weil ihn das alles noch gar nicht interessiert."

Was immer gut ankommt, ist Schadenfreude, wobei Humor natürlich bei den Jüngeren eher physisch sein soll – wozu Zeichentrickfilme genug Anschauungsmaterial bringen –, bei den Älteren darf es auch psychische Destruktivität geben, wie z. B. das Sich-fertig-Machen in der schrecklich netten Familie.

Beim Einsatz von Humor ist auch darauf zu achten, dass z. B. für Erstklässler Lehrer noch Helden sind. Ihnen lächerlich gemachte Lehrer zu zeigen, stösst zumindest auf Irritation.

Anerkennung und Lob bekommen

Das ist immer ein Sure Shot. Aber bedenken Sie dabei: Wer bekommt von wem wofür Lob? Der 12-Jährige von seiner Mutter?

Gerechtigkeit oder sich für etwas Gutes einsetzen

Bei Kindern bis ungefähr 8 bis 9 Jahren ist die Welt noch klar in Gut und Böse unterteilt. Das Produkt als Helfer im Kampf gegen das Böse zu zeigen, funktioniert deshalb fast immer. Danach geht die Faszination mehr vom Bösen aus. Und wer bei älteren Kids sein Produkt im Kampf gegen das Böse antreten lassen möchte, sollte dieses als „spießig" und „langweilig" darstellen, damit das coole Produkt zum Helden wird.

Freundschaft, Freunde haben

Neben der Autonomie ist das der elementarste Core Need.

Möglichst rasche Befriedigung von Wünschen

Kinder und Jugendliche leben im Rausch des Jetzt. Nichts interessiert weniger als etwas, das in der weiten Zukunft liegt. Wie oft haben Ernährungsberater Kindern etwas über Gesundheit erzählt mit dem Fokus auf: „Da wirst Du im Alter etwas davon haben, z. B. einen gesunden Knochenbau." Das sind gute Informationen, nur leider an den Bedürfnissen der Kids vorbei. Denn die wollen wissen, was sie jetzt davon haben. Um bei dem Beispiel mit der gesunden Ernährung zu bleiben, hieße die beispielsweise eine bessere Haut oder Power für den Sport – beides Sachen, die wiederum für die Anerkennung bei den Freunden wichtig sind.

Etwas schützen, retten, helfen

Gut, das mit dem Regenwald und den Walen geht den meisten Jugendlichen bereits ganz schön an der Backe vorbei. Aber es ist insbesondere bei jüngeren Kindern ein sehr kraftvoller Core Need.

Die Ansprache der Core Needs und der damit verbundenen Consumer Insights gehört im Kinder- und Jugendmarketing derzeit zu den wichtigsten Ansätzen. Damit ist sie eine Art Phönix aus der Asche, damals begraben von Ernst Dichter, der aus seinen Motivanalysen zu häufig tiefenpsychologische Vorlesungen gemacht hat, ohne dem Marketing direkte Anknüpfungspunkte zu geben.

Zubetoniert wurde ihr Grab dann von der kognitiven Revolution in der Psychologie und daran anschließend, bzw. parallel dazu, von dem Papst der deutschen Konsumentenforschung, Kroeber-Riel, der verstärkt die Emotionen und die inneren Bilder in den Vordergrund seiner Arbeit gestellt hat und in Deutschland schulenbildend war.

Doch wie gesagt: Der Phönix ist erwacht und bietet dem Marketing von heute, was es fordert:

Praktikabilität, direkte Umsetzbarkeit, Möglichkeiten zur Segmentierung und eine wissenschaftliche Fundierung, die einleuchtet und nicht in ein philosophisches Nirwana abdriftet.

Kurz gesagt: *Pragmatismus.*

6 Die icon-youth-Typologie

Typologien sind „in"

Da gibt es die Typologie der Wünsche, die Lebenswelttypologie von Sinus (*der* Klassiker), es gibt Senioren-Typologien und es gibt Frauen-Typologien und verschiedene mehr. Um Typen zu entdecken, geht man meistens folgendermaßen vor: Die Zielgruppe muss zu vorgegebenen Statements sagen, wie sehr sie ihnen zustimmt, z. B. „Spaß haben gehört zum Wichtigstem im Leben"; „Ich will später ein Job haben, bei dem ich mich nur wenig anstrengen muss"; „Marken sind mir unwichtig".

Mit Hilfe (zumeist) der Cluster-Analyse werden dann die Befragten in mehrere Gruppen eingeteilt, in denen „einzelne Mitglieder möglichst homogene Bedürfnisse, Wünsche und Einstellungen haben, mit denen sie sich von anderen Gruppen klar und deutlich unterscheiden." (Salcher, u. a. 1995)

Dann kommt die wichtigste Arbeit: Man muss den verschiedenen Typen passende, schlagkräftige Namen geben. Es scheint, Typologien sind nur dann gut, wenn die Typen so beschrieben werden, dass man sie klar vor Augen hat. In dem oben erwähnten Buch von Salcher und Hoffelt gibt es dazu hübsche Beispiele aus dem Bereich „Essen im Restaurant": „Der Risikofreudige, der gerne auswärts isst und dabei in erster Linie Spezialitäten sucht" oder „Der preisbewusste, auf Prestige verzichtende junge Restaurantbesucher, der die Abwechslung sucht" und so weiter.

Keine Frage: Typologien machen etwas her, aber können Sie als Nutzer auch etwas damit machen?

Was eine Typologie leisten muss

Eine Typologie muss Sie in die Lage versetzen, Ihre Zielgruppe genau analysieren zu können: Was das eigentlich für Menschen sind, die Ihre Produkte kaufen, was diese gemein haben, worin sie sich unterscheiden, wie Sie diese Menschen ansprechen müssen, bei welchen Typen Ihr Produkt ankommt, bei welchen nicht und so fort.

Darüber hinaus sollte sie Ihnen die *Produktpositionierung* erleichtern: Sie möchten ein neues Produkt auf den Markt bringen und haben eine bestimmte Zielgruppe im Auge. Mit Hilfe der Typologie können sie gezielt untersuchen, welche Zielgruppe Ihr Produkt anspricht, was schon stimmt und was Sie noch besser machen können.

Um all dem gerecht zu werden, muss eine Typologie folgende Anforderungen erfüllen:

- Sie darf nicht zu komplex sein, muss überschaubar sein – sonst werden Sie sich mit Ihren Marketingmethoden in theoretischen Gefilden verlieren.
- Sie muss dennoch ein gutes Modell für die Wirklichkeit sein. Simplifizierung ist gut, darf aber nicht dazu führen, dass die echten Menschen aus dem Blick geraten.
- Sie muss deutlich voneinander abgegrenzte Typen bieten. Je mehr Ähnlichkeiten zwischen den Typen besteht, desto ungenauer wird das Ziel ihrer Marketingaktivitäten.
- Es sollten eher wenige Typen sein. Was „lieben" wir Typologien, die mit mehr als 10 oder bis zu 15 Typen arbeiten. Denn wenn Sie dann Ihre Maßnahmen auf einen Typ ausrichten, konzentrieren Sie sich auf ca. 10% des Marktes. Genügt Ihnen das?
- Sie muss über einen gewissen Zeitraum stabil bleiben. Oder wollen Sie etwa alle 3 Jahre mit einer neuen Typologie arbeiten?
- Die unterschiedlichen Typen müssen sich hinsichtlich Ihrer Produktes deutlich unterscheiden. Was nützt eine Segmentierung nach Preis oder Prestige, wenn Sie ein Produkt haben, das von allen Typen gleichermaßen gekauft wird.
- Ganz wichtig: Für (fast) jeden Typ sollte es unterschiedliche Wege geben, um sie mit Marketingmaßnahmen anzusprechen: die einen mit Lifestyle-Magazinen, die anderen mit den Heute-Nachrichten, die einen mit Fun-Werbung, die anderen mit Information.

Was besonders bei Typologien von Jugendlichen beachtet werden muss

Im Jugendbereich gibt es noch wenige Typologien, was auch seinen guten Grund hat: Es galt lange Zeit als fraglich, ob die raschen, altersbedingten Veränderungen eine *typologische Fixierung* überhaupt zulassen und ob sich mit der Herausbildung einer immer differenzierteren Jugendkultur die schnelllebige Jugend in ein Koordinatensystem pressen lässt, das über einen längeren Zeitraum Gültigkeit behält. Denn das ist doch die Kernfrage: Wie stabil, wie langfristig kann eine Jugendtypologie sein? Was ist daran verbindlich?

Immerhin sind im Bereich Jugend in letzter Zeit einige Typologien vorgestellt worden, die sich stark an äußerlich sichtbaren Merkmalen orientieren – wie Kleidung, Musikgeschmack, Szenezugehörigkeit etc. Sie zeichnen häufig das Bild einer atomistisch in Szenen und Lifestyle-Groups zersplitterten Generation.

Typologien, die sich auf Szenen konzentrieren, haben darüber hinaus noch mit speziellen Problemen zu kämpfen. So sind gerade die von den Jugendlichen präferierten Moden und Musikstile einem enorm schnellen Wandel ausgesetzt. Hinzu kommt, dass die präferierten Stile nicht unerheblich zwischen verschiedenen Regionen und Städten variieren.

Vor allem aber ordnen sich nur wenige Jugendliche tatsächlich fest zu irgendwelchen Szenen zu, sondern haben eher eine unbestimmte Affinität zu mehreren Szenen.

Auch ist es unter Jugendlichen nicht unüblich, zwischen verschiedenen Szene- und Lifestyle-Typen hin und her zu wechseln. Szene-Sampling ist das Stichwort. Dieses Phänomen findet sich nicht nur bei Freizeit- oder Musikstilen, sondern auch im Bereich politischer Orientierungen. Die Zugehörigkeit zu rechten oder linken Szenen ist im Jugendalter nicht festgelegt. Es gibt unter den Jugendlichen, die politisch orientierten Gruppen angehören, eine Menge Grenzgänger, die sich mal in eher linken, mal in eher rechten Gruppen wiederfinden.

So gibt es das Problem, dass z. B. die Gruppe der Raver nicht nur klein ist, sondern sie sich ja oft auch anderen Gruppierungen zugehörig fühlt und der Raver sich in seinem Konsumverhalten von anderen Typen gar nicht so richtig unterscheidet.

Eine Jugendtypologie kann sich also nicht an Äußerlichkeiten festmachen, die sich noch dazu permanent ändern (das wäre bei einer Werbekampagne eher die Ebene der Execution). Sondern sie muss sich auf Basic Needs konzentrieren. Zu diesen Grundbedürfnissen gehört der Wunsch nach Ablösung vom Elternhaus ebenso wie der Wunsch nach Akzeptanz in der Peer Group und das Bedürfnis nach Spaß und Action, des Weiteren die Entwicklung des Selbstbewusstseins und so fort.

Die Orientierung von Jugendlichen an Szenen und Musikstilen, ihre Vorliebe für Pop- und Fernsehstars stellen lediglich *Mittel* zur Befriedung dieser Bedürfnisse dar. So mögen sich der Hip-

Hoper und der Heavy-Metal-Fan zwar äußerlich unterscheiden, aber die Verwendung der szenetypischen Mode- und Stilelemente dient bei beiden der Befriedigung des Bedürfnisses nach Ich-Identität und Anerkennung in der Peer Group.

Welche Merkmale sind für Jugendtypologien geeignet?

Alles in allem ist es zwar wichtig, auf verschiedene Arten der Selbstinszenierungen Rücksicht zu nehmen, wir sind jedoch der Meinung, dass sie einen gemeinsamen Nenner haben, den es zu finden gilt.

Für eine marketingorientierte Anwendung erscheint es erfolgversprechender, zur Typologisierung Merkmale zu verwenden, die die *Grundbedürfnisse*, die *Entwicklungen* im Jugendalter sowie die *Konsumeinstellungen* berücksichtigen. Auf diese Weise wird eine Typologisierung erreicht, die *nicht* morgen schon wieder der Schnee von gestern ist.

Die Qualität einer Jugendtypologie hängt entscheidend von der Beantwortung folgender 2 Fragen ab:

■ Wie kann man das Alter der Jugendlichen sinnvoll in eine Typologie einbeziehen?
■ Welche Anforderung muss man an die Merkmale stellen, die für eine Typologie verwendet werden?

Alter

Wir möchten uns nicht vorbehaltlos der weit verbreiteten Meinung anschließen, dass bei Jugendtypologien das Alter unwichtig sei. Die Lebensphase „Jugend" ist eine Zeitspanne, die durch zahlreiche Statusübergänge und Entwicklungsaufgaben charakterisiert ist, die in großem Umfang mit dem Alter zusammenhängen.

Jugendliche beginnen, sich langsam vom Elternhaus abzulösen, die Peer Group wird zur zentralen Sozialisationsinstanz. Das Ausmaß der elterlichen Kontrolle nimmt ab, der Aktionsradius vergrößert sich, die Zahl der Freunde wächst. Darüber hinaus setzt die körperliche Reife ein, was für viele Jugendliche mit einem beträchtlichen Maß an Verunsicherung einhergeht. Die Selbstaufmerksamkeit wird größer. Es beginnt eine Zeit des Ausprobierens, die der Beantwortung der Fragen dient: „Wer bin ich? Wer will ich werden? Wie sollen die anderen mich sehen?"

All diese Prozesse sind untrennbar mit dem Alter verbunden und keineswegs bereits mit 14 Jahren abgeschlossen. Wir haben uns dazu entschieden, die Typologisierung getrennt nach folgenden Altersgruppen durchzuführen:

12- bis 13-Jährige	Beginn der Pubertät mit allen ihren Verunsicherungen, Ende des Kindseins
14- bis 15-Jährige	Klassisches Teenageralter, starke Peer-Group-Orientierung
16- bis 17-Jährige	Der entwickelte Teen, Peer-Group-orientiert, aber auch immer stärkeres Interesse an Liebe und Partnerschaft, für die meisten eine Zeit des Übergangs, Einüben von Erwachsenenrollen durch den Eintritt ins Berufsleben

Der Vorteil dieser Vorgehensweise liegt darin, dass transparent wird, welche Veränderungen sich in der Zusammensetzung der Segmente im Altersverlauf ergeben. Welche Merkmale haben wir zur Segmentierung benutzt, welche Kriterien müssen diese Merkmale erfüllen?

- Es müssen Merkmale enthalten sein, die jugendtypische Entwicklungsschritte repräsentieren.
- Es müssen Merkmale enthalten sein, die eine Polarisierung nach grundlegenden Werthaltungen erlauben.
- Es müssen Merkmale einfließen, die Auskunft über das Konsumverhalten geben.

Alle Merkmale müssen so erhoben sein, dass sie sowohl für jüngere Jugendliche verständlich, als auch für ältere Jugendliche noch von Bedeutung sind.

Wir haben nun in verschiedenen repräsentativen Studien immer wieder Variablen in Statementbatterien überprüft und mittels Faktorenanalysen drei *Grunddimensionen* ermittelt, die sich als zuverlässig trennscharf und konstant erwiesen haben:

- Jugendtypische Entwicklungsaufgaben
- Einstellungen zum Konsum
- Grundlegende Werthaltungen

Zu den *jugendtypischen Entwicklungsaufgaben* gehören u. a. die Herausbildung von Selbstbewusstsein. Dies ist in starkem Maße vom Alter abhängig und nicht alle Jugendlichen erreichen das gleiche Niveau. Einige werden sehr selbstbewusst und durchsetzungsfähig, andere bleiben ihr Leben lang eher unsicher. Warum ist diese Dimension so wichtig? Viele Jugendliche kompensieren ihre Verunsicherung durch die Orientierung an der Peer Group. Sie wollen dazugehören und signalisieren dies dadurch, dass sie stets fast sklavisch den Modetrends und Stilen folgen, was sich auch auf das Konsumverhalten auswirkt. Die sehr sicheren Opinionleader dagegen sind die, die die Trends in der Peer Group maßgeblich mitbestimmen, an denen sich die anderen orientieren; sie setzen die Maßstäbe, sind Innovatoren und Early Adaptors.

Die *Einstellungen zum Konsum* polarisieren deutlich die Jugendlichen. Während die einen freudig die sich bietenden Konsummöglichkeiten nutzen und stets das Neueste und Beste haben wollen, sprechen andere vom Konsumterror und lehnen Marken dezidiert ab oder scheren sich einfach nicht darum.

Grundlegende Werthaltungen gewinnen in der Marktforschung zunehmend an Bedeutung, weil sie den Umgang Jugendlicher mit der sie umgebenden Waren- und Konsumwelt prägen. Ein wichtiger Aspekt in diesem Bereich ist das Spannungsfeld zwischen dem Streben nach Erfolg einerseits und einer eher hedonistischen Lebenseinstellung andererseits. In vielen gängigen Ansätzen der Werteforschung wird hier ein grundsätzlicher Gegensatz angenommen. Wir haben jedoch in vielen unserer Untersuchungen festgestellt, dass Jugendliche und junge Erwachsene sehr gut in diesem Spannungsfeld leben können. Leistung bejahend, aber nicht um jeden Preis, auch Entspannung und Spaß sind wichtig.

Ergebnisse der icon-youth-Typologie: Beschreibung der Segmente

Grundsätzlich lassen sich *4 Haupttypen* beschreiben. Allerdings mit der Einschränkung, dass sich bei den 12- bis 13-Jährigen nur 2 dieser 4 Segmente vollständig auffinden lassen. Die anderen beiden entwickeln sich erst mit zunehmendem Alter – ein Beleg dafür, dass das Alter ein wichtiges Differenzierungskriterium ist:

- Die konsumfreudigen Trendsetter mit 23%
- Die konsuminteressierten Mitläufer mit 27%
- Die konsumunabhängigen Selbstbewussten mit 30%
- Die unsicheren Konsummuffel mit 20%

Man kann demnach nicht pauschal sagen, alle Jugendlichen sind „konsumgeil". Es gibt vielmehr 2 gleich große Gruppen. Die einen sind dem Konsum stark zugewandt, die anderen zeigen Distanz.

Hinsichtlich Geschlecht und Bildung unterscheiden sich die Segmente leicht. (vgl. Abb. 1.8)

- Bei den konsumfreudigen Trendsettern überwiegen die Jungen und die Hauptschüler.
- Bei den konsuminteressierten Mitläufern dominieren die Jungen und die Realschüler.
- Bei den selbstbewussten Konsumunabhängigen überwiegen die Mädchen und die Gymnasiasten.
- Bei den unsicheren Konsummuffeln finden sich mehrheitlich Jungen und die Gymnasiasten.

Zusammenfassend lassen sich die einzelnen Typen wie folgt beschreiben:

Der konsumfreudige Trendsetter (Typ 1)
- Sehr selbstsicher
- Ein in seiner Peer Group akzeptierter Opinionleader, dominant
- Sehr marken- und trendbewusst, sehr konsumfreudig
- Vereint Erfolgsorientierung und Spaß im Leben

Der konsuminteressierte Mitläufer (Typ 2)
- Sehr unsicher, kaum Selbstbewusstsein
- In der Peer Group eher Mitläufer
- Auf angepasste Art markenbewusst und konsumfreudig, eher ein Konformist
- Erfolgsorientierung ist wichtiger als Spaß im Leben

Der selbstbewusste Konsumunabhängige (Typ 3)
- Sehr selbstsicher
- In der Peer Group akzeptiert, Opinionleader
- Nutzt Marken und Trends nicht zur Selbstdarstellung, will sich nicht vereinnahmen lassen
- Ist entweder eher konsumkritisch oder Konsum ist ihm gleichgültig
- Spaß ist wichtig, aber ohne Konsumzwang
- Erfolg ist eher unwichtig

Der unsichere Konsummuffel (Typ 4)
- Konsumfreude und Markenbewusstsein: Fehlanzeige; kann mit Trends wenig anfangen
- Weder Erfolg noch Spaß sind wichtig, eher ein frustrierter Langweiler
- Sehr unsicher, ohne Willen zur Selbstbehauptung in der Peer Group, hat Akzeptanzprobleme

Die praktische Anwendung

Wichtig für die *praktische Anwendung* dieser Typologie ist, welche Konsequenzen sie für die Produktgestaltung und die Kommunikation hat. Lassen Sie uns das an ein paar Beispielen verdeutlichen:

Der unsichere Konsummuffel (Typ 4)

Er hat weniger Geld als die konsumaffinen Typen und ein ge-
bremstes Ausgabeverhalten, spart viel – der Albtraum des Marketing. Er ist nur schwer über persönliche Interessen anzusprechen,
da solche kaum vorhanden sind: am ehesten noch Sport und Computer bei den Jungen, Musik bei den Mädchen.

Wie müssen Produkte sein, um diesen Typ 4 zu erreichen?

- Sie müssen durch Funktion, Gebrauchswert und Preis überzeugen; emotionale Komponenten sind eher unbedeutend.
  Das knappe Budget muss rational verwaltet werden.
- Marken und Produkte, deren Image für Qualität und Stabili-
  tät stehen, kommen seinem Sicherheitsbedürfnis am nächsten. Bloß keine Überraschung erleben! Er hat Angst vor
  Neuem, ist wenig innovativ, bei ihm haben Marken mit Tradition eine Chance.
- Produktkonzepte müssen also die generelle Verunsicherung
  dieses jungen Konsumententyps berücksichtigen.
- Für technische Geräte beispielsweise heißt das, dass sie be-
  sonders benutzerfreundlich in der Bedienung sein müssen.
  Computerspiele z. B. müssen auch dem weniger begabten
  Spieler Erfolgsmöglichkeiten bieten. Denn er oder sie lässt
  sich leicht abschrecken und zeigt nur wenig Mut.

Wie müssen diese Jugendlichen angesprochen werden?

- Zu starke Emotionalität in der Werbung schreckt den Verun-
  sicherten eher ab. Sachliche Information ist gefragt.
- Die Ansprache sollte, wenn möglich, die Aspekte des Pro-
  dukts in den Vordergrund rücken, die für Stabilität, Qualität,
  Zuverlässigkeit stehen. Fun, Abwechslung oder Innovation
  entsprechen nicht den psychischen Grundbedürfnissen dieses
  Segments.
- Auch Szenemäßiges ist nicht angesagt. Dieser Typ hat keine
  Antenne dafür.
- Keine großen Herausforderungen anbieten.
- Von ihren Interessen und Freizeittätigkeiten sind die Jungs
  aus diesem Segment noch am ehesten über Sport- und Sport-
  stars zu erreichen. Vor allem wenn sie etwas älter werden,
  steigt ihr Interesse in diesem Bereich an. Aber Vorsicht, den
  Wettbewerbscharakter nicht zu sehr in den Vordergrund stel-

len, da sie nicht leistungsorientiert sind (vor allem die 16- bis 17-Jährigen nicht). Diesen verunsicherten Typ spricht eher die Geborgenheit an.

▪ Das Internet kann zumindest bei einigen Jungs dieser Gruppe als Medium der Ansprache benutzt werden, weil die Anonymität ihrer Unsicherheit in der Kommunikation entgegenkommt.

▪ Mädchen sind noch am ehesten über Musik, Film und Fernsehstars ansprechbar, aber nicht mit flippigen Szenetypen, sondern eher mit Leuten wie du und ich. Auch hier ist es wichtig, Geborgenheit zu vermitteln.

Der konsumfreundliche Trendsetter (Typ 1) ist dagegen ein ganz anderer Typ

Was ist bei Produkten für diesen Typ zu beachten?

▪ Er hat prinzipiell eine hohe Affinität zu Mode, Musik, aber auch zu Sport und Technik. Er ist ein vielseitig orientierter Typ mit mannigfaltigen Interessen.

▪ Produkte müssen ihn zunächst emotional ansprechen, sein Bedürfnis nach Abwechslung und Spaß befriedigen. Er ist ein Affektkäufer, der auch mal mehr ausgibt, als er eigentlich wollte.

▪ Ästhetik und Form sind wichtig, aber Funktion und Qualität müssen auch stimmen. Die Produkte müssen gut sein, besser sein als Dinge, die andere haben – man will nicht enttäuscht werden.

▪ Marken und Produkte dienen der Selbstinszenierung, Bezüge zur Peer Group und zu Jugendszenen sind wichtig.

▪ Innovative Produkte, beispielsweise technische Produkte, Sportartikel mit neuen, besseren Funktionen oder Eigenschaften, die mehr Spaß bieten, kommen in dieser Gruppe vor allem bei Jungen gut an.

Wie müssen die Produkte für den konsumorientierten Trendsetter kommuniziert werden?

▪ Produkte sind für ihn vor allem dann interessant, wenn sie noch nicht alle haben; man/frau ist Trendsetter, nicht Follower, d. h. die Neuheit muss kommuniziert werden. Das Neue ist es, was Individualität in der Gruppe möglich macht.

- Er ist prinzipiell über Werbung gut zu erreichen, zeigt hohe Akzeptanz von Fernsehwerbung und intensive Nutzung auch bei Printmedien.
- Er ist viel unterwegs, Jugendliche dieses Segments müssen deshalb auch vor Ort angesprochen werden, z. B. im Kino, auf Konzerten. Sport-Events mit hohem Fun-Charakter sprechen vor allem Jungs gut an.
- Er ist auch über die Musikszene gut zu erreichen, hat ein hohes Interesse daran, welche neuen Musikrichtungen und CD es gibt (70% Top Box bei den 16- bis 17-Jährigen).

Der selbstbewusste Konsumunabhängige (Typ 3)

Er ist ein psychologisch nicht ganz einfacher Typ. Im Vergleich zu den anderen ist er finanziell nicht so gut ausgestattet (weil nur wenige dabei sind, die bereits eigenes Geld verdienen), aber dennoch sehr *ausgabefreudig* und spart wenig. Sein tatsächliches Verhalten steht oft im Widerspruch zu seiner Einstellung zu Konsum und Marken.

Er umfasst sowohl diejenigen, denen Marken und Trends egal sind – Hauptsache sie haben Spaß –, als auch solche, die eher konsumkritisch sind, sich bewusst nicht vereinnahmen lassen wollen.

- Die konsumkritische Haltung nimmt hier mit dem Alter zu, gleichzeitig zeigt sich deutlicher Gewinn an Selbstbehauptung.
- Im Vergleich mit dem tatsächlichen Verhalten wirkt die Konsumkritik teilweise aufgesetzt.
- Es sind schwierige Verbraucher, die erst überzeugt werden müssen.

Wie müssen Produkte für diesen Typ 3 aussehen?

- Das Produkt muss als emotionalen Anreiz einen Spaßwert haben: Abwechslung, Vielseitigkeit, Fun und Action kennzeichnen diesen Typ.
- Aber nach diesem Anreiz müssen Produkte und Marken durch Qualität, Funktion und Preisleistungsverhältnis überzeugen, dann ist dieser Typ auch bereit, etwas mehr auszugeben – jedoch kalkuliert und nicht affektiv.
- Diesem Typ müssen Argumente an die Hand gegeben wer-

den, mit denen er seinen Konsum vor sich selbst rechtfertigen kann. Er wird eher betonen, die Hose sei gut und praktisch, weil sie so viele Taschen hat, in denen man alles verstauen kann, die Jacke kann man links und rechts herum tragen, je nach Wetter, als einfach zu sagen, die ist toll, die find ich cool, die haben alle meine Freunde oder die ist von der Marke x.

Wie muss er angesprochen werden?

▫ Vor allem muss die Individualität kommuniziert werden. Keinesfalls die trendige Zugehörigkeit zu irgendwelchen Gruppen oder Szenen. Die wird abgelehnt, dieser Typ definiert sich nicht über die Zugehörigkeit zu solchen Szenen, er will nicht vereinnahmt werden.

▫ Werbung darf emotional sein, muss aber auch informieren und überzeugen.

▫ Im Alter von 14 und 15 Jahren ist dieser Typ eher Indoor-orientiert und über die klassischen Medien Fernsehen und Zeitschriften zu erreichen. Er liest viel, informiert sich.

▫ Im Alter von 16 bis 17 Jahren wird er zunehmend mobiler und orientiert sich an Outdoor-Aktivitäten, wie Sport (Radfahren, Skaten), Kino, Disco, Tanzen gehen und Konzerte. Ansprache direkt vor Ort oder durch Events ist jetzt möglich. Der Spaß muss dabei im Vordergrund stehen, nicht der Konsum, damit die prinzipielle konsumdistanzierte Haltung nicht aktiviert wird.

▫ Zu beachten ist auch die geringe Erfolgs- und Leistungsorientierung in diesem Segment. Das bedeutet z. B., dass das Interesse für Sport durchaus genutzt werden kann, dabei aber Motive des Gewinnens und Verlierens deutlich hinter dem Fun-Aspekt zurücktreten müssen.

Der konsuminteressierte Mitläufer (Typ 2)

Dieser ist dem konsumfreudigen Trendsetter im Konsumverhalten ähnlich, aber ein unsichererer Typ. Wie müssen Produkte und Kommunikation für diesen Typ aussehen?

▫ Bei den konsuminteressierten Mitläufern steht im Vordergrund, dass sie an Konsum, Trends, Szenen interessiert sind, sich aber keinesfalls exponieren wollen.

- Sie sind auch nicht die Early Adaptors, nicht auf Innovation fixiert. Es muss bei den Produkten klar sein, dass sie in der Peer Group akzeptiert und trendig sind.
- Insgesamt ist dieses Segment wenig selbstsicher und will auch nichts Schrilles, eher suchen sie Geborgenheit und Sicherheit. Sie sind die braven Nachahmer und Bewunderer der Trendsetter.

Und was Sie davon haben?

Die konkrete Anwendung dieser Jugendsegmentierung ist nun einfach und problemlos in jedem Test einzusetzen. Sie ist ein sehr pragmatisches und flexibles Instrument. Es kann unter anderem dazu verwendet werden, damit Sie

- ein genaues Screening zur Auswahl bestimmter jugendlicher Zielgruppen vornehmen können,
- eine marketinggerechte Beschreibung jugendlicher Zielgruppen erhalten,
- die Positionierung von Marken und Produkten nach Zielgruppen ermitteln können – welche Jugendliche auf das Produkt ansprechen und welche nicht,
- die Zielgruppenstimmigkeit von Produkt und Werbung überprüfen können,
- sich zielgruppengerechte Optimierungen erarbeiten können.

Ganz gleich übrigens, ob Sie dieses Tool einsetzten möchten oder nicht: Allein im Geiste damit zu arbeiten, es als Heuristik für Marketingentscheidungen einzusetzen, wird Sie näher an die junge Zielgruppe bringen.

7 Jugendliche Referenzwelten: die Medien

Kindheit und Jugend ereignen sich natürlich nicht in einem Vakuum, sondern es gibt eine Vielzahl von Einflüssen, die die Kids prägen und derer sie sich bedienen, um sich damit auszudrücken. Jugendliche Referenzwelten sind nie Einbahnstraßen, sondern gehen in 2 Richtungen: So beeinflussen beispielsweise die Medien das Verhalten, werden aber auch von den Kids verwendet, um sich und ihre Stellung in der Welt zu dokumentieren. Es handelt sich um ein subtiles Spiel, das weit entfernt ist von einfachen Stimulus-Response- oder Manipulations-Ansätzen.

Freizeit ist in hohem Maße Medienzeit

Die umfangreiche Untersuchung bei 1600 Kindern und Jugendlichen im Alter von 8 bis 15 Jahren zur „Medienrealität der Kids" des Egmont Ehapa Verlages aus dem Jahr 1996/1997 befasste sich unter anderem mit dem Freizeitverhalten der Kinder. In diesem Zusammenhang zeigte sich, dass die Kids im Durchschnitt jeden Tag

- 7 $\frac{1}{4}$ Stunden ihrer Zeit mit Tätigkeiten verbringen, die sie ausüben müssen – wie Schule oder Essen, und dass ihnen daneben nur
- 6 $\frac{1}{4}$ Stunden Freizeit zur Verfügung stehen.

Und wie wird diese Freizeit verwendet? Mit durchschnittlich

- 4 Stunden wird $\frac{2}{3}$ der Freizeit drinnen verbracht und nur
- $\frac{1}{3}$ draußen mit Sport, Shoppen, Freunde treffen etc.
- 70 % der Indoor-Freizeit hat etwas mit Medien zu tun, insbesondere mit Fernsehen, aber auch mit Printmedien, mit Radio oder dem Computer.

Die Funktionen von Medien

Fernsehen und Co. sind mehr als eine einfache Freizeitbeschäftigung. Sie besitzen für die Kids wichtige Funktionen, mit denen Sie sich beschäftigen müssen – sonst werden Sie die jungen Zielgruppen nie so gut verstehen, wie Sie es sollten.

Machen Sie es nicht so wie viele Pädagogen oder Lehrer, die sich wundern, dass sie ihren Schülern immer weniger zu sagen haben, dass sie von deren Erlebenswelt vollständig abgeschnitten sind und keinen Zugang bekommen.

Oder wie das ein durchaus motivierter Lehrer bei einer Lehrerfortbildung formuliert hat: „Ich möchte meinen Schülern die wirkliche Welt beibringen und nicht die der Medien oder der Werbung." Fragen Sie sich aber bitte nicht zu lange, was denn die wirkliche Welt ist. Und insbesondere, wieviel diese wirkliche Welt des Lehrers mit der Wirklichkeit zu tun hat.

Die Unterhaltungsfunktion der Medien

Was ist unterhaltend?

Natürlich ist es trivial zu sagen, dass das Fernsehen Jugendliche unterhält und damit Langeweile bekämpft oder dass es gezielt zur Stimmungsverbesserung eingesetzt wird. Dies ist bei Erwachsenen genauso der Fall. Interessant ist aber, was die Kids im Fernsehen anmacht. Auskunft darüber gibt eine Untersuchung für die Zeitschrift TV Hören und Sehen aus dem Jahr 1996 (Barlovic, 1997).

305 nach Region und Status repräsentativ ausgewählte Familien testeten Fernsehprogramme. Jedes Familienmitglied beurteilte monatlich zwischen 7 und 10 Sendungen eines bestimmten Genres mit Hilfe eines ausführlichen Fragebogens.

Besonders interessant waren dabei die Meinungen der 356 Kinder im Alter von 7 bis 14 Jahren. Die Lieblingssendungen der Kids waren die 100000-Mark-Show und Expeditionen ins Tierreich – also keine ausgesprochenen Kindersendungen, sondern Unterhaltung, die sich hauptsächlich an Erwachsene richtet. Nicht pädagogische Beschaulichkeit ist bei den Kindern gefragt, sondern *Dramatik, Spannung* und *Action*.

Zu den absoluten Gewinnern gehören die großen Abend-Gewinnshows wie die 100000-Mark-Show oder Wetten, dass...?:

- Je sensationeller und spannender die einzelnen „Spiele" sind, desto beliebter ist die Sendung.
- Diese Abendshows bieten Entertainment und Fun, bei dem die Kids nicht zu denken brauchen, sondern sich überwältigen lassen.
- Unsere Kinder sind groß geworden im Zeitalter der Informa-

tionsüberflutung und des Zappings. „Laut schreien, um gehört zu werden", ist daher eine erfolgreiche Strategie, um das Interesse der Kids zu wecken.

Die Abendshows sind intergenerative Frenesie-Maschinen.

Was das für Sie bedeutet?

Denken Sie nur an Events, an Werbung oder auch an die großen Vergnügungsparks. Sie bieten genau diese Art von lauter Unterhaltung, die die Kids auch vom Fernsehen fordern. Wenn Sie mit Ihren auf die Kids gerichteten Aktionen auf Show setzen, dann müssen Sie verdammt gut sein, um nicht unterzugehen. *Klotzen statt Kleckern* muss Ihr Motto sein.

Das muss nicht immer die große Wette sein, oft genügt auch ein richtig guter Zauberer oder ein Streichelzoo für die Jüngsten. Aber es muss so gut sein, dass die nach Sensationen gierenden Kids nicht einschlafen.

Apropos Streichelzoo. Das beliebteste Genre laut dieser Untersuchung waren *Tier-/Naturfilme*. Dieses Genre ist auch eine verbindende Klammer zwischen den Geschlechtern, dafür interessieren sich Mädchen und Jungen – allerdings in unterschiedlicher Ausprägung.

■ Jungs suchen eher das „Abenteuer Wildnis": echte Dramatik, Verfolgungen, Raubtiere, das „Fressen und Gefressen werden".
■ Mädchen sagte eine Sendung wie Wunderbare Welt etwas mehr zu, die sich unter anderem stärker mit im Alltag vertrauten Tieren befasst und Fakten „besser erklärt".

Wenn Sie also Events für Kinder bis 9 Jahren veranstalten wollen, dann bauen Sie auf alle Fälle Tiere mit ein. Sie sind ein Sure Shot.

Was die Untersuchung auch zeigte: Spätestens mit 10 Jahren lässt die Faszinaton von Comics spürbar nach – außer es handelt sich um wilde Comics wie die Simpsons. Diese überflügeln in ihrer Beliebtheit normale Comics wie Micky Maus im Pre-Teens-Alter. Wenn Sie für Ihre Marke mit Comics arbeiten möchten, achten Sie darauf, inwieweit sie zielgruppenadäquat sind: Keine Simpsons für die 7-Jährigen, aber natürlich auch keine Kinderfilmchen für die coolen 13-Jährigen. Denn die stehen auf „Abgefucktes".

Wobei wir auf den „abgefuckten" Helden ja bereits eingegangen sind: Al Bundy und seine schrecklich nette Familie stehen für den Sieg von cooler Vulgarität über die Political Correctness. Bei der TV Hören und Sehen-Untersuchung war übrigens die beliebteste reine Kindersendung der Tigerentenclub. Dessen Qualitäten kann man exemplarisch als *Checkliste* dafür nutzen, wie eine Sendung aussieht, die zumindest den 7- bis 11-Jährigen gefällt:

- Professionell gemachte, humorvolle Zeichentrickfilme
- beliebte Musikgruppen
- tolle Spiele, bei denen Studiokinder – bzw. bei einem Event die Zuschauer – mitmachen können
- eine Serie mit echten Schauspielern und echten Tieren
- Rätsel und Aktionen für die Zuschauer
- ein aufwändig gestaltetes Studio, das sich zuweilen in einen Abenteuerspielplatz verwandelt
- beliebte, natürlich und authentisch wirkende Moderatoren, die den Kinder vermitteln, dass sie diese ernst nehmen

Diese Sendung steht für Witz und Humor, für eine vertraute Welt (wiederkehrende Rituale, Déjà-vu-Effekte?) und Abwechslungsreichtum, wobei es auch ruhigere Passagen gibt. Gefordert wird die perfekte Unterhaltungsshow, in der aber lehrreiche Elemente enthalten sein dürfen.

Wo bleiben Information und Pädagogik?

Medien sind aber nicht nur Unterhaltungsmaschinen, sondern sie dienen auch der Information.

So fühlen sich von den „Lach- und Sachgeschichten" nicht nur die Jüngeren, sondern auch die Älteren angesprochen. D. h., dass pädagogische Inhalte durchaus eine Chance haben, wenn sie spannend und nachvollziehbar inszeniert und wohl dosiert verabreicht werden. Eine von den Kindern heißgeliebte und von den Eltern hochgeschätzte Sendung ist hier auch der ZDF-Klassiker Löwenzahn.

Informationen sind dort aber nicht nur irgendwelche Lach- und Sachgeschichten, sondern Information bedeutet auch, dass die Medien – der verstorbene Marketing-Papst Kroeber-Riel nannte sie „die 2. Wirklichkeit" – immer früher das Tor zur Welt öffnen. Der oft ungehinderte Zugang zu allen Informationen aus der Erwachsenenwelt ist eine wichtige Ursache für die Akzeleration.

Die Entwicklung der Kinder, vom Kindergarten-Kind über das Schulkind bis hin zum Teenager ist geprägt durch permanentes Lernen. Sie sind offen für Neues und integrieren neue Erlebnisse und Erfahrungen in ihre Welt. Und ein bedeutender Teil ihrer Welt sind Medien oder auch Waren. Interessante und gut gemachte Sendungen oder auch Werbungen stehen häufig gleichberechtigt neben anderen Erfahrungen und werden ebenso stark in das eigene Denken, Fühlen und Handeln übernommen. Vergessen Sie nie, dass Kindheit heute auch *Medien-Kindheit* heißt. Schauen Sie sich an, was die Kids und Teens sich anschauen, und sie werden einen Schlüssel für Ihre Marketing-Aktion finden.

Ganz wichtig sind Medieninformationen z. B. dafür, um *in der Clique mithalten* zu können.

Über die neuesten Spiele oder auch über die neuen angesagten Stars erfahren Kids häufig zuerst durch das Fernsehen, den Radiosender oder auch die Musikzeitschrift.

Oft genug werden die Bravo oder auch die Sugar gelesen, um bei den Freunden zumindest nicht als Außenseiter dazustehen. Die Medien werden so zu einem wichtigen Sozialisationsfaktor.

Für Sie bedeutet dies: Lesen Sie hie und da Bravo oder schauen Sie sich Musiksender an und Sie werden zwar nicht zum Experten für Musik, aber zumindest werden Sie mitbekommen, welche Richtungen derzeit angesagt sind. Und denken sie daran: Sie interessiert im Normalfall nur der Massengeschmack, die Charts, weniger die Favoriten von einigen wenigen Prozent. Schließlich möchten Sie ja auch die Masse mit Ihren Produkten erreichen und nicht irgendwelche veganischen Punks – von denen es übrigens ein tolles Kochbuch gibt.

Die Sache mit den Stars

Apropos Stars. Die einfachste Art der Werbung ist natürlich, mit Stars zu werben. Leider gibt es da ein Problem: Es gibt derzeit kaum echte Stars – vielleicht mit Ausnahme der Besetzung von Gute Zeiten, schlechte Zeiten und von Akte X: Zu lange haben Industrie und Medien versucht, irgendwelche künstlichen, im Industriegenlabor erzeugten Plastikstars zu hypen. Dies hat dazu geführt, dass einigen Jugendzeitschriften und auch den Plattenfirmen die Käufer weglaufen, auf der Suche nach dem *Authen-tisch-Wahren.*

Zu diesem Thema hat Axel Dammler einen interessanten Kommentar in der W&V verfasst.

Quo vadis, Jugendzeitschriften?
Warum Jugendzeitschriften ihre Kernkompetenzen vor der Jahrtausendwende neu definieren müssen.

Sinkende Auflagen auf breiter Front: Verabschiedet sich die Jugend von ihrem Stamm-Medium Jugendzeitschrift? Schließlich sind dank der liberalisierten Erziehung die Zeiten ja auch vorbei, in denen Bravo oder Popcorn den Gegenpol zu elterlichen Werten und Normen bildeten und es fast etwas Subversives hatte, diese Magazine zu lesen. Heute muss niemand mehr die Bravo verstecken, das anarchistische Potenzial ist verloren.

Ungünstig entwickelt sich auch der Musikmarkt als Thema Nr.1 der Jugendzeitschriften. Lange Jahre bestand hier eine für Verlage und Industrie profitable Allianz: Stories gegen Promotion. Heraus kamen allerdings nur geklonte, keimfreie Stars und Sternchen: Nach den Boygroups die Girlgroups, dann etwas Rap und nun folgen wohl diverse Britney-Spears-Epigonen. Diese Stereotypen taugen als Projektionsfläche für Mädchen bis 12 Jahre, aber nicht als echte, authentische Stars für eine selbstbewusste Jugend. Zusätzlich untergraben wurde diese Scheinwelt durch schwule Boygroup-Sänger, streitende Spice Girls und Pop Stars, die nicht selbst singen. Die industrie-Stars sind am Ende – was bleibt, ist Frust bei den Jugendlichen, der sich gegen die Stars richtet, aber eben auch gegen die Jugendzeitschriften, die bereitwillig Fake-Stories verbreitet haben.

Verschlafen wurde auch der Anschluss an den Medientrend der 90er, die Daily Soaps. Waren der Top-10 Hit der Retortencombo Just Friends oder der Erfolg von Caught in the Act noch das Ergebnis eines Doppelschlags von Gute Zeiten, schlechte Zeiten und Bravo, so verschwanden diese Serien mehr und mehr aus dem Themen-Portfolio – mit dem Erfolg, dass sich der Leser den einschlägigen Fanzines zuwandte.

Um es auf den Punkt zu bringen: Das Vertrauensverhältnis zwischen Jugendlichen und ihren Zeitschriften ist gestört. Aufgebaute Traumhäuser sind eingestürzt, relevante Themen wurden ignoriert, der Bezug zur eigenen Lebenswelt und die erwünschte Parteinahme für die Jugendlichen findet nicht mehr statt.

Doch es scheint, als hätten die Redaktionen verstanden: Bravo stellt sich z. B. mit der Rubrik „Wer mich enttäuscht hat" klar auf die Seite der Jugendlichen, in anderen Artikeln bekennen sich Stars zu ihren Lügen, ihre Werbeaktivitäten werden „entlarvt", oder der Produktionsstress bei Gute Zeiten, schlechte Zeiten wird geschildert. Alles Themen, die das Interesse der Zielgruppe an aufrichtiger Information widerspiegeln.

Man darf nicht vergessen: Jugendzeitschriften befriedigen nun einmal wichtige Grundbedürfnisse der Jugendlichen und haben allein deswegen ihre Daseinsberechtigung: Sexuelle Aufklärung findet in Deutschland immer noch vor allem in der Bravo statt und Themen wie die Ausgrenzung aus der Clique oder Selbstmord von Jugendlichen bietet sich kein anderes Forum. Außerdem will man ja Stars zum Anhimmeln (nur nicht zu verlogen, bitte). Wenn sich Jugendzeitschriften in Zukunft also wieder mehr auf die Bedürfnisse der Jugendliche besinnen, werden sie auch erfolgreich sein.

Wenn Sie versuchen wollen, Stars kommunikativ einzusetzen, seien Sie auf der Hut: Alles ist im Moment im Fluss. Es fehlt an Mega-Stars, auf die sich ohne Risiko auch auf längere Zeit setzen lässt.

Die Macht des Mondes: Medien als Lebenshilfe

O.k., Medien unterhalten, sie informieren – kein Unterschied zu Erwachsenen – und machen cliquenkompatibel. Aber es gibt noch eine Funktion, die für Jugend wichtig ist: Kinder und Jugendliche nutzen Medien zur *Orientierung*, dazu, sich in der Welt zu definieren, ihre Stelle in der Welt zu finden.

Richtig interessant sind dabei Sendungen, die nah an der Lebenswelt der Kids sind, in die Kinder und Jugendliche eigene Sehnsüchte projizieren können und Aspekte des eigenen Lebens vorgelebt bekommen. Solche Sendungen sorgen für Gesprächsstoff und treffen tief ins Herz der jungen Zielgruppen.

Ein sehr gutes Beispiel dafür ist Sailor Moon:

Abb. 1.8: Sailor Moon © Naoko Takeuchi/Kodansha Ltd./Toei Animation Co. Ltd

In dieser japanischen Zeichentrick-Fernsehserie – es existiert auch ein überaus erfolgreicher Zeitschriftenableger – gibt es ganz normale weibliche Teenager mit ganz normalen Problemen: dass ein Junge unglücklich angeschmachtet wird, dass man Popstar werden möchte oder dass man die Kleine ist und am Strand nicht alles tun darf, was die älteren Freundinnen tun dürfen. In dieser Serie bekommen Sie Core Needs en masse.

Aber etwas ist anders: Die normalen Teenager haben auch Superkräfte und können sich in magische Wesen verwandeln, die gegen das Böse kämpfen. Und so können die Kinder ihre Träume von Stärke, Erwachsensein und Omnipotenz, unterstützt durch das eigene magische Denken, ausleben.

Sailor Moon ist eine Art Pipi Langstrumpf des Soap-Opera-Zeitalters, also eine Superheldin mit den gleichen Problemen, die ihre Zielgruppe hat bzw. hofft, irgendwann mal zu bekommen. Sailor Moon wird schnell zur großen Schwester, der man nacheifert: Sie ist

- Vorbild und Modell
- bleibt dabei aber menschlich
- lädt zur Identifikation ein und ist eben kein entrückter Superheld, der alles kann

Das Beispiel für die Älteren ist Gute Zeiten, schlechte Zeiten. Diese Serie hat ihre größten Fans hauptsächlich, aber nicht nur, bei 9- bis 13-jährigen Mädchen. Häufig noch ohne Freund, aber schon von Beziehungsträumen erfasst, bietet ihnen diese Daily Soap Raum zum Miterleben für Gefühle und zum Schwärmen.

Als Schauspieler werden natürliche, attraktive, aber nicht zu schöne (denn schließlich geht es um die Welt von nebenan) und sympathische Typen verlangt, die Möglichkeiten zur Identifikation geben oder auch zum „realistischen" Anschwärmen. Gewünscht werden vielschichtigere und pointiertere Stories als sie das Leben schreibt. Geschichten, die über die konkrete Alltagswirklichkeit hinausgehen, aber dennoch so oder so ähnlich heute oder in Zukunft im eigenen Leben passieren könnten.

Durch solche Serien bekommen Sie die Möglichkeit, Trends zu erkennen. Sei es das Piercing, sei es der wiedererstarkte Traum von Treue und Romantik. Man kann sehen, wie normal die Jugend eigentlich ist und wie wenig aufständisch gegen Erwachsene, die bis auf den bösen Dr. Gerner auch total tolerant sind. Einzig das Hotel Mama kommt seltener als in Wirklichkeit vor.

Abb. 1.9: Gute Zeiten, schlechte Zeiten

Natürlich zeigt diese Serie auch, welche Kleidung derzeit „in" ist. Da beeinflussen sich Medien und Jugendliche gegenseitig. In den Serien wird getragen, was bei den *H&M*-Kids angesagt ist – was wiederum die beste Werbung für diese Kleidung ist. Nicht umsonst ist Product Placement in diesen Vorbild-Serien so beliebt.

Mit diesen Serien oder auch Jugendzeitschriften kann man nicht nur lernen, was die Kids heute beschäftigt, sondern auch, wie die Jugendlichen sind. *Diese Serien sind in vielem ein Spiegelbild der Wirklichkeit.*

Übrigens gibt es einen berühmten amerikanischen Konsumentenforscher, William Wells, der interessante Motivstudien betreibt, indem er Fernsehen schaut. So hat er mehrere amerikanische Serien danach analysiert, aus welchen Motiven sich Personen etwas schenken. Er behauptet, dass seine im Fernsehen gefundenen Motive sich mit denen in der Wirklichkeit decken.

8 Jugendliche Referenzwelten: die Freunde

Der spannendste Unterschied zwischen einem Kind bis ungefähr 7 Jahren und älteren Kindern und Jugendlichen ist:

- Die jüngeren sind egozentriert, glauben noch, dass sich die Welt nur um sie dreht. Und das wichtigste Bezugssystem sind Mama und Papa.
- Die älteren haben begriffen, dass sie in eine Welt einbezogen sind, die sich nicht nur nach ihnen richtet und dass sie in dieser Welt ganz schön einsam sein können, wenn sie von außen keine Anerkennung bekommen. Und die Anerkennung, die man braucht, kommt nicht gerade von Mama und Papa ...

Schon mit ca. 8 oder 9 Jahren beginnen Kinder die Werte und Normen ihrer Eltern in Frage zu stellen. Sie motzen, sind kritisch, wissen vieles besser und haben kapiert, dass Erwachsene auch ganz schön viel Unsinn reden können. Was dann benötigt wird sind Modelle, Rollen und Werte, an denen sie sich orientieren, damit sie nicht in ein totales Vakuum fallen nach dem Motto: Das Alte geht nicht mehr und was Neues seh ich nicht.

Diese Orientierung gebenden (Vor-)Bilder gibt es z. B. in den Medien. Am wichtigsten sind aber die Freunde, die Gleichaltrigen, die *Peer Group*. Sie sind in hohem Maße dafür verantwortlich, dass sich Kinder erfolgreich von ihren Eltern lösen können, dass sie eine eigenständige und autonome Rolle in der Gesellschaft finden. Sie sind dabei eine ganz besondere Emanzipationshilfe, indem sie Vorbild sind für ein neues Bezugssystem.

Schenk-Danzinger (1991) schreibt dazu:

„Die Schuldgefühle, die mit der Zurückweisung der Eltern verbunden sind, werden durch das Bewusstsein, dass die Gleichaltrigen dasselbe tun und wollen, gemildert. Die Unterwerfung unter die Normen und Werte der Subkultur gibt ein Gefühl der Sicherheit und Geborgenheit. Durch die Identifikation mit ihr (...) setzt der Jugendliche eine Distanz zwischen sich und die Erwachsenen, hebt sich deutlich von ihnen ab und dokumentiert damit seine Eigenständigkeit, seine neue Identität."

Dass sich Kinder weg von ihren Eltern und hin zu ihren Freunden wenden, ist geradezu notwendig für ihre persönliche Entwicklung.

Welche Funktionen hat die Clique?

Die Bedeutung der Clique, der Freunde ist äußerst vielschichtig und lässt sich nicht reduzieren auf Emanzipationshilfe. Die Clique steht für:

- Gemeinsamen, kollektiven Spaß, einen drauf machen
- Gemeinschaftsgefühl
- Vertrauen und Rückhalt, gibt Stärke
- Seelische Stütze, die in „schweren Zeiten" die Gespräche mit der Mutter oder das Beten zu Gott ersetzen
- Quasi „Training on the job", um gesellschaftliches Rollenverhalten zu lernen, sich z. B. anzupassen oder sich nach vorne zu spielen, in der Gesellschaft seine Position zu finden ...
- Rahmen für die Selbstinszenierung des Einzelnen
- Erlernen der Bedeutung von Prestige und insbesondere von Konsum
- Informationssystem, z. B. für Marken, Sport, Mode und Sex

Spaß haben, dies bedeutet für die heutigen Jugendlichen immer mehr zusammen mit anderen Spaß haben. Denn man möchte darüber reden, die Reaktionen der anderen sehen und sich nie einsam fühlen. In der Gruppe sind sie ausgelassen, machen einen drauf, erlauben sich das Saufen und das Schreien und das Durchmachen, den kollektiven Rausch, für den sie alleine oft zu schüchtern wären.

Mit den anderen wild einen drauf machen, ist cool. Würde man alleine das Gleiche machen, wäre man ein Penner. Dementsprechend haben Lonely Heroes im Moment kaum Konjunktur, weder im Kino, in der Werbung noch in der Wirklichkeit. John Wayne, das ist ein Mann von Gestern.

Achten Sie daher auch bei Ihrer Werbung genau darauf, was Sie kommunizieren: „The lonely are the brave", aber einsame Außenseiter in der Werbung sind ein ziemliches no-no. Außer sie sind richtig witzig oder man traut ihnen zu, Freunde zu haben. Deshalb dürfen Sie natürlich mit Sportleridolen werben, nur sollten die entweder teamfähig sein oder einen enormen Coolheitsfaktor haben. Eher langweilige aber erfolgreiche Einzelkämpfer taugen nicht als Vorbild und haben in der Jugendwerbung nichts zu suchen.

Versuchen Sie auch bei Events Gemeinschaften, communities, zu schaffen und keine einsamen Langstreckenläufer zu zeigen – denn das könnte sich als fatal für Ihre Marke erweisen.

Übrigens führt das Erziehungssytem Clique auch dazu, dass bei jungen Erwachsenen oder Studenten, bevor sie ins Berufsleben einsteigen, gutes Betriebsklima und Teamarbeit „in" und Chef sein und mobbing „out" ist – zumindest so lange, bis ihnen die betriebliche Praxis etwas anderes gelehrt hat.

Wie sich die Macht der Clique beim Konsum zeigt

In einer neuen Untersuchung für den Heinrich Bauer Verlag (Bravo Faktor Jugend 2, 1999) haben wir untersucht, wie Jugendliche mit Marken umgehen.

Welche Bedeutung Marken haben, bzw. wie ausgeprägt das Markendenken in bestimmten Bereichen ist, dies liegt in hohem Maße daran, ob die Marke in der Öffentlichkeit, bei den Freunden oder zuhause verwendet wird.

Verwendung zuhause heißt Freiheit von sozialer Kontrolle: Man kann verwenden, was man will, weil es niemanden interessiert und es niemand erfährt. Dies trifft z. B. auf Fruchtsäfte, Cerealien und Deos zu.

Bei diesen Produkten spielt die Clique dementsprechend kaum eine Rolle. Natürlich können Sie dort Marken auch als cool anpreisen, wesentlich wichtiger sind aber direkte Produktbenefits: Wie sie schmecken, wie sie riechen, wie billig sie sind und ob sie die Mutter einkauft und man nichts dafür bezahlen muss. Harry Sulzer nannte solche Marken im Marketing Journal *Leistungsmarken*.

Ganz im Gegensatz dazu stehen Produkte wie Kleidung, Sportschuhe, Rucksäcke und Coca-Cola. Für Sulzer die *Label-Marken*. In diesen Bereichen kann man sich bei den Freunden durch die richtigen Marken profilieren oder zumindest mit den andern mithalten. D. h. andererseits aber auch, dass es hier die potenzielle Gefahr der Ausgrenzung aus der Clique bei Verwendung der falschen Marken gibt.

Für die Kids ist es daher wichtig, die richtigen Marken zu verwenden und die Gewissheit zu haben, dass diese bei den Freunden auch gut ankommen.

In einer Veröffentlichung aus dem Jahre 1997 hat sich sogar die universitäre Marketing-Forschung dem Phänomen Marken-Stress angenommen (Hammmann, Palupski, Bofinger,1997) und bestätigt, was kommerzielle Forschungen seit Jahren berichten.

Zwei Drittel von 225 befragten Gymnasiasten antworteten, dass es „Produktbereiche gibt, in denen ein besonders starker Druck ausgeübt wird, bestimmte Marken zu kaufen" – hauptsächlich im Bereich Kleidung. Und der Druck wird nach Meinung der Schüler ausgelöst durch

- Ärgern/Hänseln
- Lästern
- Ständige Verwendung in der Clique
- Ausgrenzung aus der Clique
- Gewalttätigkeiten
- Öffentliche Meinung
- Ständigen Medienauftritt

Wie Sie das Cliquendenken für Ihr Marketing nutzen können

Checkliste

- Unterscheiden Sie genau, in welchem Produktbereich Sie anbieten: Ob Ihre Marke vor der Clique Bestand haben muss oder im geheimen Zimmerchen konsumiert wird.
- Bei Cliquenprodukten ist oberstes Gesetz: Sie müssen cool sein.
- Gehen Sie bei Cliquenmarken über Opinion Leader.
- Werden Sie bei Cliquenmarken nicht zu billig.

Unterscheiden Sie genau, in welchem Produktbereich Sie anbieten: Ob Ihre Marke vor der Clique Bestand haben muss oder im geheimen Zimmerchen konsumiert wird. Nach dieser Unterscheidung müssen Sie Ihre Marketing- und Mediastrategie ausrichten. Handelt es sich bei Ihren Marken um „zuhause Marken", dann können Sie reine Produktwerbung fahren, auf die Produktbenefits abheben und müssen nicht permanent deren Jugendlichkeit unter Beweis stellen.

Bei Cliquenprodukten ist oberstes Gesetz: Sie müssen cool sein.

Wenn nur im geringsten vermutet wird, dass eine sich an Jugendliche richtende Marke auch von Kindern gekauft wird, oder wenn sie auch von spießigen Erwachsenen konsumiert wird, dann hat sie schlechte Karten.

Versuchen Sie deshalb auch nicht, ein Jugendprodukt jünger zu machen. Es wird nach unten durchgereicht und verliert an Akzeptanz bei der eigentlichen Klientel. Legion ist z. B. die Zahl der Kleidungs- und auch Taschenmarken oder auch Zeitschriften, die uncool wurden, weil die nachwachsende Kindergeneration sie auf einmal gut fand. Wenn Sie eine Jugendmarke sind und möchten auch Kinder erreichen, dann sollten Sie eine neue Marke kreieren. Der Markenkern der Jugendmarke darf nicht angetastet werden.

Gehen Sie bei Cliquenmarken über Opinion Leader. Mit dem Begriff Meinungsführer wurde richtig viel Schindluder getrieben. Anfang der 70er Jahre gab es eine richtige Opinion-Leader-Euphorie. Es wurde geglaubt, dass es Meinungsführer gibt mit bestimmten messbaren Eigenschaften, die sich gezielt ansprechen lassen. Doch diese Euphorie verrauchte. So zeigte es sich, dass es *den* Meinungsführer nicht gibt, sondern für unterschiedliche Produktbereiche auch unterschiedliche Leute im Freundeskreis tonangebend sind. Und dass es darüber hinaus verdammt schwer ist, diese produktspezifischen Meinungsführer anzusprechen.

Dennoch können Sie sich bei Cliquenmarken die Meinungsführerdenke zu Nutze machen. So muss in den richtigen, also von den Opinion Leadern beachteten Werbemedien, beispielsweise Fachzeitschriften, geworben werden – seien es Computerzeitschriften wie die Bravo Screenfun oder die PC Games, seien es Musikzeitschriften wie Bravo oder Sugar für Massenprodukte, beziehungsweise Szene- und Stadtzeitschriften für „In"-Produkte, die weniger auf die Masse, sondern eher auf die Mund-zu-Mund-Propaganda setzen.

Bedenken Sie: Wenn Sie eine „In"-Marke haben, dann kann ein massenmediales Zuviel Ihre Marke kaputt, zum kurzfristigen Hype machen: der mediale Overkill. Vertrauen Sie eher auf wenige Aktionen, die von den richtigen Leuten beachtet werden.

Für eine kleine Szene-Marke ist der Verkäufer im Szene-Laden und die modebewussten Progressiven, die in der Clique zeigen, welche Produkte getragen werden sollten, wichtiger als eine große Plakatwerbung. Dies gilt z. B. auch für Getränke: Zu viel Werbung an den falschen Stellen macht eine Marke kaputt; besser ist es, sie in den richtigen Kneipen zu platzieren, unterstützt mit

Sampling-Aktionen, und dann auf das Cliquen-Schneeball-System zu setzen.

Werden Sie bei Cliquenmarken nicht zu billig. Natürlich sind die Jugendlichen pragmatisch und daher immer weniger bereit, für Produkte Mondpreise zu zahlen. Bei Cliquenmarken dürfen Sie aber nicht zu preiswert werden, denn wie will man sich mit einer Marke profilieren, die so billig ist, dass sie sich jeder „Prol" leisten kann?

9 Kindliche Referenzwelten: die Mutter

Bei Unternehmen, die den Kindermarkt erobern wollen, lautet eine der ältesten Fragen: *Wen soll man ansprechen, die Mütter (bzw. die Väter) oder die Kids? Sind Gatekeeperkampagnen („Tu Deinem Kind was Gutes") das Richtige oder soll man samstags morgens in die Privat-Sender rein, in denen die bunten Comicfiguren signalisieren: „Nur für Kinder, Erwachsene müssen draußen bleiben"?*

Leider gibt es bei dieser Frage keine eindeutige Antwort. Wer die richtige Zielgruppe ist, das ist von Produkt zu Produkt, manchmal sogar von Marke zu Marke, aber auch von Alter zu Alter verschieden. Und was alles noch schlimmer macht: Da gibt es auch noch Unterschiede bezüglich soziodemografischen Merkmalen und den verschiedenen Erziehungsstilen wie eher autoritär oder laissez-faire. *Doch bei aller Differenziertheit gibt es einige Findings, die quasi allgemeingültig sind.*

Bei Produkten, die Kids wirklich interessieren, geht ohne sie nichts

Dazu haben wir z. B. 1999 für die Bereiche Riegel und Cerealien/ Müsli eine Repräsentativbefragung bei 732 8- bis 14-jährigen Kids und deren 732 Müttern durchgeführt. Die Mütter und die Kinder wurden dabei getrennt befragt. (Die Ergebnisse sind im Marketing Journal 6/99 veröffentlicht).

Die 2 Produktsegmente wurden bewusst gewählt: Beide sind für die Kids high interest und bei beiden gibt es für Mütter Produkte mit etwas unterschiedlicher Eignung für die Kinder: Müsli „mit Schokolade" versus „mit Zucker".

Methodische Vorgehensweise in der Untersuchung: Zum jeweiligen Produktbereich wurde „offen", also ohne Antwortvorgaben oder andere Beeinflussung, erhoben bei

Kind/Jugendlicher: Welche Marken es besonders toll findet und sehr gern isst.

Mutter: Welche Marken sie am häufigsten für ihr Kind kauft,
welche Marken sie als am besten für ihr Kind geeignet empfindet – unabhängig davon, ob sie diese kauft oder nicht.

Einfach ausgedrückt: Was siegt bei der zumeist einkaufenden Mutter: der Wunsch des Kindes oder ihr Ernährungsgewissen? Die Ergebnisse zeigen:

■ Bei Riegeln werden von den Müttern in hohem Maße die Produkte am häufigsten gekauft, nach denen ihre Kinder verlangen, und nicht die, die sie am liebsten kauften (vgl. Abb. 1.11).

■ So liegt mit Mars eine Marke vorne, die bei den Kindern und Jugendlichen auf Platz 1 rangiert, bei Eignung von den Müttern aber auf Platz 8 steht.

■ Und dem Müsli-Riegel, der auf Platz 2 der Mütter-Rangliste steht, gelingt es in der tatsächlichen Kaufliste nicht, sich unter die ersten 8 zu platzieren.

Mütter kaufen für ihre Kinder offenbar das, was die Kinder selbst wollen, d. h. es gelingt den Kindern, ihre eigenen Markenvorlieben durchzusetzen – und zwar obwohl und auch wenn die Mutter andere Produkte vorzieht.

Spannend ist die Frage, ob es überhaupt Mütterhits gibt, die oft gekauft werden? Die Antwort: Ja, siehe der Kinder Riegel. Hier bekommen beide Parteien, was sie wollen: Die Kids einen angesagten Geschmack und die Mütter Reassurance (Bestätigung, dass das Produkt gut ist für das Kind bezüglich des Gesundheitsaspektes [mit Milch bzw. ohne Zucker].)

Aber: Ohne die Kids geht so gut wie nichts. Um diese These weiter zu untermauern, haben wir individuelle Paarvergleiche durchgeführt: Wir haben für jedes einzelne Mutter-Kind-Paar betrachtet, ob das am meisten gekaufte Produkt ein Wunsch des Kindes und/oder ein Wunsch der Mutter, also ein Gutes-Gewissen-Produkt war.

Bei Riegeln ergibt sich (vgl. Abb. 1.11):

■ 42 % der Mütter kaufen am häufigsten Riegelmarken, die ihr Kind bevorzugt, obwohl sie selbst von der Eignung des Produktes für das Kind nicht 100-prozentig überzeugt sind (vor allem: Mars, Duplo, Kinder Riegel, Hanuta, Twix, Snickers), also „Haushalte mit uneingeschränkter Macht der Kids".

■ In 37 % der Familien herrscht Einigkeit, d. h. Mutter und Kind haben sich verständigt: Die Mutter hält viel von den Riegeln, die dem Kind besonders gut schmecken, bzw. die Kinder mögen die Riegel, die ihre Mütter gut finden (typische Bei-

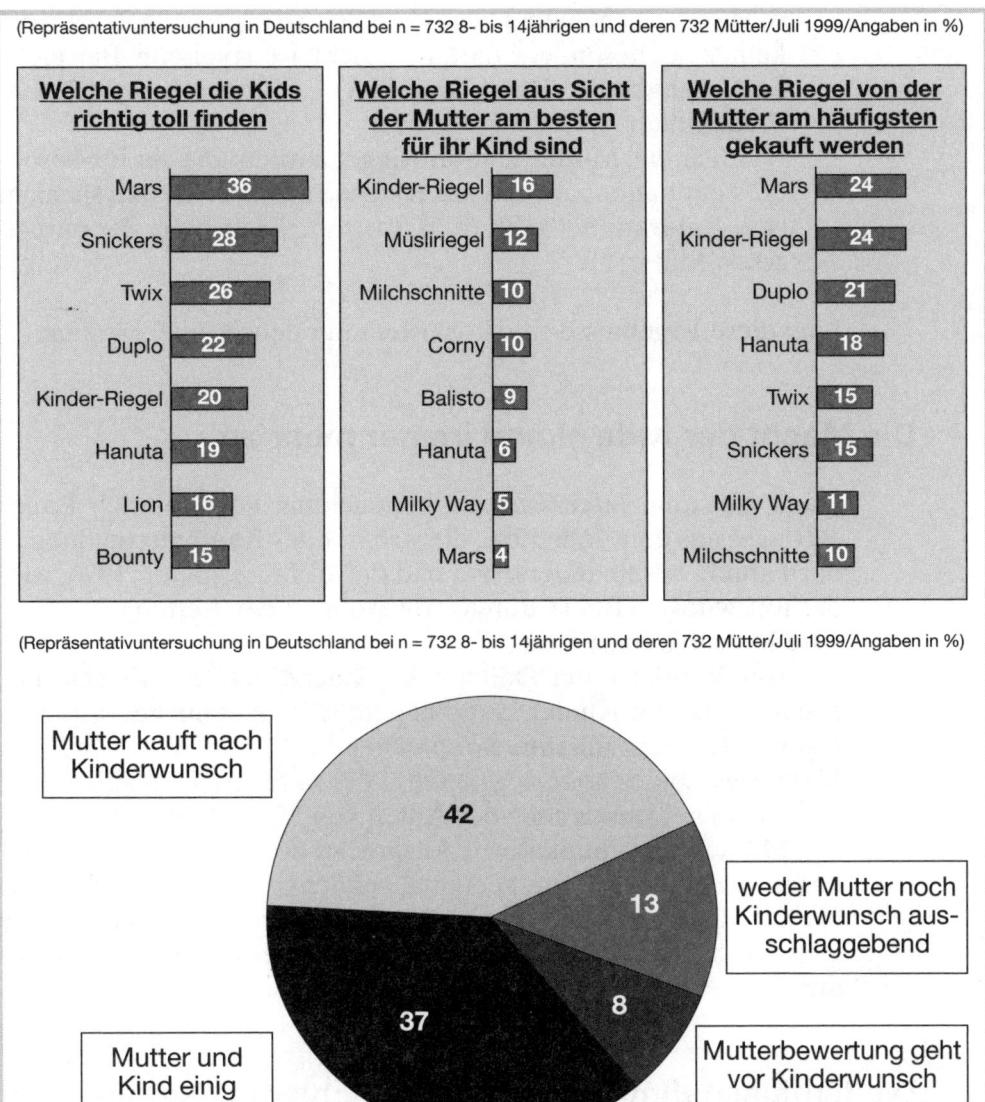

(Repräsentativuntersuchung in Deutschland bei n = 732 8- bis 14jährigen und deren 732 Mütter/Juli 1999/Angaben in %)

Welche Riegel die Kids richtig toll finden

Mars 36
Snickers 28
Twix 26
Duplo 22
Kinder-Riegel 20
Hanuta 19
Lion 16
Bounty 15

Welche Riegel aus Sicht der Mutter am besten für ihr Kind sind

Kinder-Riegel 16
Müsliriegel 12
Milchschnitte 10
Corny 10
Balisto 9
Hanuta 6
Milky Way 5
Mars 4

Welche Riegel von der Mutter am häufigsten gekauft werden

Mars 24
Kinder-Riegel 24
Duplo 21
Hanuta 18
Twix 15
Snickers 15
Milky Way 11
Milchschnitte 10

(Repräsentativuntersuchung in Deutschland bei n = 732 8- bis 14jährigen und deren 732 Mütter/Juli 1999/Angaben in %)

Mutter kauft nach Kinderwunsch 42

weder Mutter noch Kinderwunsch ausschlaggebend 13

Mutterbewertung geht vor Kinderwunsch 8

Mutter und Kind einig 37

Lesebeispiel: In 42% der Haushalte kauft die Mutter die Riegelmarke, die das Kind will, obwohl die Mutter andere Marken für geeigneter hält.

Abb. 1.10: Kaufverhalten Mutter – Kind

spiele: Kinder Riegel, Hanuta, Duplo, Kinder Milchschnitte), also „Haushalte mit intergenerativer Harmonie".

▪ 13% der Mütter kaufen dagegen Riegelmarken, die weder von ihr selbst als besonders geeignet für ihr Kind empfunden werden, noch ihrem Kind als besonders attraktiv und begehrenswert erscheinen. Diese Produkte werden gekauft, obwohl keiner so besonders darauf erpicht ist (typische Beispiele: Sonderangebote, Handelsmarken), „Mütter als unbeirrbare Pragmatiker".

- Nur 8% der Mütter kaufen Riegelmarken, die sie für besonders gut halten, obwohl das Kind sie nicht so schätzt, sie nicht zum Relevant Set zählt (z. B. Corny), „Haushalte der puristischen Mütter".

Und diese Ergebnisse sind konsistent mit denen bei Cerealien.

Die Macht der Kids nimmt immer mehr zu

Dazu gibt eine interessante Untersuchung des Heinrich Bauer Verlages aus dem Jahr 1986, die sich mit der Kaufentscheidung in der Familie auseinandersetzte und die 10 Jahre später, 1996, wiederholt wurde. (Beide durchgeführt unter der Leitung von Brigitte Melzer-Lena.)

Der Vergleich der Daten belegt nachdrücklich, wie sehr der Kaufeinfluss der Kinder innerhalb eines Jahrzehnts bei fast allen Nahrungsmitteln zunahm. So sprachen 1986 „nur" 67% der 12 bis 17-Jährigen bei Schokoriegeln mit, 1999 waren es dann aber schon 81%. Und bei Limos stieg der Anteil von 55 auf 68%.

Mit der kommunikativen Ansprache der Kinder und Jugendlichen sitzen Sie also zuerst einmal auf der sicheren Seite. Denken Sie hier daran, dass die heutige Müttergeneration immer weniger Zeit für ihre Kinder und dass sich der laissez-faire-Erziehungsstil durchgesetzt hat.

Die Einflussnahme der Kinder geschieht in einem immer früheren Alter

So haben es die meisten Mütter spätestens dann aufgegeben, den Kindern etwas aufdrücken zu wollen, was diese nicht möchten, wenn die Kinder 8 Jahre sind. Der erste große Bruch vollzieht sich schon beim Eintritt in die Schule. Hier gilt natürlich alles, was wir im 2. Kapitel zur Akzeleration gesagt haben.

Je teurer das Produkt, umso mehr Mitsprache hat die Mutter

Es ist ganz klar: Mütter machen einen Unterschied, ob sie ihrem motzenden Kind den richtigen Riegel für 98 Pfennige oder die Markenklamotten für DM 239 kaufen. Zwar ist der Riegel aus Muttersicht eine „süße Sünde", aber andere Riegel sind ja auch nicht gesünder... Der Preis spielt da nur eine geringe Rolle. Natürlich würde jede Mutter lieber nur 59 Pfennig zahlen, aber dafür die familiäre Harmonie stören?

Eine andere Sache ist es, bei Markenkleidung 100 DM statt 200 DM auszugeben; das ist schon eine Sache, für die es sich zu kämpfen lohnt. Dementsprechend spricht über ein Drittel der Mütter bei Oberbekleidung sogar noch für 10- bis 17-Jährige ein gewichtiges Wort mit (Heinrich Bauer: Bravo Faktor Jugend 2).

Dies ist natürlich auch ein Fall für das Marketing. Denn es hat die komplizierte Aufgabe, den Müttern Reassurance zu bieten, ohne dass aber die Marke für die eigentliche Zielgruppe, die Kids, uncool wird.

Toll haben dies H&M gelöst, indem sie schicke Klamotten für relativ wenig Geld anbieten. Andere Argumente sind, auf Qualität zu setzen oder – die härteste Variante – die Mütter davon zu überzeugen, dass das eigene Kind zum Loser bei den Freunden wird, wenn es sich mit der falschen Kleidung zeigt.

Je geringer das Markenbewusstsein beim Kind, desto größer der Einfluss der Mutter

Wenn Sie oder auch Ihre Mitbewerber es nicht schaffen, bei den Kids als starke Marke aufzutreten, wenn die Kids in Ihrem Produktbereich also kaum Markenbewusstsein entwickelt haben, dann schlägt oft die Stunde der Mutter.

Dies ist hauptsächlich der Fall bei den „Leistungsmarken", die im stillen Kämmerchen, zuhause, ohne dass die Freunde es sehen, konsumiert werden. Das Paradebeispiel dafür sind Hohes C und Co., also die Fruchtsäfte. Natürlich müssen auch da die Produkte schmecken, aber die Markenwahl wird zumeist von der Mutter getroffen.

Und hier schlägt dann die Stunde der Reassurance-Werbung, bei der ein Sprecher mit der warmen, weichen Stimme verkündet, wie gesund das Produkt für die Entwicklung des Kindes sei.

Geringes Markenbewusstsein in einem Produktbereich ist kein gottgegebenes, unumstößliches Gesetz

Bei aller Liebe zur Reassurance. Vergessen Sie auch da bitte nicht die Zielgruppe, die die Produkte konsumieren: die Kids. Denn denen muss es nicht nur schmecken bzw. gefallen, sondern es ist auch möglich, in einem wenig interessierenden Produktbereich eine für die Kids high-involvement-Marke zu kreieren: Pringles hat das z. B. geschafft bei Chips. Chips haben sich aus Sicht der Kids bisher in erster Linie durch das Produkt, weniger durch das Image differenziert. Hier hat Pringles es geschafft, dass nun auch der Coolheitsfaktor eine große Rolle spielt. Die letzten 2 Punkte bedeuten für Sie: Je stärker Ihre Marke in der jungen Zielgruppe verankert ist, desto mehr werden die Kids dafür kämpfen.

Ist eine Typologie der Mütter sinnvoll?

Schon seit einiger Zeit gibt es Typologien, die versuchen, Mütter zu segmentieren. Mütter-Typologien haben dabei 2 Probleme: Zum einen sind sie häufig zu differenziert und beschreiben Segmente, die so klein sind, dass sie nicht einmal für ein Nischenprodukt taugen. Und zum anderen haben sie eine relativ geringe Relevanz für das Einkaufsverhalten. D. h. beispielsweise, dass bei einer eher autoritär erziehenden Mutter das Kind kaum andere Produkte bekommt als das Kind einer liberalen.

Zwar zeigte sich tendenziell bei unserer Untersuchung bei Riegeln und Cerealien:

- Mütter, bei denen die Kids alleine bestimmen, was auf den Tisch kommt, sind etwas besser gebildet, haben häufiger nur ein Kind und sind öfters (wieder) ganztags berufstätig: Sie verdienen also eigenes Geld und wollen dem Kind die eigene Abwesenheit „versüßen".
- Bei den „unbeirrbaren Pragmatikern" handelt es sich um etwas einfacher gebildete Frauen, die häufiger mehrere Kinder zu versorgen haben und auf den Preis achten.
- Die „puristischen Mütter" sind seltener berufstätig und zeichnen sich in ihren Erziehungsprinzipien durch eine gewisse Rigidität aus. Trends und Marken begegnen sie mit Ablehnung, zumindest jedoch Skepsis.

Aber die Unterschiede waren so gering, dass es nicht sinnvoll erscheint, darauf ganze Marketingstrategien aufzubauen. Ähnliche, zwar signifikante, aber auch eher geringe Zusammenhänge zwischen Erziehungsstil und Kaufeinfluss der Kinder zeigen sich auch bei einer brandneuen amerikanischen Veröffentlichung (Mangleburg u. a., 1999).

Ohne die Kids geht also nichts; Mütter kann man nur schwer in marketingrelevante Typen unterteilen; die Macht der Kids beginnt immer früher... Lohnt es sich da überhaupt, sich an die Mütter zu wenden? Unsere Antwort wird Sie nun vielleicht überraschen:

Es macht Sinn, sich auch an die Mütter zu wenden

Wenn auch im Zweifel, d. h. in Abhängigkeit vom Mediabudget gilt „wende dich an die Kinder" so gilt: *Die ideale Ansprache: Kindgerechtes Produkt / kindgerechte Kampagne **und** Reassurance für die Mütter*.

Denn bei allem Einfluss der Kids darf man nicht vergessen: Die Mütter haben häufig die Macht der quantitativen Verweigerung. Sie kaufen ein und sie können bestimmen, ob es den aus ihrer Sicht unbeliebten Riegel täglich oder einmal die Woche gibt. Sie würden natürlich nicht ihrem Kind permanent einen Riegel kaufen, den es nicht mag. Aber sie würden den Kauf des Lieblingsriegels einfach einschränken, wenn sie davon überzeugt wären, dass er dem Kind zu sehr schadet.

Je weniger die Mutter von dem Produkt für ihr Kind überzeugt ist, desto häufiger wird sie Alternativprodukte kaufen und ihr Kind da als Testmarkt gebrauchen. In den meisten Fällen wird das Kind weiter fest zur Lieblingsmarke stehen. Aber vielleicht sind die Unterschiede ja doch nicht zu groß? Und schon wieder hätte dann die Phalanx der Markenartikler eine Schlacht verloren gegen die billigere Handelsmarke.

Es ist für die Mutter ein tolles Gefühl, wenn ihr Kind das Produkt mag und sie der Überzeugung ist, etwas Gutes für ihr Kind zu tun. Die heutige Familie hat schon mit genügend Problemen zu kämpfen, da ist es sehr hilfreich, wenn zumindest beim Konsum intergenerative Harmonie herrscht. Für die Werbung ist zu folgern:

Werbung sollte sich in erster Linie an das *Kind* wenden

- bei Neueinführungen oder deutlichen Produktverbesserungen
- bei einem hohen Produkt-Involvement der Kids
- wenn dem Kind Überzeugungsargumente für die Mutter geboten werden

Werbung sollte sich in erster Linie an die *Mutter* wenden

- bei Produkten für kleinere Kinder (bis ca. 6 Jahre)
- wenn Sie nicht das Geld haben, Ihre Marke bei den Kids stets aktuell zu halten
- wenn der Mutter echte Reassurance-Argumente geboten werden (nicht nur Vitamine, sondern etwas mehr, was wirklich das Gewissen beruhigt, denn Mütter kennen sich inzwischen aus, eine einfache „gesund"-Argumentation reicht nicht mehr)

Ein derzeit perfektes Beispiel für eine tolle Mutter-Werbung ist die Werbung für Dr. Oetker Pudding. Da sieht man ein Kind, das alleine ist im Zelt in einem Feriencamp. Und es hat Heimweh. Es nimmt seinen Teddy heraus und den Dr. Oetker Pudding. Und sieht nun vor seinem inneren Auge, wie es zu Hause bei seiner Mutter ist, die ihm den leckeren Dr. Oetker Pudding zubereitet hat. Verflogen ist dann das Heimweh, es wird glücklich einschlafen.

Ein toller Film, weil er Mütter vollständig versteht: Ihre Ängste und ihre Sorgen, wenn ihr Kind zum ersten Male alleine weg ist. Und der Spot behauptet nun: Du kannst deinem Kind etwas Fürsorge und das Gefühl von Geborgenheit vermitteln, kannst ihm deine Liebe schenken, indem du ihm seinen geliebten Pudding und seinen Teddy mitgibst. Eine hochemotionale Reassurance-Story, die erfolgreich andere Wege geht als das ewige: Gib ihm das, denn das ist gesund.

Übrigens: Es muss nicht immer so beschaulich geworben werden. Auch Mütter schätzen Werbung, die Spaß macht und unterhält. Auch sie mögen autonom handelnde Kinder, bei denen es aber wichtig ist, dass sie sich mit ihrer modernen, liberalen, interessierten Mutter sehr gut verstehen. Es muss intergenerative Harmonie herrschen, eventuell mit einem kleinen Augenzwinkern.

Teil 2

**Markenführung in Jugend-
märkten**

1 Wie sich der Markenbegriff bei Kindern entwickelt

Die Markenwahrnehmung bei den Jüngsten

Mütter berichten in Untersuchungen zu Kinderprodukten immer wieder, dass schon 2-Jährige beim Einkaufen ganz bestimmte Produkte haben wollen: Sie greifen von sich aus nach einem ganz bestimmten Joghurt, den sie schon gegessen haben, oder bestehen auf einer ganz bestimmte Süßigkeit. Zum einen natürlich, weil sie diese Produkte mögen, weil sie ihnen schmecken, zum anderen aber auch, weil sie dort Gestaltungsanker gefunden haben, die ihre Aufmerksamkeit geweckt haben und die sie sich auch sofort gemerkt haben.

Kinder prägen sich mit ihrem eidetischen Gedächtnis – also mit der Abspeicherung von Bildern – Packungen, Symbole, Produktformen und Farben sofort ein und sind dann natürlich auch in der Lage, sie wieder zu erkennen. Und wenn die Mutter einkauft, wollen sie das „wo der Bär drauf ist" oder „das mit dem Frosch".

Bei kinderrelevanten Nahrungsmitteln sollte man sich deshalb als Hersteller schon genau überlegen, wie Packungen für 2- bis 3-Jährige auszusehen haben. Die Marke Hipp hat hier z. B. mit ihrem „Märchenland" sehr viel getan, um sich über eine bunte Erlebniswelt auf der Packung und lustigen Produktformen schon bei den Kleinsten im Gedächtnis zu verankern. Es geht hier ja um den Beginn eines Prozesses – dem der Markenwahrnehmung und dem der Markenbindung.

Die Wahrnehmung, Wiedererkennung und Benennung von bestimmten Gegenständen und Figuren setzt beim Kind natürlich einen gewissen Entwicklungsstand voraus. Psychologen zeigen auf, dass bereits ab dem 2. Lebensjahr die Sprachentwicklung des Kindes deutlich zunimmt. Im 3. Lebensjahr ist schon die kritische Phase des Erlernens der Grammatik der Muttersprache beendet. Die Kinder haben dann bereits einen Wortschatz von bis zu 3000 Wörtern.

Amerikanische Forscher haben nachgewiesen, dass auch in der Sprachentwicklung Akzeleration stattfindet. D. h., dass Kinder heute in immer früheren Jahren immer mehr Wörter beherrschen und immer kompliziertere Sätze bilden können.

Für die Hersteller von Kinderprodukten wird das Kind im Grunde heute ab einem Alter von 2 bis 3 Jahren interessant: Im

2. bis 3. Lebensjahr setzt bereits der Prozess der Markenbindung ein.

Was heißt „Markenbindung" bei Kindern?

Es beginnt mit der Awareness der Marke, ihrer Wahrnehmung an sich bzw. des jeweiligen Markenproduktes. Dann kommt die Wiedererkennung über bestimmte Gestaltungsmerkmale und eine Interessensbesetzung über Geschmack, Gefallen und so weiter – das Produkt muss sich positiv im Gedächtnis etablieren. Dazu gehört natürlich auch, dass die jeweiligen Gestaltungsmerkmale gefallen.

Bindung drückt sich dann darin aus, dass die Kinder genau diese Marke, dieses Produkt wieder haben wollen. Beim Einkaufen zeigen sie darauf oder legen es selbst in den Warenkorb oder aber sie bitten und betteln die Mutter darum, dieses Produkt zu kaufen. Und oftmals fragen die Mütter von sich aus, ob sie dieses Produkt wieder kaufen sollen oder nicht.

Kinder nehmen während des Heranwachsens unbewusst und spielerisch, aber auch mit großer Neugierde und intensivem Entdeckerdrang alle Bausteine ihres täglichen Lebens in sich auf und diese Welt ist gerade für Kinder heute überaus bunt und spannend. Produkte und Marken sind von der Werbung bezüglich der Farben, Symbole, Funktionen so anregend und interessant gestaltet, dass sich Kinder mit großen Vergnügen damit auseinandersetzen.

Begreift man die Marke als eine Gestalt und ein System von feinen, ineinander wirkenden Bindungsfaktoren, dann findet sie in Kindern Rezipienten, die diese Gestalt besonders aufmerksam erfassen und ihr einen ganz bestimmten Platz in ihrer kindlichen Welt zuordnen.

Produkte und Marken werden also nicht nur schon sehr früh, sondern auch schon relativ komplex von Kindern erfasst und gespeichert: wieviel Spaß sie machen, welche Vorteile sie haben, aber auch welche Nachteile. Es geht also nicht nur darum, dass Markennamen gespeichert werden, sondern mit dem Wissen über die Marke ist auch eine ganz bestimmte Einstellung zur Marke verbunden, die sich aus einem Mosaik von Eindrücken und Erfahrungen formt.

Aber Achtung: Auch wenn Vorschulkinder gelernt haben, dass ein Porsche was Tolles ist, weil das der ältere Bruder immer sagt, so ist dies eine fast mechanisch gelernte Verbindung. Warum ein Porsche was Tolles ist, warum die Marke so viel Prestige besitzt, wissen die Kinder nicht. Außer sie hören etwas Nachvollziehbares, etwas, das sie direkt mit Produkteigenschaften in Verbindung bringen können, wie z. B. dieses Auto ist schneller als andere. Dass ein Porsche Prestige bringt, das ist den noch sehr auf sich und ihre kleine Welt bezogenen Vorschulkids nur schwer verständlich.

Dementsprechend werden Sie es auch schwer haben, ein Produkt über Lifestyle-Aspekte zu positionieren. Solch eine Denkart ist Kindern noch fremd, sie sind da wesentlich produktorientierter. Und so kann es schnell passieren, dass sich Kinder die Produktaussagen von chicen Lifestyle-Kampagnen genau anschauen und das Produkt nach eingehender Prüfung getreu dem Motto „der Kaiser hat ja gar nichts an" links liegen lassen. D. h.: Vorschulkinder „kleben" noch stark am Produkt und seinen Eigenschaften. Sie haben zwar Eindrücke von einer Marke, aber sie sind kaum in der Lage, diese Eindrücke zu einem gesamtheitlichen Bild der Marke werden zu lassen. Solch eine Gesamtwahrnehmung beginnt erst mit ca. 8 Jahren.

Sie dürfen nie vergessen: *Bei jüngeren Kindern ist der Hauptauslöser für eine positive Markenbewertung und auch für Markentreue das Produkt selbst.*

Für Sie bedeutet dies: Gestalten Sie für die Jüngsten ein tolles Produkt, mit dem man schöne Sachen machen kann; das Ganze in einer kindgerechten, einprägsamen Verpackung. Und präsentieren Sie in Ihrer Werbung dieses Produkt so faszinierend, wie es nur geht. Zeigen Sie, wie die Kids damit umgehen können, zeigen Sie, was das Produkt alles kann oder wie toll es schmeckt, lösen Sie Produktfaszination aus.

Stellen Sie das Produkt in Ihrer Werbung in den Vordergrund und vergeuden Sie so wenig Werbesekunden wie möglich, um den Kids irgendwelche Imagebotschaften rüberzubringen, die nichts mit dem Produkt zu tun haben. Bei Vorschulkindern gilt: *The Product is the Hero!*

Kinder leben in einer Markenwelt
In einem speziellen Experiment wollten wir herausfinden, ob Vorschulkinder tatsächlich Markenlogos und Markenverpackungen erkennen und ob sie dann auch wissen, welche Marken und Produkte das sind. Dazu haben wir zum einen Marken-Logos und zum anderen komplette Verpackungen bzw. Produktabbildungen in Originalfarben auf Kärtchen aufgedruckt. Bei der Aus-

wahl der Marken haben wir darauf geachtet, dass es auch eine gewisse Wahrscheinlichkeit gibt, dass Kinder überhaupt mit diesen Marken in Berührung kommen. Insgesamt wurden 20 Marken aus unterschiedlichen Bereichen einbezogen.

Befragt wurden 100 Kinder, jeweils zur Hälfte Jungen und Mädchen, im Alter von 3, 4, 5 und 6 Jahren, pro Jahrgang 25, um auch sehen zu können, wo Alterssprünge sind.

Die Abbildung 2.1 zeigt die Ergebnisse bei den 3- und 4-Jährigen.

Ergebnisse: Bereits in einem Alter von 3 bis 4 Jahren ergibt sich bei Kindern eine Verbindung zwischen einem Logo und einer bestimmten Produktart. So erkennen zwei Drittel das Milka-Logo und fast die gleiche Anzahl ordnet es der richtigen Produktkategorie zu.

Wenn die Kinder aber danach gefragt werden, wie die Marke heißt, deren Logo wir gezeigt haben, dann kommt erst einmal die Ernüchterung: Aufgrund des Logos allein können die jüngeren Vorschulkinder die Marken nur in geringem Maße beim Namen nennen. D. h.: Schon einmal gesehen und „optisch eingeprägt" bedeutet bei den kleinen Kindern nicht, dass sie auto-matisch auch den Namen dazu eingespeichert haben.

Dass die Assoziation von Markennamen im Durchschnitt so schwach ist, liegt vor allen Dingen an den Jüngsten, an den 3- und 4-Jährigen. Das Lernen der Markennamen in Verknüpfung mit dem Logo setzt offensichtlich in verstärktem Maße erst ab 5 Jahren ein.

Was können wir aus diesen Ergebnissen ableiten?

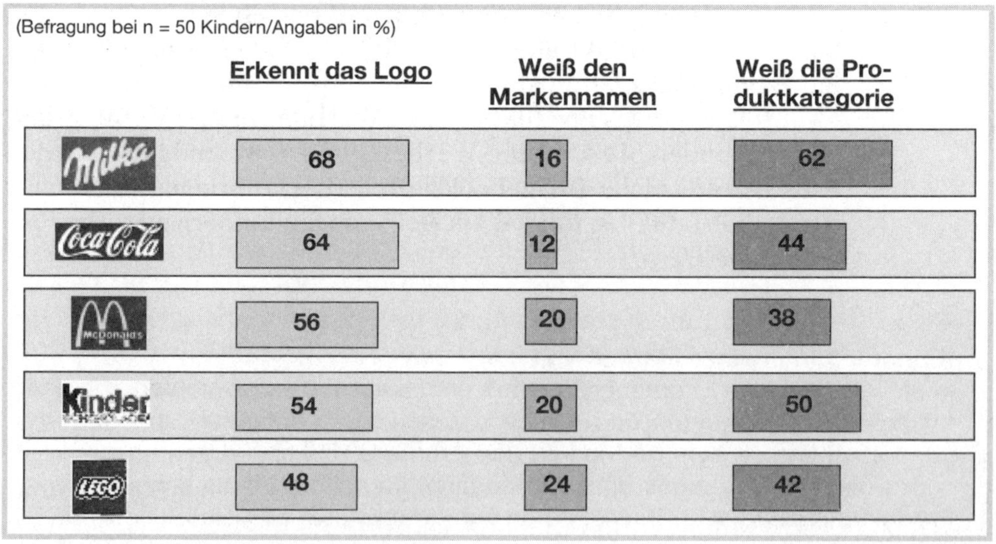

(Befragung bei n = 50 Kindern/Angaben in %)

	Erkennt das Logo	Weiß den Markennamen	Weiß die Produktkategorie
Milka	68	16	62
Coca-Cola	64	12	44
McDonalds	56	20	38
Kinder	54	20	50
LEGO	48	24	42

Abb. 2.1: Markenbewusstsein von Kindern

- Markenlogos werden zwar schon von den Kleinsten gespeichert und wiedererkannt, aber mit der Wiedererkennung des Logos ist nicht automatisch schon der Markenname gespeichert, sondern eher die Produktart.
- Die Markenidentifizierung mit konkreter Markennennung erfolgt erst deutlich stärker anhand kompletter Packungen/ Produktabbildungen. D. h., erst der Anblick der Packung oder des Produkts führt bei Kindern zu einer Verknüpfung mit dem Markennamen. Jüngere Kinder orientieren sich also vorrangig an der Gesamtgestalt eines Produktes, am Aussehen, an Gestaltungsankern.
- Packungen und damit Marken haben eine umso größere Chance schon von jüngeren Kindern gelernt zu werden, je ausgeprägter die Gestaltungsanker sind (z. B. Figuren, Packungsformen, Farbcodes).
- Außerdem zeigen sich rasante Lernschritte im Altersverlauf. Besonders groß sind die Sprünge zwischen dem 4. und dem 5. sowie zum 6. Lebensjahr. Hier sind wichtige Zäsuren in der kindlichen Wahrnehmungswelt zu erkennen.

Die große Zäsur: 8 Jahre

Etwa ab dem 8. Lebensjahr machen Kinder faszinierende Fortschritte. Sie werden zu Motzern, beginnen sich an der Clique zu orientieren und ihr Denken wird komplexer, ganzheitlicher, eben erwachsener. Und ihre Sicht auf Marken verändert sich.

In umfangreicher qualitativer und quantitativer Forschung hat sich eine für die Markenführung sehr entscheidende Erkenntnis herausgebildet: Bei jüngeren Kindern ist der Hauptauslöser für eine positive Markenbewertung und auch für Markentreue das Produkt selbst. Aber je älter die Kids werden, desto mehr tritt die Bedeutung des unmittelbaren Produkterlebnisses in den Hintergrund.

Immer wichtiger werden dann auch Markenfaktoren: Welches Lebensgefühl durch die Marke rüberkommt, wie sehr dieses Gefühl in der Clique angesagt ist, was die Werbung transportiert und so weiter. D. h. ab dem 8. Lebensjahr addieren sich zur Produktbewertung immer mehr Markenfaktoren hinzu. Das bedeutet nun nicht, dass bei Kindern die Erlebniswelten von Produkten keine Rolle spielen. Aber als erstes muss die Beziehung zum Produkt selbst stimmen und die einzelnen Produktfacetten sind von entscheidender Wichtigkeit.

Bei Kindern stellt die Beziehung zum Produkt und seiner Erlebniswelt eine Zweier-Beziehung dar: „Ich" und „das Produkt/seine Erlebniswelt". Dem Kind ist es in erster Linie wichtig, ob es die Erlebniswelt, also z. B. die lustigen Tiere, selbst mag.

Bei älteren Kindern und Jugendlichen kommt dagegen verstärkt eine dritte Komponente hinzu: das Umfeld. Kann ich mich damit bei anderen Kindern sehen lassen, finden die das auch gut? Die Zweier-Beziehung wird zur Dreier-Beziehung.

Dies lässt sich schön am Beispiel Softdrinks zeigen. So konnten aufgrund einer von uns durchgeführten Befragung von 1024 repräsentativ ausgewählten 6- bis 14-Jährigen folgende wesentliche Markendimensionen isoliert werden:

- das Produkt selbst
- die wahrgenommene Uniqueness des Produktes
- die Verpackung
- die Werbung
- die Relevanz in der Peer Group
- die erlebte Marktpräsenz

Diese Dimensionen erklärten in der Regressionsanalyse in der Regel deutlich mehr als die Hälfte, teilweise sogar bis zu 80% der Markensympathie und Markentreue bei Kindern und Jugendlichen und zwischen 30% und 60% der Markenverwendung! Mit anderen Worten: Die richtige Mischung aus Produkt, Verpackung, Werbung und Zielgruppenansprache führt zu einem Guthaben, von dem die Marke lange Zeit zehren kann: Kinder können *dauerhaft markentreu* sein, d. h. sich über lange Zeit an eine Marke binden. Es muss nicht jede Woche etwas Neues her!

Auffällig ist aber, dass sich die Bedeutung der einzelnen Markendimensionen im Altersverlauf deutlich verschiebt.

Hauptauslöser für eine positive Markenbewertung und auch für Markentreue ist das Getränk selbst. Aber je älter die Kids werden, desto mehr tritt die Bedeutung des unmittelbaren Geschmackserlebnisses in den Hintergrund: Konnte die Geschmacksbewertung bei den 8- und 9-Jährigen die Markenbewertung und die Markentreue jeweils zu mehr als der Hälfte erklären, war es bei den 10- und 11-Jährigen nur noch etwa ein Drittel.

Dagegen nimmt die Bedeutung der Uniqueness des Produktes, d. h. dessen wahrgenommene Besonderheit und Einzigartigkeit, im Altersverlauf immer mehr zu: Die Kinder lernen ständig neue Getränke kennen, doch auf Dauer werden sich nur diejenigen durchsetzen, die sich von den anderen abheben. Austauschbaren Produkten muss man nicht die Treue halten!

Ebenfalls immer wichtiger wird als externer Faktor das Trinkverhalten in der Peer Group: Wenn ein Getränk es nicht schafft, sich in den Cliquen der Pre-Teens und Teenager zu verankern, wird es bei diesen Zielgruppen keine Chance haben. Und auch die Verpackung des Produktes bzw. die Werbung gewinnen als Aushängeschilder der Marke immer mehr an Bedeutung. Das kommunizierte Image des Getränks muss dem Selbst- oder Wunschbild des jungen Konsumenten entsprechen!

Diese Zäsur bei etwa 8 Jahren lässt sich entwicklungspsychologisch begründen. Das Umfeld der Kinder wird mit dem Heranwachsen immer größer. Durch zunehmende Kontakte mit der ersten Wirklichkeit, dem eigenen Umfeld, wie die Freunde oder Eltern, und der zweiten Wirklichkeit der Kids, den Medien, insbesondere der Werbung, wird bei ihnen das Produkt mit Faktoren aufgeladen, die von der eigenen Produkterfahrung eher unabhängig sind.

Dies passiert in einer Zeit, in denen es den Kindern aufgrund ihrer kognitiven Fähigkeiten immer besser gelingt, zu abstrahieren. Sie können ein eher geradliniges Denken aufgeben und versuchen, den Sinn hinter Symbolen und Zeichen zu erfassen.

Und diese Erweiterung des eigenen geistigen Horizontes, die sich beispielsweise widerspiegelt in einem verstärkten Interesse an der Welt außerhalb des persönlichen Umfeldes und an einer Erweiterung des Umfeldes durch neue Freunde in der Schule, vollzieht sich erst vom 8. Lebensjahr an.

Eine weitere Zäsur findet dann mit spätestens 13 bis 14 Jahren statt. *In diesem Alter sind Kindermarken bereits absolut tabu.* Diese Abgrenzung erfolgt dramatisch und radikal. Man ist Jugendlicher und will dies nun auch durch die konsumierten Marken zeigen. In manchen Fällen wollen schon 11- bis 12-Jährige nichts mehr mit einem Produkt „für Kinder" zu tun haben.

Markenbindung bei den Jugendlichen: Können Jugendliche treu bleiben?

Haben Sie nicht auch schon bis zum Exzess die Mär vom sprunghaften Jugendlichen gehört, der Marken so häufig wechselt wie andere Leute ihre Unterwäsche? Da haben wir ihn wieder, den Mythos Jugend, die Wesen vom anderen Stern.

Natürlich sind nicht alle Jugendliche markentreu, natürlich kann sich keine Marke auf ihren Lorbeeren ausruhen. Aber ist dies bei den Erwachsenen etwa anders? Wird nicht auch hier seit Jahren geklagt von schwindender Markentreue und schwindendem Markenbewusstsein? Sind nicht auch die Erwachsenen multioptional?

Es ist das alte Spiel. Es herrscht Konsens: „Die Kids sind ja so schwierig, so unberechenbar und so anders als wir alle anderen", tönt permanentes Klagen. Und also wird jede Binsenwahrheit zur Sensation aufgebauscht und überhaupt nicht mehr kritisch hinterfragt, inwiefern diese Wahrheit tatsächlich ein jugendspezifisches Phänomen ist.

Aber bevor wir zu weit abschweifen, haben Sie natürlich ein Recht darauf, zu erfahren, wie das mit der Markentreue wirklich ist. In der schon erwähnten Untersuchung für den Heinrich Bauer Verlag (Bravo Faktor Jugend 2) sind wir der Markenbindung der 10- bis 17-Jährigen in 12 Produktbereichen auf den Grund gegangen.

In dieser Untersuchung haben sich 3 verschiedene Typen im Umgang mit Marken herauskristallisiert:

- Markenfans mit einer Lieblingsmarke, die Lover, die eine starke emotionale Bindung zu ihrer Marke haben
- Stammkäufer mit Hauptmarke, d. h. Jugendliche ohne ausgesprochene Lieblingsmarke, die dennoch zum größten Teil aus eher pragmatischen Gründen (ganz wichtig: Preis) bei einer Marke bleiben
- Sampler, d. h. oftmalige Markenwechsler

In der Abbildung 2.2 können Sie sehen, wie sich die 3 Typen in den verschiedenen Produktbereichen verteilen.

Was als erstes auffällt: Mit Ausnahme des Bereichs Kleidung gibt es zum Teil deutlich mehr markentreue Jugendliche als Sampler. So haben bei Cola, Jeans, Fruchtsäften aber auch Chips zwei Drittel der Jugendlichen „ihre" Marke, der sie dann auch über einen längeren Zeitraum treu sind.

Und nur da sind die Sampler in der Mehrheit, wo es nicht nur eine Vielzahl akzeptabler Marken gibt, die es ins Relevant Set geschafft haben, sondern wo der Produktbereich so umfassend ist, dass es für Teilsegmente unterschiedliche Markenstars gibt: bei

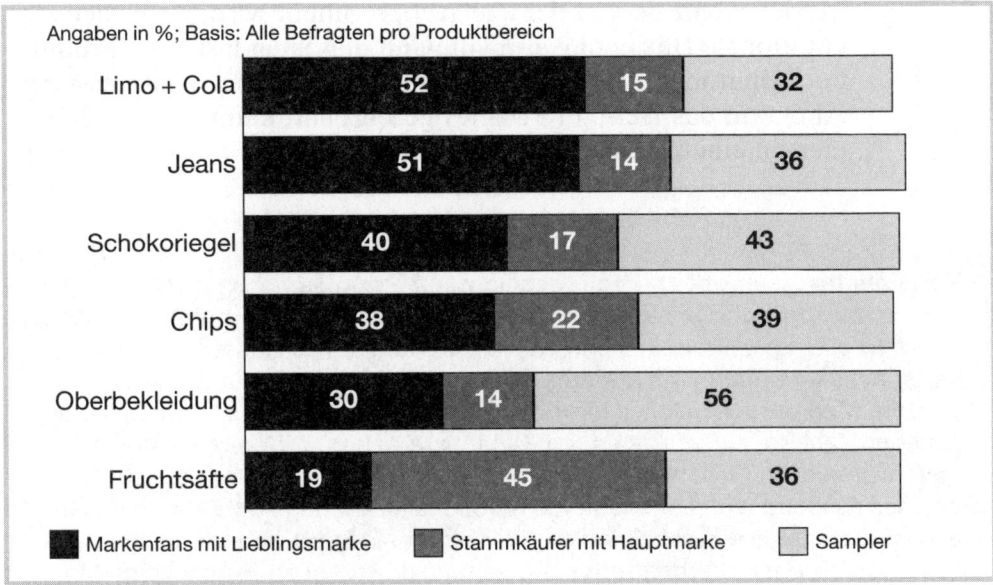

Abb. 2.2: Typen in Produktbereichen

der Oberbekleidung. Denn dort gibt es Szene-Marken und Mainstream-Marken, Spezialisten für T-Shirts und für Jacken, Sommer- und Winterspezialmarken.

Hierin liegt auch der Grund, warum Jugendliche als Markenwechsel-Maniacs angesehen werden. Der Bereich Oberbekleidung ist ein High-Involvement-Bereich, der im Mittelpunkt des Interesses nicht nur der Kleidungshersteller steht, sondern von fast jedem, der sich für Jugendmarketing interessiert – insbesondere natürlich auch von coolen Szene-Scouts.

Wer die Mode versteht, der versteht die Jugendlichen, scheint ein ungeschriebenes Gesetz zu lauten. Und so sieht man manchmal vor lauter bunt schillernden Außensignale nicht mehr die, die sich dahinter verbergen.

Jugend lässt sich nicht auf Mode reduzieren, auch wenn sie für die jungen Zielgruppen wichtig ist. Denken Sie deshalb daran: Man muss nicht jedem letzten Schrei nachlaufen, um erfolgreiches Jugendmarketing zu machen.

Was es bringt, eine Lieblingsmarke zu sein

Bei den Jugendlichen haben wir ja unterschieden zwischen solchen mit und solchen ohne Lieblingsmarke. Ideal ist es für Ihre

Marke, wenn sie von der Zielgruppe geliebt wird, wenn sich eine emotionale Beziehung aufbaut. Und dies ist in fast allen Produktbereichen möglich, die Kids wenigstens im Ansatz interessieren. Aber wie das Beispiel Pringles gezeigt hat, kann es einer Marke auch in einem Low-Interest-Bereich gelingen, Fans zu gewinnen.

Von Low Involvement zu High Involvement: Pringles
Der Produktbereich Chips ist für Jugendliche sowohl low interest als auch high interest. Low interest, wenn es um den Konsum zu Hause geht, high interest bei Verwendung mit anderen, z. B. auf Partys. Interessanterweise wurden die Marken aber bisher in erster Linie über ihre Produkteigenschaften gesehen, fast so, als würde es um Zahnpasta gehen. Differenzierungsmerkmale waren z. B. Geschmack, wahrgenommene Frische oder die Würzung, so dass es kaum eine tieferliegende emotionale Bindung zur Marke gab. Geändert hat sich dies durch Pringles. Procter und Gamble investierten in diese Marke ein riesiges Werbebudget und schuf (zumindest zu Beginn) eine Markenwelt, die sportlich, szenig, cool herüberkam. Und die Kids lernten diese Markenwelt, schreiben nun auch der Marke selbst diese Eigenschaften zu.
Pringles ist das Beispiel, wie es gelingen kann, in einem eher wenig schillernden Produktbereich eine hoch emotionale Marke zu kreieren.

Eine Lieblingsmarke zu sein, lohnt sich aus 2 Gründen: Zum einen werden Sie dann häufiger gekauft. So zeigt die Abbildung 2.3 deutlich, dass Marken-Fans bei den letzten 10 Käufen wesentlich häufiger zu ihrer Lieblingsmarke greifen, als dies einfache Stammkäufer oder Sampler tun. Wenn Jugendliche Sie lieben, dann ist diese Liebe eine relativ ausschließliche. Da sind die Jugendlichen fast immunisiert gegen Ihre Konkurrenz.

Markengeschichten sind auch Beziehungsgeschichten. Und Jugendliche wechseln auch in Wirklichkeit ihren Partner wesentlich seltener, als es gerne behauptet wird.

Und zum anderen ist die Beziehung zur Lieblingsmarke auch besonders stabil. Dabei ist es wichtig, zum richtigen Zeitpunkt da zu sein. Einmal geschaffene Markenbindungen sind nur schwer zu knacken. Insbesondere Einsteigermarken haben große Chancen für eine längere Bindung. Einmal Lieblingsmarke – lange Lieblingsmarke.

Wer mit einer Marke wie adidas beginnt, bei dem besteht die hohe Wahrscheinlichkeit, dieser Marke eine lange Wegstrecke

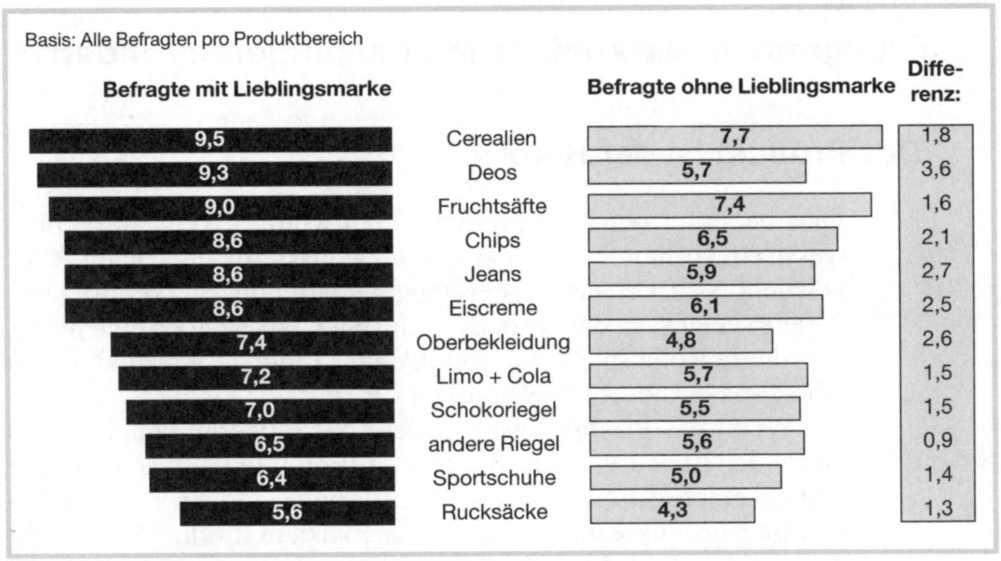

Basis: Alle Befragten pro Produktbereich

Befragte mit Lieblingsmarke		Befragte ohne Lieblingsmarke	Diffe-renz:
9,5	Cerealien	7,7	1,8
9,3	Deos	5,7	3,6
9,0	Fruchtsäfte	7,4	1,6
8,6	Chips	6,5	2,1
8,6	Jeans	5,9	2,7
8,6	Eiscreme	6,1	2,5
7,4	Oberbekleidung	4,8	2,6
7,2	Limo + Cola	5,7	1,5
7,0	Schokoriegel	5,5	1,5
6,5	andere Riegel	5,6	0,9
6,4	Sportschuhe	5,0	1,4
5,6	Rucksäcke	4,3	1,3

Abb. 2.3: Häufigkeit der Auswahl einer bestimmten Marke bei den letzten zehn Käufen

treu zu bleiben. Und was für adidas gilt, das gilt erst recht für Riegel, Deos oder Cola-Getränke.

Doch wie können Sie es schaffen, zur Lieblingsmarke zu werden? Was sind die Erfolgsfaktoren?

2 Erfolgreiche Markenführung bei jüngeren Kindern

Das Produkt ist der Hero!

Dies bedeutet nun nicht, dass bei den Kindern kein Markenbewusstsein vorhanden ist – ganz im Gegenteil. In dem frühen Alter vollzieht sich oft eine lebenslang anhaltende Markenprägung. Aber es zeigt sich, dass z. B. der Lifestyle-Aspekt noch eine untergeordnete Rolle spielt und dass in erster Linie das Produkt halten muss, was die Werbung verspricht.

Wenn das Produkt insbesondere bei Jüngeren von so dominierender Bedeutung ist, wie müssen Produkte dann sein? Dafür gibt es einen differenzierten Anforderungskatalog, hier für Ernährungsprodukte, der ein wichtiger Baustein für die Markenführung bei Kindern darstellt.

Checkliste

- Es muss sich gut anfühlen im Mund, hier muss es knistern, knacken, schön weich sein, Spielen im Mund erlauben.
- Es müssen mehrere Geschmackskomponenten sein, also nicht nur Schokolade, sondern etwas dazu.
- Das Produkt muss schön geformt sein, abwechslungsreich, lustig, also auch das Auge intensiv ansprechen und den Tastsinn; die Berührung muss Spaß machen.
- Die Verpackung muss hübsch aussehen, Spaß machen, witzig sein.
- Es muss möglichst noch etwas dabei sein, ein Bildchen oder ein Zusatznutzen (z. B. Leibniz Zoo oder Kinderüberraschung).
- Es muss in der Werbung toll aussehen, toll präsentiert werden.
- Es muss eine spezielle Erlebniswelt bieten, die Fantasie stimulieren.
- Es sollte convenient, praktisch sein.
- Zusätzliche Empfehlung: Den Müttern sollte eine Argumentation an die Hand gegeben werden, warum das Produkt gut ist für ihr Kind, eine Reassurance.

Es muss sich gut anfühlen im Mund, hier muss es knistern, knacken, schön weich sein, Spielen im Mund erlauben. Ein Produkt ist mehr als der gute Geschmack oder das tolle Aussehen. Das ideale Produkt muss allen Sinnen etwas bieten und dazu gehört bei einem Ernährungsprodukt natürlich auch der organoleptische Aspekt: wie es sich im Mund anfühlt.

Sie wissen ja, wie Kinder am liebsten Spaghetti essen, wie da geschlürft wird und gesaut, so lange niemand zusieht. Wie da die Riesen-Nudel im Mund verschwindet und dann kurz mal wieder rausschaut. Oder denken Sie an Gummibärchen: Kinder lieben es, zuerst die Köpfe abzubeißen und dann die übrigen Gliedmaßen. Oder einen Teil abzubeißen und den anderen genüsslich zu lutschen.

Dass man mit Essen nicht spielt, daran haben sich Kinder eigentlich noch nie gehalten, auch wenn man es ihnen oft genug mit mahnendem Zeigefinger erzählt hat – übrigens geht die Ernährungspädagogik heutzutage in die andere Richtung: Etwas zum Essen auch spielerisch zu erfassen, ist mittlerweile politisch korrekt. Kinder sind beim Essen noch nicht so in Konventionen verstrickt wie wir Erwachsenen. Und laut zu schlürfen, ist nicht nur nicht peinlich, sondern macht daneben auch Spaß.

Kids nähern sich auch Cornflakes spielerisch. Mal werden so viele wie möglich verschlungen und mal nur eins. Mal schwimmen sie auf dem Löffel in der Milch, mal muss man die Milch mit der Lupe suchen oder die Cornflakes werden sogar pur gegessen.

Wichtig ist es bei diesen Produkte auch, dass es knistert, knuspert, ohne aber zu hart zu sein. Wie lange und wie sehr Cerealien knusprig in der Milch sein sollen, dass ist eine Wissenschaft für sich.

Dass Kindern dieses Mundgefühl so wichtig ist, das zeigt sich auch an dem zumindest kurzfristigen Erfolg des Knister-Spaß-Desserts von Ehrmann. Probieren Sie einmal dieses Produkt, versuchen Sie es zu genießen, erleben Sie es einmal total, wie es auf Ihrer Zunge, aber auch in Ihrem Kopf und Ihrem gesamten Körper explodiert und knallt und kracht.

In die gleiche Richtung gehen auch die SoundBites, „interaktive Lollies". Während da genüsslich an den Lollies gelutscht wird, werden batteriebetriebene Klangvibrationen in den Mund, genauer gesagt an die Zähne übertragen – ein Sound, der sich bis den Kopf hinein fortpflanzt.

Wenn Sie diese beiden Attacken überstanden haben und sich dann vor Augen halten, dass die Kids das total cool finden, dann

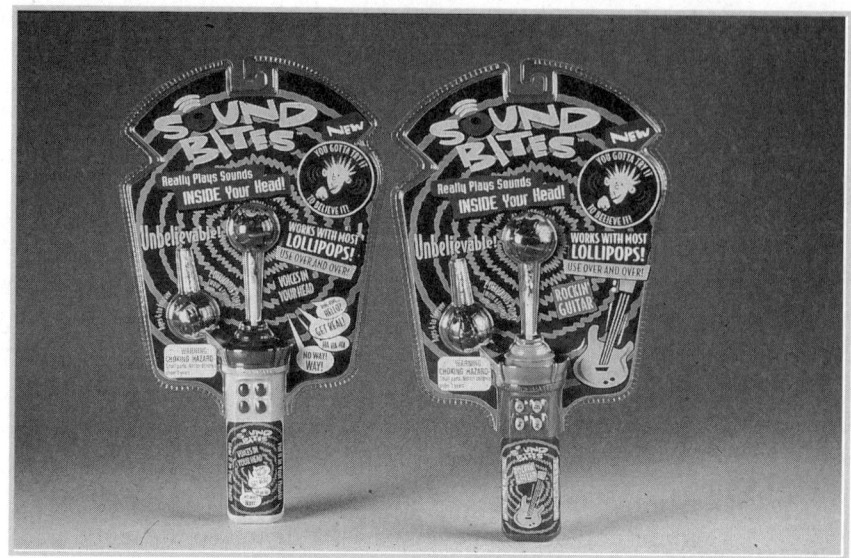

Abb. 2.4: Interaktive Lollies

werden Sie eine Menge gelernt haben über Kinder und deren subjektive Sicht auf Produkte...

Es müssen mehrere Geschmackskomponenten sein, also nicht nur Schokolade, sondern etwas dazu (z. B. Kekse, Nüsse etc.). Dabei geht es nicht nur um verschiedene Geschmacksrichtungen, die in einem Produkt kombiniert werden, sondern es geht z. B. auch um unterschiedliche Schichten, die ein Riegel haben soll. Da ist Komplexität angesagt, d. h. die Kombination von harter Schale und weichem Kern, damit man zuerst knackig zubeißen kann und dann in die weichen Zonen versinkt.

Auf alle Fälle bedeutet dies: Ein Produkt darf nicht zu eindimensional sein. Und dies gilt natürlich nicht nur für die Ernährung, sondern eigentlich für alle Produkte, sei es Spielzeug oder auch Bücher.

Das Produkt muss schön geformt sein, abwechslungsreich, lustig, also auch das Auge intensiv ansprechen und den Tastsinn; die Berührung muss Spaß machen. Es gibt noch kaum echten Kinderkäse, aber wenn wir die Kids fragen, welchen sie toll finden, hören wir fast immer als Antwort: Baby Bel. Baby Bel ist ein kleiner, fast runder Käse, der nahezu vorbildlich die Anforderungen der Kids erfüllt. Durch seine attraktive rote Schale fasst er sich gut an, er sieht witzig aus, er kann spielerisch leicht geöffnet werden, kurz den Kindern macht es einfach Spaß, sich damit zu befassen. Da der Käse den Kids aber auch gut schmeckt, weil er ziemlich mild ist, wird das Bild positiv abgerundet.

Die Verpackung muss hübsch aussehen, Spaß machen, witzig sein. Denken Sie bei Verpackungen, die sich an Kinder richten, immer daran, dass sie 2 Funktionen erfüllen müssen:

- Das Produkt kommunizieren
- Spaß machen, toll aussehen

Kinder sind geradezu fanatisch darauf fixiert, auf der Verpackung das Produkt selbst oder deutliche Hinweise darauf zu sehen. Bei einem Apfelsaft müssen die Äpfel drauf sein und ideal ist es natürlich, wenn sie das Produkt selbst sehen können, z. B. durch eine Transparentfolie. Kinder gieren nach Wahrheit: The Product is the Hero. Es muss durch die Verpackung klar werden, um was für ein Produkt es sich handelt.

Andererseits sollte die Packung aber deutlich signalisieren: Ich bin für dich. Es muss Appetite Appeal rüberkommen, eventuell auch eine Fantasiewelt, farbig sollte die Verpackung sein und auf keinen Fall zu steril. Kurz: Die Verpackung muss zum Erlebnis werden.

In diesem Zusammenhang äußerst wichtig ist die *Detailverliebtheit* der Kinder. Kindliche Wahrnehmung ist wesentlich stärker Detailwahrnehmung, die Perzeption Erwachsener ist wesentlich stärker Globalwahrnehmung. Wir nehmen z. B. ein Produkt oder ein Bild als Ganzes wahr, Kinder sehen mehr die Details. Dies zeigt sich beispielsweise auch bei der Art und Weise, wie Filme wahrgenommen werden. Jüngere Kinder tun sich schwer, eine zusammenhängende Geschichte wiederzugeben, sie werden immer von Details abgelenkt, die ihnen besonders wichtig erscheinen.

Dementsprechend machen wir immer wieder die Erfahrung, dass man Kinder ganz besonders verärgern kann, wenn Details nicht liebevoll genug oder schlicht und einfach falsch ausgeführt sind. Dinge, die wir als Erwachsene überhaupt nicht bemerken, stehen für Kinder oft im Zentrum und können ganz schnell auch zur Verurteilung des Ganzen führen – das sogenannte Idefix-Phänomen: Auf einem Bild ist der große Obelix und ganz viele Action gezeichnet, doch die Kids freuen sich daran, dass der kleine Hund lustig schaut.

Bei einem Test von Obstsaftpackungen wurden die Abbildungen von den Kindern zurückgewiesen, bei denen das Obst entweder zu stilisiert – und dadurch kaum noch zu erkennen war – oder aber fleckig erschien, d. h., wenn ein Apfel schon eine braune Delle hatte oder bei der Banane schon etwas angefault war. Was der Zeichner als realistisch empfand, war für die Kinder bereits schlechtes Obst.

Es muss möglichst noch etwas dabei sein, ein Bildchen oder ein Zusatznutzen. Auch wenn dies Kinder gar nicht immer so gerne zugeben: Die In- und Onpack-Promotions, also die Sticker, Poster, Figuren und so weiter sind für die Kids ein schlagendes Verkaufsargument. Welche Cerealien oder welche Zeitschrift gekauft wird, das ist in hohem Maße davon abhängig, welche Promotions enthalten sind.

Dementsprechend erzählen uns auch Mütter oft, wie die Cerealien-Packung aufgerissen und umgestülpt wird, bis die Beigabe herausfällt, und sich die Kinder dann daraufstürzen. Oder beobachten Sie doch Kinder vor dem Zeitschriftenkiosk, nach welchen Kriterien da vorgegangen wird. Am wichtigsten ist häufig das tollste Poster.

Solche Promotions sind für Sie ein zweischneidiges Schwert: Versuchen Sie, ohne sie auszukommen, dann werden Sie es bei Ihrem Umsatz negativ merken, wenn Sie starke Konkurrenz besitzen, die mit diesen Beigaben wirbt.

Sollten sie aber wirklich diese Beigaben in Ihre Verpackung hineingeben, dann haben Sie noch lange nicht gewonnen: Ihre Promotions müssen verdammt gut sein, um mit den anderen mithalten zu können. Promotions sind oft eine notwendige Bedingung für den Markterfolg, aber so gut wie nie eine hinreichende.

Welche Anforderungen müssen Promotions erfüllen?

Promotions müssen ...

- toll aussehen
- idealerweise originell/neuartig sein (die Kids sind da bereits total verwöhnt)
- ein interessantes, am besten aktuelles „In"-Thema aufgreifen (Star Wars, Computer, Tierwelt, Pokémon)

- genau auf das Alter der Zielgruppe ausgerichtet sein: kein Kinderkram für 10-Jährige
- die verschiedenen Vorlieben der Geschlechter berücksichtigen: Fußball und Mädchen ist fast genauso schlimm wie Jungen und Liebe
- einen hohen Gebrauchswert haben
- einen hohen Spielwert besitzen
- stabil sein
- sich zum Sammeln und Tauschen eignen
- bei den Freunden ankommen, Prestigewert besitzen: auf keinen Fall dürfen sich die Kids damit schämen
- sich zum Aufheben eignen

Insbesondere die letzten 6 Punkte sind für langfristige Markenbindung wichtig, da es davon abhängt, wie stark die Promotion und damit auch Ihre Marke zirkuliert und im Gespräch bleibt, während die ersten Punkte Pflicht sind, ohne die Sie nicht einmal kurzfristig ein Entree in die Herzen der Kinder finden.

Es muss in der Werbung toll aussehen, toll präsentiert werden. Dazu mehr im nächsten Kapitel. Bedenken Sie aber immer: The Product is the Hero. Es ist kein Wunder, dass in erfolgreichen Spots immer wieder das Produkt deutlich gezeigt wird, wenn es in der Punica-Oase nur so sprudelt, oder die Action-Autos herumwirbeln. Natürlich muss Werbung für Kinder unterhaltsam sein, aber Produkt steht vor Lifestyle.

Es muss eine spezielle Erlebniswelt bieten, die Fantasie stimulieren. Auch wenn das Produkt am wichtigsten ist, lieben es auch schon kleinere Kinder, wenn es in faszinierende Erlebniswelten eingepackt ist. Solche Welten sind z. B. die Barbie-Welt, mit ihrer familiären Harmonie und den netten Pferden und Haustieren, aber auch die Actionwelten der Transformers und Co.

Die richtigen Erlebniswelten zu finden, ist eine der Hauptaufgaben für das moderne Marketing, um einer Marke einen genauen, nicht austauschbaren Fokus zu geben. Diese Suche ist bei Kindern deswegen relativ schwer, da sich beim Thema Erlebnis fast am deutlichsten zeigt, wie unterschiedlich Kinder in Abhängigkeit vom Alter oder vom Geschlecht sind.

Wie wir schon im 1. Kapitel angeführt haben, sind Piraten ein tolles Thema für bis zu 8-jährige Jungs, dann lässt die Faszination bereits spürbar nach. So muss als Käpt'n Iglo ein Hightech U-

Boot-Kommandant herhalten, damit die Marke für ältere interessant bleibt. Und Mädchen und Piraten – na ja.

Doch welche Erlebniswelten sind attraktiv? Dazu haben wir im Herbst 1999 eine repräsentative Untersuchung bei über 700 6- bis 12-jährigen Kindern durchgeführt (vgl. Abb. 2.5).

Wie findest Du folgende Begriffe und Themen? „(Kärtchenvorlage) / Bewertung mittels 5stufiger Gesichterskala / Top-Box-Analyse (‚finde ich total toll') " / Repräsentativuntersuchung in Deutschland bei n = 708 6- bis 12-Jährigen / September 1999 / Angaben in %

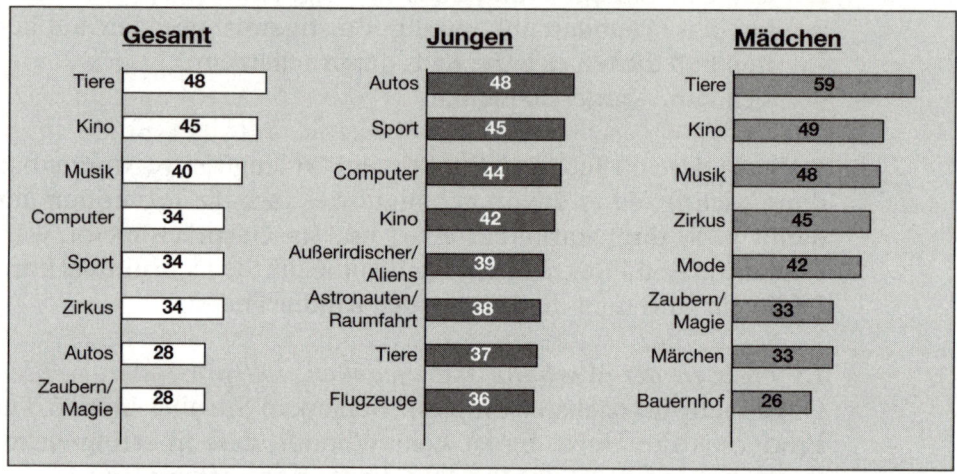

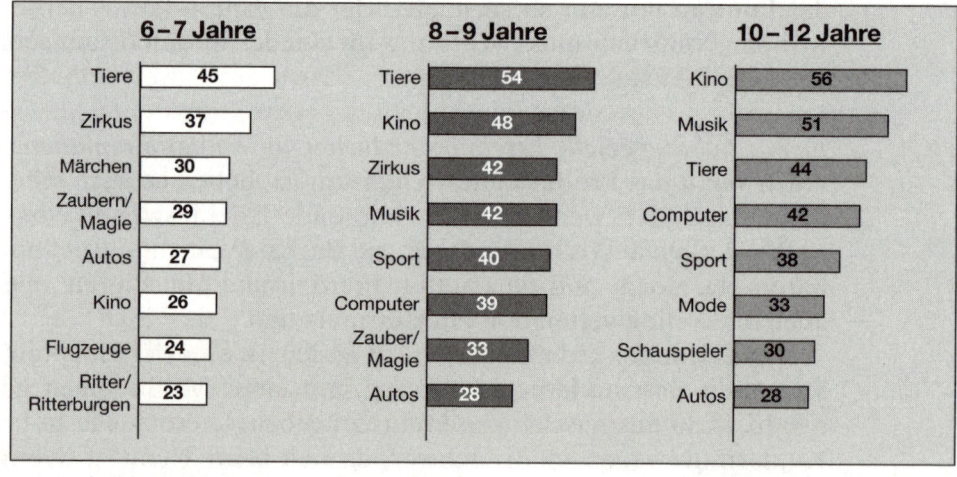

Abb. 2.5: Attraktive Erlebniswelten

In der Abbildung können Sie erkennen, welche Welten die Kids am meisten anmachen, die Top 10, wobei die Zahlen bedeuten: So viele der Kinder finden diese Welt „total toll" (= Top Box-Wert). Bei allen Kindern stehen Tiere, Kino und Musik ganz vorne. Insbesondere Tiere sind ein Sure Shot. Mit Tieren können Sie kaum etwas falsch machen, außer zu austauschbar zu werden, weil die ganze Welt auf Tiere setzt. Tiere sind eine intergenerative Klammer, wobei jedoch gilt: Tier ist nicht gleich Tier. Mädchen und die jüngeren Kinder finden Haustiere und Pferde besonders anziehend, während es für die älteren (Jungs) eher wilde Tiere sein müssen. Dabei werden unterschiedliche Core Needs ausgelebt. Für die Mädchen sind Tiere Symbol für „sich um jemanden kümmern" und für liebevolle Romantik. Bei den älteren Jungs geht es dagegen stärker um Action und Wildheit.

Abgesehen von den Tieren finden sich kaum Welten, die für alle Altersklassen von Interesse wären. So ist der Zirkus oder eine Märchenwelt toll für Kinder bis etwa 8 Jahre, die älteren haben dafür dann nur noch ein müdes Lächeln übrig.

Wenn Ihre Zielgruppe 8 Jahre und älter ist, dann können sie bereits beginnen, Ihre Marken in das magische Dreieck von jugendlichen Erlebniswelten einzubeziehen: Musik, Mode und Sport. Der Computer eignet sich ebenfalls ab ca. 8 Jahren dazu, um weite Teile der Kids damit anzusprechen.

Fast noch krasser als die Unterschiede bei den Altersgruppen sind die geschlechtsspezifischen Unterschiede. Jungen stehen nun einmal auf Autos, Außerirdische und Raumfahrt, also auf Action und Thrill. Während es den Mädchen neben Tieren eher Musik, Mode, Zirkus und Märchen angetan haben – ebenfalls faszinierende Welten, aber welche mit leiseren, romantischeren Träumen.

Bedenken Sie bei diesen Listen aber: *Es ist nicht die Erlebniswelt allein, mindestens so wichtig ist, in welcher Spielart sie vorkommt, wie sie umgesetzt wird, die Execution.* Die Tonart macht oft die Musik. So ist es natürlich ein riesiger Unterschied, ob der Außerirdische eine Horror- und Spannungsfigur ist und damit in erster Linie Jungen gefällt, oder ein romantischer Prinz vom anderen Stern, der eher den Mädchen zusagen würde.

Beliebte Erlebniswelten sind wie ein Leuchtturm, der Ihre Marke in die richtige Richtung leiten kann. Ob sie aber die Untiefen vor der Küste umschifft, das hängt nicht zuletzt ab von den Lotsen, die diese Welten umsetzen und mit Leben erfüllen müssen.

Wichtig ist natürlich auch, dass Ihre Marke sinnvoll in die Erlebniswelt integriert ist. So ist Michi Müller eine geglückte Verbindung von Erlebniswelt, Produkt und Presenter.

Das Produkt sollte convenient, praktisch sein. Denken Sie bei Produkten immer daran: Kinder sind mindestens so faul wie Erwachsene. Convenience-Produkte sind ein Trend unserer Zeit, auch bei den Kids. Achten Sie so genau wie möglich darauf, wie gut sich Ihre Packung öffnen lässt, wie einfach deren Handling ist. Kinder verlieren sehr schnell die Lust an etwas – und ihnen stehen genügend Alternativen zur Verfügung.

Zusätzliche Empfehlung: Den Müttern sollte eine Argumentation an die Hand gegeben werden, warum das Produkt gut ist für ihr Kind, eine Reassurance. Wir haben es schon im letzten Kapitel angedeutet: Die Mutter kann ein wichtiger Faktor für den Erfolg Ihres Produktes sein. Wenn wir gefragt werden, *zu wieviel Prozent* sich eine Kindermarke *an Mütter* und *zu wieviel Prozent* sich die Marke *an das Kind* richten soll, werden Verhältnisse erwartet wie 50% zu 50% oder 60% zu 40% und so weiter. Solche Zahlen sind aber eher Scheinobjektivitäten, die von Produkt zu Produkt, von Situation zu Situation verschieden sind. Wir antworten auf solch eine Frage gerne mit: *100% Kind und so viel wie möglich Mutter.*

Das Produkt muss dem Kind, also dem Fisch, schmecken und nicht der Mutter, dem Angler. Aber wenn es gelingt, auch die Mutter ins Boot zu bekommen, dann erhöhen sich Ihre Chancen wesentlich. Diese Binsenweisheit hat insbesondere Bedeutung bei eher austauschbaren Produkten, an die Kids mit eher geringem Involvement herangehen, wie beispielsweise Kinderdesserts.

Kinderwinner FruchtZwerge

Im Markt der Kinderdesserts tummeln sich einige Produkte, die die junge Zielgruppe im Auge haben, wie Monsterbacke, Käpt'n Kuck, Wackel Goofy und so fort. Gemein haben diese Marken mehreres: Sie richten sich fast ausschließlich an Kinder. Sie müssen durch Werbung stets aktuell gehalten werden. Und sie bieten keine Erlebniswelten, die sie deutlich voneinander unterscheiden bzw. so faszinieren, dass die Kids danach schreien würden. So sind in fast allen Konzepten Promotions enthalten, die zwar nice-to-have sind, aber nicht zur Differenzierung beitragen.

Noch eines ist diesen Marken gemeinsam: Richtig viel Geld machen sie nicht.

Aber es gibt Winner bei den Kinderjoghurts, insbesondere die Frucht-Zwerge. Bei diesem Produkt wird fast zu 100% an die Kids gedacht: Es schmeckt schön süß, hat eine ideale Größe, und die Obstfiguren sind nett und kommunizieren, um was es sich bei dem Produkt handelt.

Was die FruchtZwerge aber neben ihrem Klassiker-Status heraushebt, das ist ihre Kommunikation, genauer der eine berühmte Spot mit dem Kind, das seine Geschwister verscheucht, weil es die gesunden Zutaten des Produktes vorliest.

Spätestens nach diesem Spot war den Müttern klar: Mit den FruchtZwergen tust du deinem Kind etwas Gutes. Und die Kids? Die haben den cleveren FruchtZwerge-Jungen genauso geliebt, konnten sich mit ihm identifizieren.

Dieser Spot hat die FruchtZwerge fast zu einem Winner auf Lebenszeit werden lassen, hier ist die Reassurance der Mutter der Schlüssel zum Erfolg – und da können selbst „FruchtZwerge-Mutter"-Spots mit Familie Wasmeier zumindest kurzfristig nur wenig ändern.

Was diese Checkliste natürlich ganz stark berücksichtigt: *Die Polysensualität der Kinder.* Kinder schmecken, riechen, fühlen vielfältiger, als wir es tun.

In einer Untersuchung zu Käse ließen wir Mütter und Kinder begründen, warum bestimmte Käsesorten bei Kindern beliebt sind. Bei den Müttern gab es als fast ausschließliche Begründung: schmeckt dem Kind gut; vereinzelt noch: ist schön klein, portionsgerecht.

Die Begründungen der Kinder waren wesentlich vielfältiger: weil der Käse gut schmeckt, weil er lustig aussieht, weil er schön weich ist, weil er nicht so stinkt etc.

Hierzu gibt es auch interessante, wissenschaftliche Grundlagenforschung. Ein Wahrnehmungsphänomen ist die Synästhesie. Dabei werden Reize eines Wahrnehmungskanals auch von anderen Kanälen interpretiert. So kann man eine Farbe schmecken oder einen Ton sehen oder ein Bild (Tanne!) quasi riechen. Dieses Phänomen tritt im Erwachsenenalter nur sehr selten auf, wird teilweise fast wie eine Krankheit behandelt.

Jedoch gibt es Hinweise, dass dieses Phänomen bei Kleinkindern massiv vorkommt und es sich dann mit den Jahren verliert. Umso verständlicher wird es, warum Kinder auf allen Kanälen etwas geboten bekommen wollen.

Diese Aufzählung zeigt deutlich: Auch wenn bei kleineren

Kindern die Produktwahrnehmung am wichtigsten ist, so ist diese Wahrnehmung dennoch äußerst komplex und vielschichtig. Und hier bedarf es mehr als eines einfachen Gefällt/Gefällt-nicht-Ansatzes. Auch bei den Kindern müssen deshalb komplexe Instrumente zum Einsatz kommen, wenn es um Produkt- und Kommunikationsgestaltung geht.

Aber wir sehen: Das FruchtZwerge-Beispiel hat Sie nachdenklich gemacht. Wenn dort die Ansprache an die Mütter so toll geklappt hat, warum dann nicht bei anderen Produkten? Lassen Sie uns deshalb noch 2 weitere Kriterien anführen, die für den Erfolg einer Kindermarke wichtig sind.

Das Produkt muss einen echten Benefit bieten, darf nicht zu austauschbar sein. Dahinter stehen 2 Grundsätze: Zum einen muss auch bei Kindern die Kosten-Nutzenrelation stimmen. Sie überlegen sich sehr genau, wieviel sie für wieviel Geld bekommen und bevorzugen hier kleinere Einheiten für weniger Geld. So kauft sich ein Kind im Süßwarenbereich nicht so gern eine ganze Tafel Schokolade, dafür lieber einen Schokoriegel und dazu noch ein paar „saure Gurken", also Weingummis aus dem Bonbonglas beim Kiosk, oder einen Kaugummi. Und wenn sie das Produkt nicht selbst kaufen, dann überlegen sie sich sehr genau, ob es sich lohnt, dafür zu quengeln und Krach mit der Mutter zu riskieren.

Zum anderen sollte Ihr Produkt einen echten, für die Kids nachvollziehbaren Benefit besitzen, der es aus Kindersicht von anderen abhebt.

Falls diese beiden Aspekte bei Ihrem Produkt zutreffen, dann gehen Sie über die Kids. Kinder sind sehr wohl in der Lage, zwischen Me-too und Neuprodukt zu unterscheiden. Und echte Neuprodukte haben bei ihnen riesige Chancen. Denken Sie dabei nur an das Beispiel Lunchables.

Kinderwinner lunchables
Pausenbrote sind in der Familie ein heikles Thema. Während die Kids am liebsten Riegel essen würden, sollte es aus Muttersicht das von ihr zubereitete Pausenbrot sein, idealerweise verbunden mit gesundem Obst oder Gemüse.

Kraft Jacobs Suchard kam auf eine interessante Idee: Machen wir doch ein Pausenbrot zum Selbermachen. Und damit das nicht langweilig wird, können die Kids ihren Snack selbst gestalten, indem in der Plastikverpackung

Abb. 2.6: Lunchables

Cracker, Käse, Wurst und neuerdings auch was zum Spielen, ein Getränk und sogar was Süßes enthalten sind.

Aus dieser netten Idee entwickelte sich eine riesige Success-Story und das liegt weniger an den Müttern, die das Produkt so toll gar nicht finden, sondern in erster Linie an den Kindern. Die fragen nach, die machen Druck und quengeln um ihr Lunchables-Paket.

Lunchables hat dabei viel zu tun mit Prestige, die muss man bei den Freunden einfach haben aber auch mit „Selber-Etwas-Gestalten", Wahlmöglichkeiten haben, und das ist der schlagende Beweis, wie ein originelles Produkt, das vor den hohen Anforderungen der Kids bestehen kann, durch die Kids selbst zum Erfolg wird.

Wichtig ist auch bei den jüngeren Kindern, daß die Aktivitäten einer Marke zum Markenkern passen. Ein Jungenprodukt unter der Marke *Barbie* zu positionieren, wird nie Erfolg haben. Aber bei Barbie selbst vom Barbie-Rosa abzuweichen, wird bei den Kindern nicht nur zu Irritation, sondern auch zu Ablehnung führen.

Dass eine Marke sich treu bleiben soll, das gilt auch für die Bilder, die die Kinder von einem Produkt im Kopf haben.

Würden Sie z. B. Farbcodes ändern oder liebgewonnene Presenter, wie den Frosties-Tiger oder den Nesquik-Hasen zu sehr verändern oder schlimmstenfalls sterben lassen, dann werden Ihnen das die Kinder so schnell nicht verzeihen. Auch bei Kindermarken ist ein kontinuierlicher Auftritt wichtig. Sprunghaftigkeit führt zu mangelnder Werbeeffizienz.

3 Erfolgreiche Markenführung bei Jugendlichen

Ältere Kinder und Jugendliche fassen eine Marke wesentlich komplexer auf, dabei sind sie aber deutlich feinfühliger als das Gros der Erwachsenen. Sie sind noch auf der Suche nach ihrer Identität und ihrer Position in der Gesellschaft. Marken sind ein wichtiger Teil der Selbstdefinition. Bei ihnen spielt Lifestyle eine enorme Rolle und Marken werden nicht zuletzt danach ausgesucht, in welchem Licht sie einen selbst erscheinen lassen. Bei der Bedeutung des Lifestyles gibt es jedoch Unterschiede in Abhängigkeit vom Markentyp.

Die unterschiedlichen Markentypen

An welche Marken denken Sie eigentlich bei Jugendmarken? An die Szenemarken der Szenekids, die oft einen Hype-Character haben oder an jugendliche Mainstram-Klassiker à la Coca-Cola oder adidas?

Aus unserer Sicht gibt es vier verschiedene Markentypen bei Jugendlichen, in Abhängigkeit von der Außenwirkung und der Verbreitung.

Übergreifende Labelmarken wie adidas und Coca-Cola, Marken mit Klassiker-Charakter

Bei diesen Marken ist das A und das O, dass sie sich und ihrem Markenkern treu bleiben, dabei aber immer signalisieren, dass sie Anschluss haben an neue Entwicklungen bei der jungen Generation. Bei solchen Marken ist es z. B. wichtig, dass zusätzlich zu klassischer Werbung mit Below-the-line-Aktivitäten Aktualität signalisiert wird.

Szenemarken

Sicherlich das schwierigste Geschäft. Hier müssen Sie ständig am Puls der Szene bleiben, stets präsent, ohne aufdringlich zu werden. Belohnt wird Ihr Engagement vielleicht dadurch, dass Sie zur Kultmarke werden oder eventuell zur Trendmarke, d. h. zu einer Marke, die es schafft, aus dem Szeneghetto herauszubrechen – um

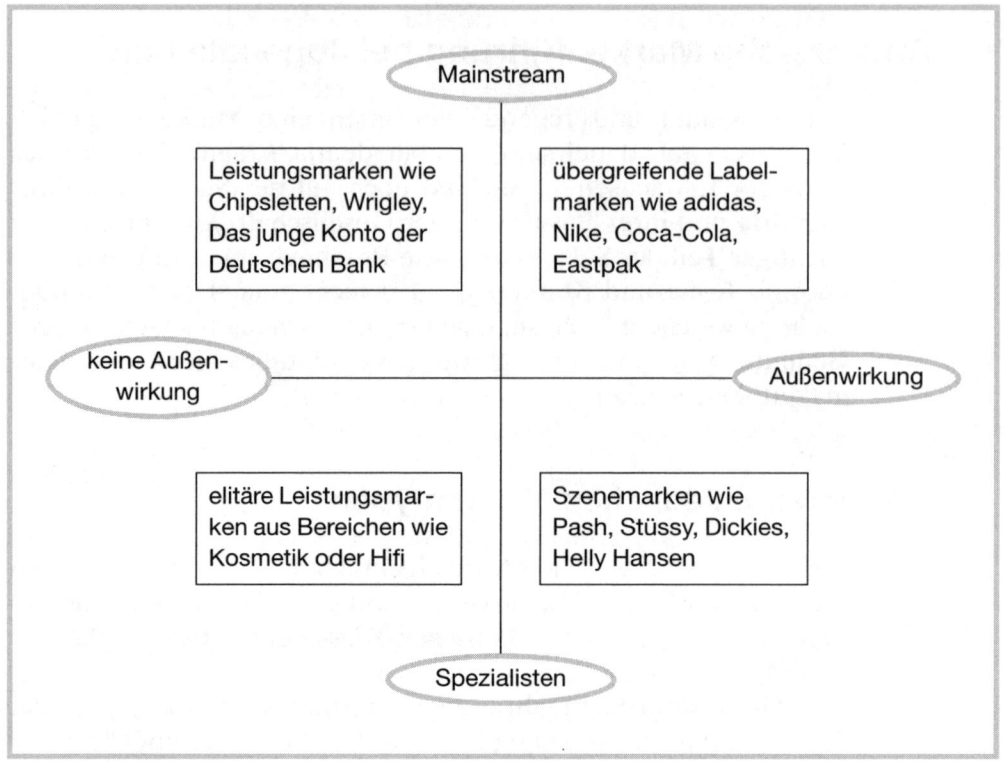

Abb. 2.7: Markentypen

eventuell ein kurzer Hype zu werden oder sich als übergreifende Labelmarke zu etablieren.

Der Sprung aus diesem Ghetto gelang z. B. Eastpak. Eastpak war eine Szenemarke, angesiedelt bei den Skatern. Zur Mainstreammarke wurde sie

- da die Szene selbst Mainstream wurde
- durch geschickte Werbung, die den Nerv der Jugendlichen traf

Welche Marken mit Außenwirkung angesagt sind, das hängt in hohem Maße ab von ihrer Stellung im magischen Dreieck: Musik, Sport, Mode.

Leistungsmarken wie Chipsletten oder Wrigley

Marken, die nie richtig „in" sind, aber trotzdem gekauft werden, weil sie ein gutes Preis-/Leistungsverhältnis bieten und weil sie aus Produktbereichen stammen, denen die Jugendlichen relativ neutral oder gleichgültig gegenüber stehen. Mit einem Kaugummi kann man sich bei seinen Freunden wenig profilieren.

Bei diesen Marken macht es wenig Sinn, einen auf Szene zu machen oder sich total cool und kultig zu geben, da es im Grunde kaum jemanden der Jugendlichen interessiert – außer Sie haben einen riesigen Etat. Dann könnten Sie es vielleicht schaffen, von einer low interest zu einer high interest Marke zu werden – was ansatzweise Pringles gelungen ist.

Elitäre Leistungsmarken

Dies sind Marken, die nur wenige nutzen und kennen und die deshalb auch kaum zur Profilierung bei den Freunden taugen. Sie werden zu Hause verwendet, sind aber aus Sicht der Verwender einfach besser als die Konkurrenz. Und hierzu gehören insbesondere spezielle Musikanlagen, aber auch teure Marken zur Körperpflege.

Welche Art von Marke Sie managen, das beeinflusst natürlich stark

- Ihren Mediaplan (Verhältnis below the line zu klassischer Werbung)
- Ihren Aufwand (in Szenen sein oder hie und da einen Blick darauf werfen)
- Ihre Strategie (langfristig als Klassiker versus kurz-/mittelfristig)
- die Wahl der Werbeagentur (szenig oder Mainstream)

Aber es beeinflusst weniger die Prinzipien der Markenführung selbst, denn da gibt es klare Anforderungen, die für eine Labelmarke mehr oder weniger genauso gelten wie für eine Szenemarke.

Was muss bei Jugendmarken berücksichtigt werden?

Bei Jugendmarken ist es unerlässlich, dass Sie einen ganz bestimmten Stil vorleben

Jugendmarken müssen einen Markenkern herausbilden, auf den sich der junge Konsument auch verlassen kann. Stabile Jugendmarken leben ihre eigene Welt vor, schaffen ihren eigenen Mikrokosmos, inszenieren sich selbst und geben den Jugendlichen Orientierung. Ein sehr gutes Beispiel ist hier H&M. Diese Marke schafft es immer mehr, bei Jugendlichen begehrlich zu werden. Es ist eine eigene Einkaufswelt mit einer eigenen Produktphilosophie und einem eigenen Stil am POS.

Die Jugend ist nicht so flippig und fraktal, wie man das so oft liest. Mit einer chaotischen Ansprache à la Gerd Gerken sitzen Sie auch bei den Jugendlichen nur in der 2. Reihe. Denken Sie daran, dass es zwar ca. 50 Szenen gibt, aber echte Szene-Afficionados sind nur ein geringer Teil der Jugendlichen. Von einer extrem flippigen deutschen Jugend kann kaum die Rede sein.

Jugendliche sind natürlich multioptional, sind Surfer (auch bei verschiedenen Szenen) und Sampler. Sie nehmen das, was ihnen gefällt, und das kann von Situation zu Situation variieren. Aber sie sind eben nicht die unbekannte Chaosgeneration, die alles verneint.

Eine Marke muss immer ihrem Kern treu bleiben, wer zu sehr davon abrückt, wird unglaubwürdig

Das negative Beispiel dafür: C&A. Was wurde alles versucht, aus dem in der Wahrnehmung der Jugendlichen nicht gerade aufregenden C&A mit Hilfe schöner Werbung und der Dachmarke Young Collections eine tolle Jugendmarke aufzubauen. Nur: Die Jugendlichen gingen dann doch lieber zu H&M, zu wenig nahm man C&A diesen Lifestyle-Touch ab. Und das Ergebnis: C&A gab die Dachmarke Young Collections auf. Wenn Sie richtig „einen auf Jugend machen" wollen, dann müssen sie glaubwürdig sein, denken Sie an das Schlagwort Credibility.

Interessant ist in diesem Zusammenhang die Techno-Zeitschrift Frontpage. Frontpage war die Bibel der Techno-Jünger, eine kostenlose Zeitschrift, die Trends machte und zum Trend wurde. Doch der Macher Jürgen Laarmann wollte mehr.

Er brachte Frontpage an die Kioske, wollte aus seinem Blatt das ultimative Lifestyle-Magazin machen. Die Zeitschrift entfernte sich zusehends von der reinen Technokultur, der Markenkern verwässerte und es gab für die Szene-Jünger immer weniger Gründe, sie zu kaufen. Während sie nun andererseits in Konkurrenz stand zu anderen Lifestyle-Magazinen und den Kampf verlor, im Markennirwana verschwand, als Mythos allerdings überlebte. Als Szene-Marke muss man sich immer fragen, ob eine Umverlagerung in den Massenmarkt wirklich funktioniert, ob sie zum Markenkern passt. Auch eine Szene-Marke muss ihrem Markenkern treu bleiben.

Eine Marke sollte in der Regel auch nicht auf eine bestimmte Szene setzen und sich von dieser vereinnahmen lassen

Große Marken, die sich schon lange Jahre aktuell halten, zeigen sich den Spitzentrends gegenüber eher distanziert. Sie sprechen immer gewisse Grundbedürfnisse in der Zielgruppe an, versuchen Core Needs herauszufinden und diese zu besetzen. Im Klartext heißt das: Welche Motive und Bedürfnisse haben meine Verbraucher, wie wollen sie durch mein Produkt, durch meine Marke erscheinen, wie wollen sie sich fühlen?

Eine Jugendmarke muss natürlich auch signalisieren, dass sie Anschluss hat an neue Strömungen, neue Facetten im Lebensgefühl junger Leute. Dies kann aber nur auf der Ebene der Umsetzung und Execution stattfinden, nicht auf der Ebene der Werte, die die Marke transportiert.

So hat es Levi's durch die Megastar-Puppe Flat Eric geschafft, wieder aktuell zu werden. Und Flat Eric passt zu dem Markenkern von Levi's: jung, cool und amerikanisch. Allerdings hat sich Flat Eric ein wenig verselbstständigt, tut zu wenig für das Produkt. Eine Marke muss also in ihrem Auftritt *Selbstidentität, Selbstähnlichkeit* besitzen!

Eine Marke hat die Möglichkeit, sich durch eine Szene oder durch neue Entwicklungen, beispielsweise Sportevents, aktuell zu erhalten und sich und dem Markenkern einen neuen Spin zu geben, ohne sich aber untreu zu werden oder von einer Szene zu sehr vereinnahmen zu lassen. Eine Marke, die es geschafft hat, sich zu aktualisieren, sich einen Spin zu geben, ist z. B. adidas.

Success-story adidas

adidas war eine Zeitlang als Jugendmarke eher „out". Die positive Tradition der Marke kippte aus Sicht der Jugendlichen ins Altmodische und die Marke wurde von Erwachsenen vereinnahmt. In satirischen Zeichnungen sah man Deutsche als Bierbauchtypen, die samstags in adidas-Klamotten ihr Auto waschen. Und die Fussballkompetenz war gegenläufig zu den angesagten Funsportarten.

Doch da tat sich etwas Aufregendes. adidas puschte den Streetball-Cup und wurde mit dieser Funsportart wieder Leadmarke bei den Jugendlichen. adidas und fun – das waren keine Gegensätze mehr.

Und immer mehr gelang es einer amerikanischen Szene, sich im Denken der Jugendlichen breit zu machen, was sich in der Übernahme von Riten und Ausdrucksweisen zeigte: die amerikanischen Ghetto-Kinder, die Hip-Hoper und Rapper. Deren Kleidung war: adidas. Da überlegte der deutsche Jugendliche: Wenn adidas auch für Spaß stehen kann, wenn sogar authentische coole schwarze Typen so was tragen, dann kann das doch nicht so schlecht sein.

So gab es in den 90ern eine neue Generation von Kids, die die adidas-Werte neu interpretierte: Aus Tradition wurde Erfahrung, aus Normalität wurde Authentizität, eines der Zauberworte der letzten 3 bis 4 Jahre. Und aus der ordentlichen Preis-Leistung wurde wieder gute Preis-Leistung.

Heute steht adidas mit einem eigenen Kern und einem eigenen Wertesystem im Gegensatz zu dem schillernden Nike und boomt.

Wie man sich eine Szene zu Nutze machen kann, das zeigte sich auch an einer Marke wie Rollerblade. Bei Rollerblade, und damit Benetton Sportsystems, gab es 2 Zielgruppen: den „aggressive" Markt, also die Freaks, und die „Normalos". Und bei beiden hat Rollerblade die Nase vorn, da sie die Freaks unterstützen und deren Spin ausnützen, dabei aber nie vergessen, dass sie ihr Geld mit der Masse machen, sich nicht als elitär hinstellen. Auch im Jugendmarkt ist eine Marke ein Massenphänomen.

Hierzu passt auch, dass einige Kleidungshersteller zweigleisig fahren. Sie haben einerseits eine Szenemarke und probieren in kleiner Auflage aus, was in der Szene ankommt. Und was dann ankommt, das wird in einer weniger extremen Art im Massenmarkt umgesetzt.

Sich Szenen nutzbar zu machen, ohne sich vereinnahmen zu lassen, ist eine der Zauberformeln für modernes Jugendmarketing

Einen positiven Szene-Spin für seine „Massenmarke" kann man auch erreichen, indem man mit Versatzstücken arbeitet. So sind zwar nur wenige Prozent der Jugendlichen echte Hip-Hoper, aber mehr als ein Drittel der Jugendlichen finden diese Szene richtig toll. Eine Möglichkeit ist es daher, mit Versatzstücken zu arbeiten, z. B. eine Szene nur anzudeuten, ohne es zu übertreiben oder gar unecht und künstlich zu wirken. Stichwort „Authentizität".

Ganz geschickt führte dies Procter & Gamble mit der Marke Pringles vor. In der Fernsehwerbung sah man 3 junge Leute, die relaxen und Pringles essen. Nur wenn man genau aufpasst, merkt man, dass es bei einer Halfpipe spielt. Dies ist recht dezent dargestellt. Als wir vor einiger Zeit Werbung bei Jugendlichen testeten, bei der eine Halfpipe im Mittelpunkt stand, sagten sie sofort: „Die machen einfach nur Pringles nach."

Die Marke muss stimmig sein zur Lebenswelt der Jugendlichen

Das jeweilige Lebensgefühl, die Lebenswelt muss von einer Marke in irgendeiner Facette sehr präzise getroffen werden.

Die Mehrzahl der Kids und jungen Erwachsenen inszeniert sich selbst mit großer Lust und auch sehr bewusst, und da haben dann natürlich auch Marken eine Bedeutung, insbesondere in für sie relevanten Lebensbereichen, also bei der Kleidung, im Sport, bei HiFi-Geräten oder bei bestimmten Getränken.

Diese Selbstinszenierung gehört dazu, weil Jugendliche auf der Identitätssuche und laufend am Experimentieren sind und dabei auch ganz bewusst an Grenzen gehen. Jugendliche fragen sich:

- Was passt zu mir?
- Was will ich?
- Wie fühle ich mich?
- Wie möchte ich sein?
- Wie möchte ich wirken?
- Was kommt in der Clique gut an?

Und jede Marke wird nun überprüft, inwiefern sie diesen Fragen gerecht wird. Bei Jugendlichen ist der Stil, das Flair der Marke jetzt enorm wichtig und auch die Stimmigkeit zur eigenen Lebenswelt ist ganz entscheidend. Hier spielen dann auch die psychologischen Core Needs eine Rolle, die Grundbedürfnisse des einzelnen.

Bringen Sie Ihre Marke zu den Referenzwelten der Jugendlichen

Denken Sie an das magische Dreieck Musik, Mode, Sport. Besitzt Ihre Marke dazu glaubwürdige Ansatzpunkte? Wenn ja, nutzen Sie diese. Versuchen Sie Ihre Marke so nah an der jugendlichen Welt zu platzieren wie möglich.

Eine Möglichkeit dazu ist das Cross-Marketing, die Zusammenarbeit mehrerer Unternehmen aus verschiedenen Produktbereichen. So gab es Skateboard-Veranstaltungen, die von dem Kleidungshersteller Vision, dem Uhrenhersteller Swatch und dem Musikeinzelhandelsunternehmen WOM gemeinsam durchgeführt werden und auf die in gemeinsamer Werbung hingewiesen wurde – die dann unter anderem in den Plattenläden zu sehen war.

Ruft man sich hierbei in Erinnerung, dass z. B. die Sparkassen schon in den 70er Jahren erfolgreiche Musik-Sampler vertrieben, ist Cross-Communication auch dann von Interesse, wenn Ihre Marke eher bieder ist. Sie können dann durch die Abstrahlung von anderen, jugendlicheren Marken, an Jugendlichkeit gewinnen. Aber Vorsicht: Achten Sie darauf, dass Sie nicht neben den anderen untergehen und dass die anderen Marken zu Ihnen passen.

Jugendmarken dürfen nicht austauschbar sein! Sie benötigen einen einzigartigen Auftritt

Es gibt nichts Schlimmeres, als wenn das Bild einer Marke in den Köpfen der Jugendlichen so ähnlich ist wie das eines bekannteren Konkurrenten, der dieser Marke aber in puncto Attraktivität etwas voraus hat.

Ein Beispiel dafür ist Reebok. Reebok schafft es in Deutschland einfach nicht, sich eigenständig zu positionieren und sich zwischen die großen Zwei, adidas und Nike, zu drängen. Reebok ist, außer im Aerobic-Bereich, so eine Art Nike-Me-too, zumindest aus Sicht der Jugendlichen. Dies wird so lange so bleiben, bis ein eigenständiger Auftritt gelingt, der dann aber auch mit enormem Werbedruck durchgesetzt werden muss. Und dies, obwohl die Produkte moderne Technologie und gutes Design besitzen.

Wichtig ist also: Eine Marke muss in den Köpfen klar und deutlich als eigenständige Marke verankert sein, sonst ist sie eine unechte Kopie, ein unauthentisches Me-too – und darauf reagieren schon Kinder allergisch oder mit Missachtung.

D. h., dass die jungen Konsumenten von der Marke ein eigenständiges Markenbild im Kopf haben müssen und kein abstraktes, wenig differenziertes Profil mit Dimensionen, die der Lebenswelt von Kindern und Jugendlichen nicht entsprechen.

Eine Marke muss durch attraktive, unique Bilder in den Köpfen verankert sein

Für die moderne Konsumentenforschung, allen voran Werner Kroeber-Riel, sind sie einer der Schlüssel für die Markenführung: die inneren Bilder, d. h. die Bilder, die wir über Marken in unserem Gehirn abgespeichert haben. Solche inneren Bilder beeinflussen das Denken, Fühlen und Handeln; sie können dazu führen, dass ein Markenauftritt einzigartig erscheint. Ihre Bedeutung ist bei Jugendlichen mindestens so groß wie bei Erwachsenen. Attraktive Bilder sind beispielsweise Michael Jordan bei Nike oder Thomas Gottschalk bei Haribo oder die coolen Levi's-Männer, aber auch: der Frosties-Tiger, der Löwe des Lion-Riegels oder verrückte Skater mit ihrer Marke DC.

Wann ist eine Marke für Jugendliche „in"?

Hier lässt sich ein klares Raster aufzeigen, beispielsweise bei Kleidung, aber dieses Schema lässt sich ohne weiteres auch auf andere Produktbereiche übertragen: Bei Kleidung ist wichtig

- ein ansprechendes Design,
- die Qualität, d. h. gutes Material, gute Verarbeitung. Dies aber vor allem bei Produkten, die teuer sind. Bei ihrem günstigen Preis sind auch H&M-Klamotten für Jugendliche o.k.,
- eine gute, zielgruppenstimmige Kommunikation über diese

Produkte, das kann auch eine tolle Dekoration im Geschäft sein,

- ein gewisses Preisniveau, weil die Vorstellung entsteht: „kann sich nicht jeder leisten" und Preis steht auch für Qualität,
- ein Image, das auch eine Lebensanschauung und einen Lebensstil vermittelt, sei es Coolness, Witzigkeit oder Internationalität,
- wenn Stars oder Idole diese Produkte verwenden und damit noch zusätzliches Charisma hinzukommt.

Dabei darf nicht vergessen werden: Die Kids denken bei Produkten knallhart an die Benefits, die sie davon erhalten. Aber welche Benefits jetzt gerade eine Rolle spielen, das unterscheidet sich von Marke zu Marke, von Nutzen zu Nutzen, auch von Gruppe zu Gruppe und Situation zu Situation.

12 goldene Regeln zur Markenführung

1. Überlege dir genau, wen du ansprechen willst, mache dir realistisch klar, wie alt deine Zielgruppe ist oder sein soll, und ob du eher Jungen, eher Mädchen oder beide meinst.
2. Sei sensibel für die Gesetzmäßigkeiten deiner Zielgruppe. Bedenke, dass jede Altersgruppe ihre speziellen Bedürfnisse und Interessen hat. Beachte ihre speziellen Leitbilder, Codes und Symbole und suche hierfür nach übergreifenden Signalen.
3. Schaffe einen klaren und starken Markenkern, pflege ihn und verrate ihn nie zugunsten flüchtiger Trends.
4. Ahme nicht nach, sondern generiere selbst neue Ideen, Leitbilder und Trends – zeige ein eigenständiges Profil. „Me-Toos" werden Kinder und Jugendliche nicht dauerhaft binden!
5. Schaffe klare und unique innere Bilder, die aus dem Markenkern kommen. Sorge für einen authentischen Auftritt und wahre hier Kontinuität ohne zu langweilen.
6. Schaffe Aktualität, sorge für Abwechslung, ohne deinen Markenkern zu verraten.
7. Das Produkt ist (und bleibt) der Hero: Wenn dein Produkt nicht stimmt, bringen auf Dauer alle kommunikativen Maßnahmen nichts.
8. Wenn du ein gutes Produkt hast, sag es den Jüngsten: Kinder

unter 8 Jahren lassen sich am besten mit einem klaren Produktnutzen überzeugen!

9. Aber: Auf Dauer ist ein gutes Produkt nicht genug. Gib den Pre-Teens und Teenagern Argumente, warum sie dein Produkt auch in Zukunft verwenden sollen. Biete ihnen Identifikationspotenzial!

10. Gute Kommunikation hält Ältere bei der Stange. Richte deine Kommunikation deswegen auch auf die abbrechenden Segmente aus! Wenn dein Produkt wirklich gut ist, werden sie dir treu bleiben.

11. Unterschätze nie die Macht der Peer Group: Ohne den Segen des Freundeskreises wird kein Produkt zum Renner, sondern höchstens daheim im stillen Kämmerlein konsumiert.

12. Nimm deine Zielgruppe so ernst wie dich selbst!

4 Das icon-Markensteuerrad zur strategischen Markenführung

Bei Kinder- und Jugendmarken muss, wie auch bei Erwachsenenmarken, eine ganzheitliche Analyse der Marke aus Sicht der Zielgruppen gefordert werden. Ein mögliches Instrument dafür ist das *Icon-Markensteuerrad*.

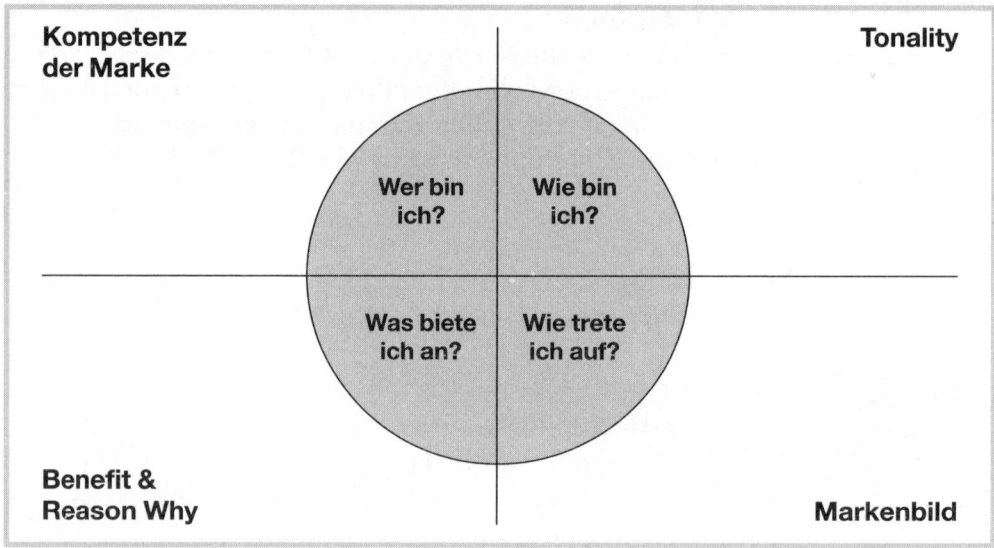

Abb. 2.8: icon-Markensteuerrad

Im Markensteuerrad zeigt sich die Identität einer Marke, es ist quasi der genetische Code der Marke. In ihm werden die Markenkompetenz definiert, der Benefit und die Tonalität der Marke festgeschrieben und der Auftritt der Marke, die inneren Bilder der Verbraucher, erfasst.

Das Markensteuerrad ist eine vielfach bewährte Systematik, auf deren Basis sich die strategische Zielrichtung für die Markenführung festlegen lässt und in der sich all die Elemente wiederfinden, die auch bei Jugendmarken eine Rolle spielen.

Da ist zum einen das *Markenbild*, das sind die inneren Bilder, die die Verbraucher im Kopf haben. Hier findet man den Lion-Löwen oder den Frosties-Tiger. Hier können auch Farben und Schriftzüge enthalten sein, wie die Farbcodes und die Schrift bei Coca-Cola. Auch Musik ist Teil des inneren Markenbildes.

Man kann es gar nicht oft genug sagen: diese Markenbilder

sind von äußerster Wichtigkeit, sind auch strategisch zu sehen, als Positionierung, nicht nur als Execution. Die Änderung einer Farbe kann die gleiche Bedeutung haben wie die Kreierung einer neuen Erlebniswelt.

Da ist zum zweiten die Tonalität Ihrer Marke, also die Frage: Wie bin ich? Bin ich amerikanisch oder deutsch, welche Lebenswelt wird mit mir in Verbindung gebracht und wie gut passt sie zu meiner Zielgruppe?

Zum dritten finden sich die Benefits und der Reason-why. Dies sind die knallharten Begründungen, warum die pragmatische junge Generation eine bestimmte Marke kauft. Hier kann sowohl Prestige auftauchen als auch ein gutes Preis-/Leistungsverhältnis.

Ergänzt werden die 3 Dimensionen noch von einer vierten: der Kompetenz der Marke, der Frage „Wer bin ich"? Hier geht es um die Essenz der Marke, darum, die Marke so umfassend und auch knapp wie möglich zusammenzufassen, sie auf den Punkt zu bringen.

Diese Systematik zeigt auf, wie Marken von den Kids wahrgenommen werden. Hier wird z. B. deutlich, ob Ihre Marke unverwechselbar ist, authentisch oder ein Me-too. Damit kann beispielsweise untersucht werden, in welche Richtung mögliche Line Extensions gehen könnten, und was man vermeiden sollte.

Diese Systematik lässt sich auch ohne weiteres auf verschiedene Altersgruppen übertragen: Da der Markenbegriff bei den Kids noch am wachsen ist, macht es auch Sinn, altersspezifische Markensteuerräder zu erstellen. Wie gut mit dem Markensteuerrad gearbeitet werden kann, zeigt unsere Forschung zu Coca-Cola.

Das Beispiel Coca-Cola

Eine wichtige Variable sind ja die *„inneren Markenbilder"*. Was haben die Kids eigentlich vor ihrem geistigen Auge, wenn sie an Coca-Cola denken?

Da taucht die Verpackung (62%) auf, da werden Bilder aus der Werbung genannt (31%), der Farbcode rot-weiß (30%) oder das Logo (22%). Interessant wird es nun, wenn man sich diese inneren Bilder im Altersverlauf ansieht. Wir haben dazu die Gesamtstichprobe in 3 Altersgruppen aufgeteilt, die 6- bis 8-Jährigen, die 9- bis 11-Jährigen und die 12- bis 14-Jährigen.

Nun zeigt sich z. B., dass das Produkt, also die braune Flüssigkeit in Dose oder Flasche, mit der Verpackung und dem Logo im Grunde in allen 3 Altersgruppen stark verankert ist.

Bei Coca-Cola wird jedoch auch sehr schön deutlich, wie mit zunehmendem Alter die Werbung immer wichtiger wird für die Ausprägung der inneren Bilder einer Marke: Nennen nur 21 % der 6- bis 8-Jährigen Werbebilder, so sind es bei den 12- bis 14-Jährigen 57 %.

Denken wir einen Schritt zurück, zum Markensteuerrad, so haben wir also jetzt das Steuerrad-Feld unten rechts gefüllt. Es wird aber auch bereits an dieser Stelle deutlich, dass wir es in den einzelnen Altersgruppen eigentlich mit verschiedenen Steuerrädern zu tun haben: Ist bei den Jüngeren vor allem das Produkt selbst im inneren Markenbild, steht dort bei den Älteren ganz massiv die Werbung.

Nutzen und Tonalität der Marke Coca-Cola

Um diese zu messen, werden den Kindern und Jugendlichen Deskriptoren, d. h. markenkernspezifische Statements vorgelegt, die O-Ton-Zielgruppe sind. Mit Hilfe von statistischen Verfahren wurde dabei untersucht, was diese Variablen für die Markenwahrnehmung tun, wieviel sie also dazu beitragen, dass die Marke Coca-Cola attraktiv wird.

Der Geschmack ist in allen Altersgruppen eine wichtige, treibende Kraft: Was gut schmeckt, gefällt. Aber: Das Bitzeln von Coca-Cola ist für die 6- bis 8-Jährigen ungeheuer wichtig – sie dürfen oft noch keine kohlensäurehaltigen Sachen trinken und Coca-Cola ist dadurch etwas Besonderes für sie. Im Altersverlauf verliert diese Dimension aber immer mehr an Bedeutung. Bei den 12- bis 14-Jährigen ist das Prickeln beim Trinken generisch geworden: Es trifft auf alle Limonaden zu und hilft nicht, Coca-Cola zu differenzieren.

Insbesondere bei den 9- bis 11-Jährigen ist der unverwechselbare Geschmack besonders wichtig: Für diese Altersgruppe ist das Produkt insgesamt etwas Besonderes, wie sich noch zeigen wird. Die 12- bis 14-Jährigen nehmen das schon nicht mehr so wichtig: Die Uniqueness der Marke kommt bei ihnen nicht vom Geschmack.

Beim Produkterlebnis ist Coca-Cola vor allem für die 6- bis 8-Jährigen ein Spaß-Getränk, das man immer trinken könnte, die 9- bis 12-Jährigen sehen das dagegen etwas nüchterner. Das führt zu dem Schluss, dass bei den 6- bis 8-Jährigen das Produkt und Produkterlebnis sehr viel wichtiger ist für die Attraktivität der Marke Coca-Cola als bei den Älteren. Nur: Was ist dann bei Älteren wichtig? Oder besser gesagt: Was kommt bei den Älteren noch dazu? Denn schließlich muss ihnen das Getränk ja auch schmecken.

Gerade beim Sprung in die nächste Altersgruppe, die 9- bis 11-Jährigen, tut sich hierbei eine ganze Menge. Wichtig ist nun nicht mehr nur, was das Produkt Coca-Cola mir bieten kann, sondern auch, was es mir bei meinen Freunden bringt. Und es zeigt sich, dass Coca-Cola bei den 9- bis 11-Jährigen geradezu ein Aushängeschild für das „in-sein" ist.

Ob es nun die Freunde sind, die die Marke gut finden, der Kult-Status oder dass die Marke „in" ist: All das beeinflusst die Attraktivität von Coca-Cola bei den 9- bis 11-Jährigen in hohem Maße. Wenn meine Freunde die Marke toll finden, finde ich sie auch gut, wenn sie „in" ist, finde ich sie super.

Hier zeigt sich auch: Coca-Cola steht für den Eintritt ins Teenager-Alter, ist fast ein Initiierungsritual für das Erwachsenwerden. Dementsprechend verbinden die Kids damit Action, Spaß und Partys. Auch der Einfluss von Verpackung und Logo ist bei den 9- bis 11-Jährigen am größten – die prägnanten Markensymbole als Aushängeschilder!

Bei den 9- bis 11-Jährigen zahlen also eine ganze Menge verschiedener Dimensionen auf das Markenkonto von Coca-Cola ein. Wie sieht es nun bei den 12- bis 14-Jährigen aus? In dieser Altersgruppe waren z. B. der Kult-Status, die Meinung der Peer Group und auch die Verpackung relativ wichtig, wenn auch nicht ganz so bedeutend wie bei den etwas jüngeren Kids. Damit deutet sich schon an, dass die Markenwahrnehmung in dieser Altersgruppe nicht einfacher, sondern eher noch differenzierter wird.

Es kommen noch mehr Dimensionen dazu: Coca-Cola als ein cooles Stück Amerika – da schwingt der hoch attraktive amerikanische Lifestyle mit, von dem ja auch die Sportartikler so profitieren, und die Werbung, die erst in dieser Altersgruppe richtig differenzierend wirkt.

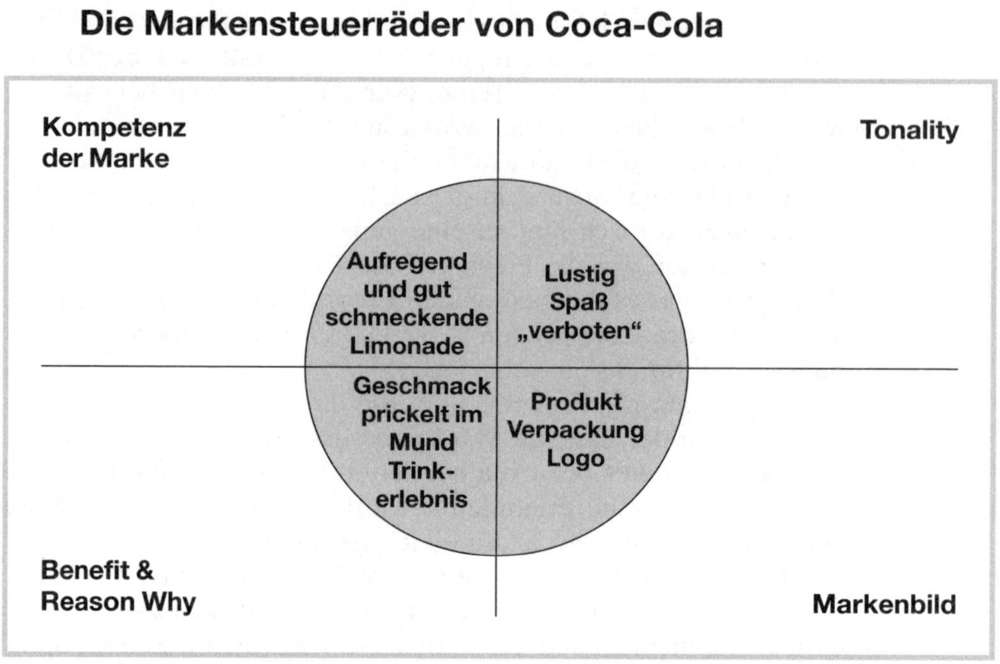

Die Markensteuerräder von Coca-Cola

Kompetenz der Marke		Tonality

Aufregend und gut schmeckende Limonade

Lustig Spaß „verboten"

Geschmack prickelt im Mund Trinkerlebnis

Produkt Verpackung Logo

Benefit & Reason Why		Markenbild

Abb. 2.9: Markensteuerrad; 6 – 8-Jährige

Man kann gut erkennen, wie sich die Kompetenz der Marke vom hoch attraktiven Getränk weiterentwickelt in Richtung einer richtigen Jugendmarke mit allen nötigen Benefits wie dem In-sein und dem Touch des Verbotenen, um dann wieder etwas „normaler" zu werden, nun mit stark amerikanischer Tonalität.

Das bedeutet natürlich auch, dass man – je nachdem, welche Altersgruppe man erreichen möchte – mit den Marketing-Mix-Aktivitäten auf teilweise sehr unterschiedliche Erwartungshaltungen trifft. Im Extremfall kann das heißen, dass die gleiche Aktivität voll die Erwartungen der einen Gruppe trifft, jedoch denen der anderen Gruppen diametral entgegenläuft. Das kann insbesondere passieren, wenn man an die Internationalisierung von Marken denkt.

Besteht nun diese Gefahr auch bei Coca-Cola? Eher nicht. Zum einen sind die inneren Markenbilder nicht gegensätzlich, sondern sie entwickeln sich weiter, werden ergänzt. Zum anderen ist zwar auch der Nutzen der Marke bzw. die Tonalität in den Altersgruppen unterschiedlich, aber auch hier kann man eine Evolution der Marke feststellen. Die Marke Coca-Cola bleibt nicht stehen, sondern erhält in jeder Altersgruppe den nötigen Spin, der die Attraktivität hält. Und dies ist eigentlich der Idealfall.

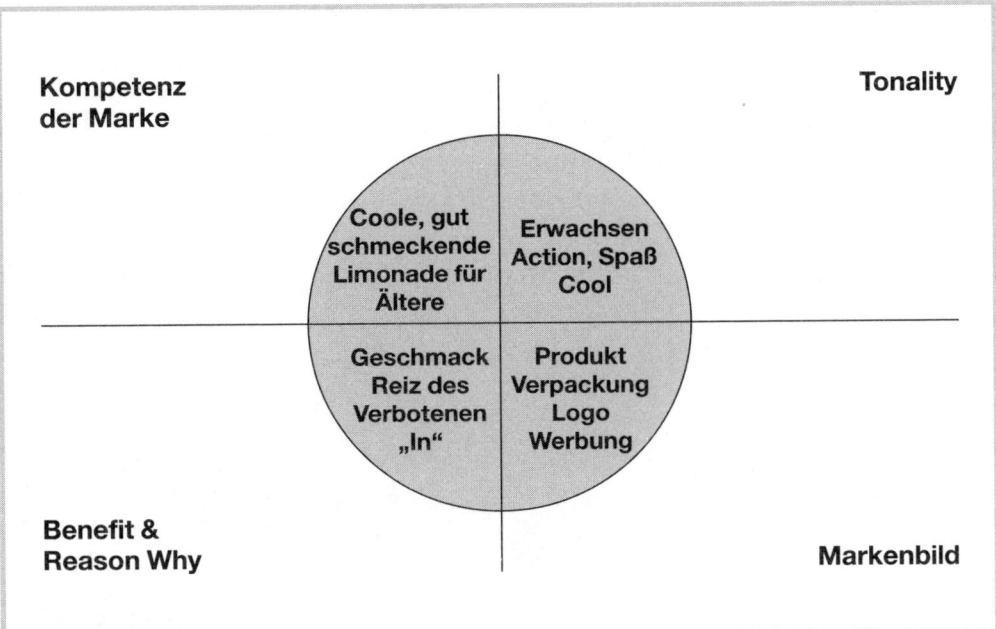

Abb. 2.10: 9 – 11-Jährige

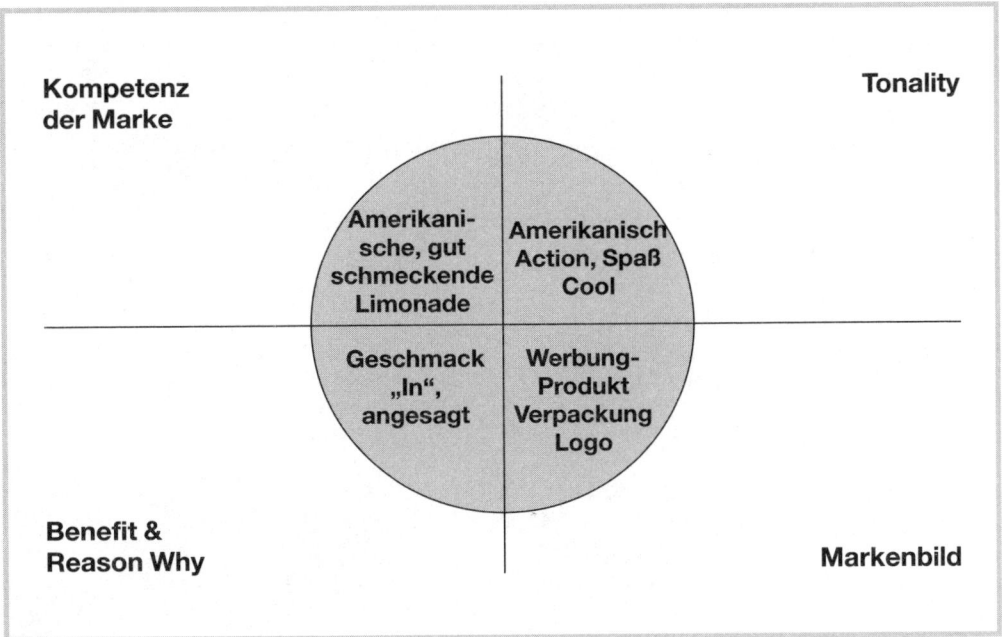

Abb. 2.11: 12 – 14-Jährige

Teil 3

Wie sag' ich's meiner Zielgruppe – Kommunikation in Kinder- und Jugendmärkten

1 Definieren Sie Ihren Markenkern als Kommunikationsplattform

Sie haben eine tolle Produktidee, die dem jungen Kunden handfeste Produktbenefits bietet, und einen Markenkern, der die Bedürfnisse und vielleicht sogar die geheimen Wünsche der anvisierten Zielgruppe haargenau trifft. Ihr Produkt ist so unique, dass die Wettbewerber nicht einmal etwas annähernd Vergleichbares zu bieten haben, und außerdem haben Sie einen Außendienst, der alles verkaufen kann (– glauben Sie). Reicht das?

Leider nicht, denn die beste Produktidee nützt nichts, wenn niemand davon erfährt, und der prägnanteste Markenkern bleibt wirkungslos, wenn er nicht beim Konsumenten verankert wird. Also werden Sie alles tun, um Ihr Produkt, Ihre Marke bekannt zu machen – und genau darum geht es in diesem Teil des Buches: Wie sage ich meiner Zielgruppe, dass ich etwas Tolles, etwas Einzigartiges, etwas Zielgruppenspezifisches zu bieten habe?

Kommunikationsstrategie heißt nicht nur, sich zu überlegen, welche Medien man mit seiner Werbung belegen möchte und wie die Kampagne gestaltet werden soll. Eine gute Kommunikationsstrategie beginnt beim Produkt, bei der Marke. Deswegen sollten Sie gleich zu Beginn festgelegen, was Sie überhaupt über Ihre Marke kommunizieren möchten. Und der erste Schritt bei der Entwicklung einer Kommunikationsstrategie legt genau diese Punkte fest.

Fünf entscheidende Fragen

Die folgenden fünf Fragen sollten Sie unbedingt beantwortet haben, bevor Sie an die Entwicklung Ihrer Kommunikation gehen. Und: Sie sollten für den anvisierten Zeitrahmen Ihrer Kommunikation bzw. Marktpräsenz daran unumstößlich festhalten, um keine widersprüchlichen Botschaften zu verbreiten.

Was biete ich?

Bei bestimmt 90% der neu zu entwickelnden Kommunikationsstrategien existiert die Produktidee bereits, so dass der Weg zur adäquaten Kommunikationsplattform immer über den Produktvorteil, den rationalen Benefit geht. Suchen Sie sich *einen* echten Produktnutzen heraus und fokussieren Sie diesen. Zu viele Produktbotschaften verwirren nur, wenn sie in der Kommunikation gleichberechtigt präsentiert werden: Bieten Sie lieber „nur" ein Erfrischungsgetränk als ein Getränk, das ein bisschen erfrischt, etwas gut schmeckt, auch noch ein bisschen kalorienarm ist, und das alles relativ natürlich, fast ohne chemische Zusätze.

Wen interessiert das?

Fragen Sie sich ehrlich, welche Zielgruppen sich überhaupt für Ihr Produkt interessieren könnte, und nicht, wem Sie es gerne verkaufen würden. In manchen Fällen wird die Zielgruppe ganz automatisch durch die Produktart oder den Produkt-Benefit vorgegeben. So interessieren sich beispielsweise nur Mädchen bis etwa 12 Jahre für Bastelsachen und die meisten Kids erst ab 9 Jahren für coole Sportschuhe.

Gibt Ihre Produktart Ihnen jedoch keine Zielgruppe vor (was z. B. im Foodmarkt häufig der Fall ist), dann suchen Sie sich eine aus – denn spätestens ab Schritt 3 müssen Sie Ihre spezifische Zielgruppe im Blickfeld haben, wenn Sie Ihre Kommunikationsplattform entwickeln. Schließlich kann das gleiche Produkt auf viele verschiedene Arten kommuniziert werden (siehe das Beispiel Guatemala-Gurke, S. 152).

Wer bin ich?

Definieren Sie Ihren Markenkern, legen Sie fest, wie Sie vom jungen Kunden wahrgenommen werden möchten. Dieser Markenkern sollte immer eine Mischung aus Ihrem rationalen Produktbenefit und einer emotionalen, für Ihre Zielgruppe attraktiven Komponente sein, z. B. „Das erfrischend-saure Eis, das zu einen heißen Sommertag mit Freunden dazu gehört." Und nicht: „Eis mit Zitronenüberzug".

Wie trete ich auf?

Seien Sie lässig, cool, überlegen, jugendlich, sexy, verspielt, romantisch, ernsthaft, witzig, albern, hip, seriös, spontan – aber bitte nicht alles auf einmal. Eine Marke kann nicht gleichzeitig cool und seriös sein, nicht witzig und romantisch, nicht den American Way of Life propagieren und in Detmold zu Hause sein.

Denken Sie auch daran, dass nicht jede Imagedimension für jede Zielgruppe relevant ist: Internationalität macht Marken beispielsweise erst bei Teenagern interessant und Albernheit wirkt leicht zu kindlich, schreckt Pre-Teens und Teens ab.

Woran erkennt man mich?

Bestimmen Sie die Visuals, die akustischen, optischen, haptischen oder auch geschmacklichen Erkennungszeichen, die Sie unverwechselbar machen, z. B. das Rosa von Barbie, der Hase Quicky von Nesquik, das *Plop* von Pringles oder die Nüsse von Snickers.

Im Idealfall kommunizieren diese Erkennungszeichen wichtige Elemente des Markenkerns. So signalisierte die *Punica Oase* immer auch den Erfrischungswert dieses Getränks, *Quicky* zeigt, dass Nesquik ein Spaßgetränk für Kinder ist, und Tony, der Tiger von Kellogg's, versinnbildlicht die Stärke, die man durch Frosties bekommt.

Und wenn Sie einmal die richtigen Erkennungszeichen gefunden haben: Bleiben Sie diesen treu, denn nur so stellen Sie sicher, dass Ihre Kommunikation immer auf das gleiche Konto einzahlt. Verändern Sie dagegen Ihren Auftritt mit jeder Kampagne, erzeugen Sie nur Verwirrung bei Ihren jungen Kunden und verwässern die Wahrnehmung Ihrer Marke.

Am Ende dieser ersten Stufe der Kommunikationsentwicklung sollten Sie sich darüber im Klaren sein, mit welchen Argumenten Sie die jungen Kunden überzeugen wollen und wie Sie Sympathie für Ihr Produkt erzeugen können. Kurz: Sie haben die Kommunikationsplattform, mit der Sie Kinder und/oder Jugendliche als Ihre spezielle Zielgruppe gewinnen und halten möchten.

Überprüfen Sie diese Kommunikationsplattform jedoch grundsätzlich kritisch:

- Ist die Plattform unique, unterscheidet sie sich ausreichend vom Wettbewerb?
- Vereinigt die Plattform ausgewogen emotionale und rationale Dimensionen oder ist sie vielleicht zu technokratisch oder gefühlsduselig?

■ Ist die Plattform vielseitig nutzbar und wandelbar oder lässt sie nur wenige, sehr konkrete Umsetzungen zu?

■ Und vor allem: Trifft die Kommunikationsplattform die Anforderungen der anvisierten Zielgruppe?

Beispiel: Die Guatemala-Gurke
Um das Problem der unterschiedlichen Positionierungsmöglichkeiten für ein und dasselbe Produkt zu veranschaulichen, bedienen wir uns in Marken-Workshops gerne der (frei erfundenen) Guatemala-Gurke.

Diese Gurke ...
■ sieht von außen so langweilig aus, wie Gurken nun einmal aussehen
■ stammt aus dem südamerikanischen Regenwald
■ hat blaues Fruchtfleisch
■ schmeckt sehr süß
■ enthält viele Vitamine und Mineralien, ist also sehr gesund

Die Aufgabe für die Workshopteilnehmer lautet, sich für ein aus der Guatemala-Gurke hergestelltes Getränk zu überlegen:
■ Welche Art Getränk machen wir aus der Gurke?
■ An wen verkaufen wir das Getränk?
■ Mit welchen Argumenten verkaufen wir es?

Nachfolgend finden Sie ein paar Beispiele der in verschiedenen Workshops entwickelten Kommunikationsplattformen, die zeigen, wie unterschiedlich das gleiche Produkt an die junge Zielgruppe gebracht werden kann:

Kommunikations-plattform	Fokussierte Produkteigenschaften als Basis für die Kommunikationsplattform
Der gesunde Käpt'n Blaubär-Saft für Kinder	Die blaue Farbe als Ansatzpunkt für eine *Verknüpfung mit einem jungen Kinder-Charakter* und dem Gesundheitsaspekt als *Reassurance* für Mütter Zielgruppe: 3- bis 8-Jährige
Der blaue Saft aus dem Urwald	Nutzung der Herkunft, um das Produkt in eine *abenteuerliche Erlebniswelt* zu platzieren, die Farbe erzeugt zusätzliche *Exotik* Zielgruppe: 5- bis 10-Jährige
Der Gurkendrink in der Gurkenflasche	Die *Skurrilität* eines Getränks aus Gurken umgesetzt in Kommunikation und *Gebindeform*. Zielgruppe: 8- bis 12-Jährige
Der natürliche Fitnessdrink für Sportler	Die *Natürlichkeit* des Getränks als Gegenpol zu künstlich angereicherten Fitnessgetränken Zielgruppe: 10- bis 30-Jährige
Der coole, blaue Energy-Drink für die Techno-Freaks	Die etwas *künstlich* wirkende, blaue Farbe, die eher *schrille Typen* anspricht Zielgruppe: 12- bis 18-Jährige

Ihre Kommunikationsplattform bildet die Basis für alle weiteren Schritte auf dem Weg zur optimalen Kommunikationsstrategie. Sie werden feststellen, dass diese Plattform Ihnen immer wieder Grenzen setzt, dass sie Ihre Möglichkeiten bei der Ausgestaltung Ihrer Kommunikation einengt. Denken Sie jedoch immer daran, dass Ihr Produkt, Ihre Marke die Kommunikation diktieren sollte und nicht umgekehrt!

2 Planung des zeitlichen Horizonts

Nachdem Sie festgelegt haben, welche Inhalte Sie zu Ihrem Produkt kommunizieren möchten, sollten Sie sich auch Gedanken darüber machen, ob Ihre Marktstrategie kurz-, mittel- oder langfristig angelegt werden soll, denn anders als die meisten Märkte im Erwachsenenbereich ist der Kinder- und Jugendmarkt aus verschiedenen Gründen sehr schnellebig:

Da ist zum einen natürlich das ständige Nachwachsen Jüngerer und das Abwandern Älterer zu nennen, aber es gibt wohl auch keine andere Zielgruppe, die an neuen Produkten so interessiert ist wie Kinder und Jugendliche. Natürlich mag man seine bewährten Produkte, aber alles, was neu ist, ist spannend und faszinierend. Dieses Interesse an allem Neuen und auch die aus der Peer Group erwachsende Dynamik sorgen dafür, dass Produkte sehr schnell erfolgreich, aber auch genauso schnell wieder out sein können.

Für das Kinder- und Jugendmarketing stellt sich daher die Frage, wie man mit diesem schnelllebigen Markt umgehen soll. Lässt man sich auf diesen schnellen Wechsel ein oder sucht man eine „zeitlose" Positionierung, die sich abgrenzt vom aktuellen Zeitgeist?

Langfristige oder kurzfristige Kommunikationsstrategien: Was ist besser?

Bevor Sie diese Frage beantworten und Ihre Strategie daraufhin festlegen, sollten Sie sich fragen, ob Ihr Produkt das Zeug zum langfristigen Erfolg hat oder ob es eher Potenzial für einen kurzfristigen Marktauftritt bietet.

Generell lassen sich im Jugendmarkt 3 Arten von Produkten mit unterschiedlichen Lebenszyklen unterscheiden, die entsprechend andere Kommunikationsstrategien erforderlich machen:

Produktarten	Produkt-Lebenszyklus	Beispiele
Hypes: Extrem schnell-lebige Produkte, die in kurzer Zeit sehr starke Verbreitung finden, um dann genauso schnell wieder vom Markt zu verschwinden.		Spielzeug Merchandising-Artikel Pop-Musik Modische Acces-soires Bestimmte reizstar-ke Süßwaren, z. B. Lollies
Klassiker: Produkte (Marken!) mit dauerhaft homogener Qualität und Produkteigen-schaften sowie dauer-hafter Präsenz am Markt	?	Getränke Süßwaren
Zyklische Produkte: Produkte mit dauerhaf-ter Präsenz am Markt, die sich jedoch ständig an wandelnde Produkt-anforderungen oder modische Strömungen anpassen müssen	?	Sportartikel Bekleidung Accessoires, wie Taschen

Hypes: Tamagotchi & Co.

Hypes sind high interest Produkte, die selten einen Grundbedarf abdecken, sondern eher zusätzlichen Nutzen versprechen. Dieser Nutzen besteht vor allem in der Aktualität der Produkte, in dem Gefühl, durch diese Produkte up-to-date zu sein. Zweite Voraus-setzung dafür, ein Hype zu werden, ist dass das Produkt zunächst sehr reizstark wirkt. Typisch ist allerdings auch, dass die Intensität dieses Reizes dann schnell wieder nachlässt, vor allem durch die zunehmende Verbreitung. Hypes sind vergleichbar mit einem

Abb. 3.1: Tamagotchi

Kaugummi: Am Anfang schmeckt er sehr intensiv, verliert dann aber schnell an Geschmack, je länger man darauf herumkaut.

Für die Kommunikation von Hypes heißt das natürlich, dass sehr schnell sehr hohe Aufmerksamkeit erreicht werden muss, und dass die Kommunikationsphase bereits nach kurzer Zeit wieder zu Ende ist. Eine langfristig angelegte Kommunikationsstrategie macht keinen Sinn.

Viele Hypes haben dabei ihren eigenen, immer wiederkehrenden Zyklus. So kommen z. B. die Zungenmaler-Lutscher oder auch Jojos alle paar Jahre wieder in Mode, weil eine neue Generation von Kindern die alten Produktideen neu entdeckt. Für die Kommunikation ist dies allerdings nicht relevant, weil man immer wieder bei Null anfängt und die alte Kampagne auf jeden Fall aktualisiert werden muss.

Beispiele: Kommunikation von Hypes

Nur wenige Produkte haben das Glück des Tamagotchis, eine starke, begleitende PR-Kampagne zu haben, die bereits ein Jahr vor der deutschen Markteinführung für Aufmerksamkeit sorgte.

DasTamagotchi war 1997/98 ein klassisches Beispiel für einen Hype mit einem entsprechenden Produktlebenszyklus. Zunächst fand das Spielzeug-Ei Verbreitung bei Opinion Leadern aus Trendszenen: Es war schick, diese kleine Gerät bei Raves dabei zu haben, und es wurden sogar Tamagotchi-Pflegestationen in Clubs und Discos eingerichtet.

Die Szene verlor jedoch sehr bald das Interesse und das Gerät fand sich bei „normalen" Jugendlichen wieder. In den folgenden Wochen und Monaten konnte man beobachten, wie die Zielgruppe des Tamagotchis immer jünger wurde, bis es schließlich in den Grundschulen und Kindergärten angekommen war. Damit war es für die Älteren natürlich gänzlich uninteressant geworden und verabschiedete sich langsam vom Markt.

Das Faszinierende war, dass das Tamagotchi diese enorme Verbreitung fast gänzlich ohne werbliche Unterstützung schaffte. Natürlich gab es viele Berichte über dieses Spielzeug (viele Pädagogen fanden es ja furchtbar, weil vom echten Leben entfremdend), doch der dynamische Aufstieg des Spielzeugs wurde – typisch für Hypes – durch die Peer Group, den Freundeskreis angetrieben: Einer hat's und alle anderen ziehen nach.

2 Beispiele für Hypes aus dem Süßwarenbereich waren die Zungenmaler-Lutscher von Chupa Chups oder der Lutscher mit „eingelegter" Made: Am Anfang waren diese Produkte toll, weil man damit Freunde und Erwachsene schocken konnte, doch dieser Effekt war bald im wahrsten Sinne des Wortes ausgelutscht. Während Chupa Chups seine Lutscher immer mit schrillen Kampagnen („Leck mich!") bewirbt und so kurzfristig für hohe Aufmerksamkeit sorgt, ist der Madenlutscher wie das Tamagotchi (oder Jojos) vor allem durch Mundpropaganda bekannt geworden.

Die Klassiker: Seit Jahr und Tag das Gleiche

Bei den Klassikern handelt es sich typischer Weise um große Marken mit klar definiertem Markenkern und spezifischen Produkteigenschaften. Dazu gehören vor allem die meisten Produkte aus den für die Zielgruppe relevanten Food-Bereichen wie Süßigkeiten, Limonaden und so weiter.

Abb. 3.2: Mars

Im Grunde haben diese Marken kaum Neuigkeiten zu vermelden – außer dass es sie noch gibt. Doch gibt es für Kinder- und Jugendmarken nichts Schlimmeres, als in Passivität zu verfallen und nicht mehr als aktuell, als „in" wahrgenommen zu werden. Aktualität muss also über Kommunikation erzeugt werden, allerdings schaffen es die wirklichen Klassiker – bei aller Aktualität – auch die Kontinuität des Markenkerns zu wahren, wie die folgenden Beispiele zeigen:

Beispiele: Die Kommunikation von Klassikern
Marken wie Mars fahren regelmäßig unterschiedliche Kampagnen, die jedoch immer die gleiche Botschaft kommunizieren: Von „Mars macht Mobil" bis „Mars – und es geht weiter": Die Message ist immer die Energie, die man durch Mars bekommt. Ähnlich verfährt Coca-Cola: Hier steht als Kernbenefit des Produktes immer die „Erfrischung" im Vordergrund, gestützt durch den emotionalen Benefit Spaß. Dieser Markenkern wird in allen Variationen aufgegriffen und – wie bei Mars – ergänzt durch das starke Visual Flasche (bei Mars: die markante Verpackung) und das Logo. Trotz sehr unterschiedlicher Gestaltung zahlen damit alle Kampagnen auf das Konto der langfristigen Strategie ein.

Zyklische Produkte: Das Beständige ist der Wechsel

Im Gegensatz zum Food-Bereich ist speziell die Bekleidung und der Bereich der Accessoires starken modischen Schwankungen ausgesetzt. Man kann hier kaum von homogenen Produkteigenschaften sprechen, wenn man einmal die Qualität und die Materialien ausklammert.

Abb. 3.3: Adidas

Für Marken aus diesen Produktbereichen ist es deswegen ungeheuer wichtig, Aktualität nicht nur in der Kommunikation, sondern auch über die Produkte zu signalisieren: Wer Trends verschläft, fällt aus dem Markt.

Nun könnte eine natürliche Reaktion sein, auf eine langfristige Strategie zu verzichten und stattdessen immer wieder und immer wieder aktuell die Neuheiten bekannt zu machen. Die Erfahrung hat allerdings gezeigt, dass sich auf Dauer nur die Marken durchsetzen, die genau dieser Neigung nicht verfallen. Um nicht jedesmal auf's Neue bei Null anfangen zu müssen, kann auch hier eine langfristige Strategie gefahren werden, die für die Marke Werte und Benefits schafft.

Beispiele: Kommunikation in zyklischen Produktbereichen
Am Beispiel der Sportartikelmarken adidas und Nike lässt sich sehr konkret nachvollziehen, dass beide Unternehmen mit ihrer Kommunikation langfris-

tig die jeweilig gleichbleibende Strategie verfolgen. Während adidas für den authentischen, ehrlichen und auch bodenständigen Sport steht und dies in den Kampagnen umsetzt („We knew then, we know now." oder „Take what you want.") verkörpert Nike einen extrovertierteren, spielerischen Sportbegriff („Just do it"), am besten beschrieben in der Kampagne mit der brasilianischen Nationalmannschaft zur Fußball-WM 98. Diesen Strategien bleiben die beiden Marken treu, denn so wenig es für adidas glaubwürdig wäre, plötzlich extrovertiert und schrill sein zu wollen, genauso wenig würde Nike als ernsthafte und bodenständige Marke akzeptiert werden.

Eine Änderung dieser langfristigen Strategie macht nur dann Sinn, wenn sich der Markt so massiv verändert, dass die ursprünglichen Markenwerte drastisch an Relevanz verlieren. So war Levi's Flat Eric nichts anderes als die Antwort darauf, dass die Werte der Marke Levi's und auch die Produkte den Puls der Zeit verloren hatten. Problematisch an dieser Kampagne war allerdings, dass zwar Flat Eric „verkauft" wurde, aber nicht wirklich die Marke Levi's. Entsprechend wendet sich die Kommunikation von Levi's jetzt wieder dem klassischen Jeansstoff in aktuellerem Schnitt zu.

Im Spielwarenbereich sind beispielsweise auch Lego, Playmobil oder Mattel's Barbie in einer ähnlichen Situation, die mit einer langfristigen Strategie gelöst wird. Diese Marken haben durch ihre Werte und ihr Image im Grunde einen Klassiker-Status, der sie in gewisser Weise fast unangreifbar macht. Allerdings müssen auch sie sich laufend mit Neuerscheinung gegen ständig wechselnde Wettbewerber durchsetzen. Die Strategie heißt hier, langfristig am bewährten Kern festzuhalten, diesen jedoch immer wieder mit aktuellen Themen neu umzusetzen, um relevant zu bleiben. Bestes Beispiel hierfür ist die Star Wars Serie von Lego, bei der der Hype um den Kinofilm für die Marke genutzt wurde, um zu zeigen, dass Lego weiß, was Kids gerade fasziniert.

Zusammengefasst lautet die Empfehlung daher fast immer, eine langfristige Strategie zu erarbeiten und die jeweils anstehenden Kommunikationsmaßnahmen auf diese Strategie abzustimmen. Der Preis, den Sie hierfür zu zahlen haben, ist sicherlich eine Einschränkung der Möglichkeiten bei der Umsetzung von Kommunikation, auf der Haben-Seite steht langfristig jedoch eine eindeutige und damit sichere Position am Markt.

Eine kurzfristige Kommunikationsstrategie macht wirklich nur dann Sinn, wenn Sie ein Produkt haben, von dem Sie wissen, dass es das Zeug zum *Hype*, aber nicht zum *dauerhaften Star* hat.

Und wenn Sie einen Hype auf den Markt bringen wollen: Denken Sie daran, dass Hypes von der Zielgruppe und insbeson-

dere den Peer Groups gemacht werden und nicht von der Werbung. Wer behauptet, sein Produkt sei der absolute Megahit und
voll „in", macht sich lächerlich und disqualifiziert sich fast automatisch. Wichtiger als die TV-Kampagne ist also die Präsenz am
POS und all den anderen Orten, wo Ihre Zielgruppe sich aufhält.
Die Losung heißt „Da sein, auffallen, stimulieren".

3 Die Auswahl der richtigen Kommunikationskanäle

Sie haben festgelegt, was Sie kommunizieren möchten und an wen Sie Ihre Botschaften adressieren wollen. Ihre Kommunikationsplattform steht und der Zeithorizont für die Kommunikation ist bestimmt. Nun geht es darum, über welche Kommunikationskanäle Sie diese Botschaften an die jungen Konsumenten richten wollen, und wohl keine Zielgruppe bietet so vielfältige Möglichkeiten der Ansprache wie Kinder und Jugendliche. Da sind zum einen die klassischen Werbemedien:

- TV
- Funk
- Print
- Plakate
- Kino

Darüber hinaus bieten sich aber auch noch einige andere und zum Teil sehr neue Kanäle an, um Ihre Produkt- und Markenbotschaften bekannt zu machen, und über deren Einsatz nachzudenken es sich durchaus lohnt:

- Mundpropaganda über Kommunikationsagenten wie Freunde, Eltern, Geschwister oder Lehrer
- Events und Veranstaltungen
- Kundenclubs und Kundenzeitschriften
- Internetauftritte
- Der POS, also die Geschäfte, in die Kinder und Jugendliche gehen
- Schule oder Kindergarten
- Redaktionelle Medieninhalte, sei es in Zeitschriften wie Bravo oder in Fernsehserien
- Kataloge und Prospekte
- Produkte selbst durch Hinweise auf andere bzw. neue Produkte

Klassische Werbung

Zunächst soll es um die Möglichkeiten gehen, die klassische Werbung bietet, schließlich wird diese in den meisten Fällen die

Hauptlast bei der Kommunikation von Marken- und Produktbotschaften tragen.

In den letzten Jahren wurde immer wieder die Diskussion über den Sinn und die Chancen von klassischer Werbung im Kinder- und Jugendmarkt geführt. Ausgangspunkt war beispielsweise das sehr diffuse Fernsehnutzungsverhalten von Kindern, auf das im Rahmen dieses Kapitels noch eingegangen wird, oder die Schwäche der Flagschiffe des Printmarktes, wie z. B. Micky Maus oder Bravo. Die Diskussion ging sogar soweit, dass insbesondere für den Jugendmarkt ein Ende der klassischen Werbung prognostiziert wurde: Die Jugend sei zu heterogen und zu individuell, um von Medien wie dem Fernsehen oder Jugendzeitschriften noch erreicht werden zu können, hieß es.

Aus unserer Sicht als Jugendforscher stellt sich die Situation allerdings anders dar: Die Zielgruppe Kinder und Jugendliche ist zwar komplizierter, heterogener geworden, allerdings wird sie nach wie vor von den gleichen Grundbedürfnissen getrieben und diese Grundbedürfnisse werden von den Massenmedien immer noch hervorragend angesprochen. Was sich geändert hat, ist vor allem die Vielfalt im Medienmarkt: Es gibt einfach mehr Fernsehsender, mehr Fernsehsendungen und mehr Zeitschriften, die für Kinder und Jugendliche interessant sind.

Dies macht die Nutzung der klassischen Werbeträger für die Markenkommunikation zwar schwieriger, aber nicht weniger wichtig. Schließlich sind die meisten Marken Massenmarken und deswegen darauf angewiesen, ihre Kommunikation einheitlich an eine breite Zielgruppe zu richten. Dies können aber nur die klassischen Werbeträger gewährleisten – eben weil sie Massenmedien sind.

Das folgende Kapitel soll Ihnen helfen, den Pfad durch den Mediendschungel zu finden und den Weg zu einem effektiven Mediamix bei den klassischen Medien zu ebnen.

Werbung und Kinder: Was ist erlaubt, was ist verboten?

Wenn es um Jugend und Werbung geht, kommt man nicht umhin, etwas zu der Diskussion um Werbebeschränkungen und Verbote zu sagen, schließlich klingeln bei diesem Thema insbesondere bei vielen Eltern die Alarmglocken. „Unschuldige und hilflose" Kinder würden von der Werbung verführt, heißt es, und bei Jugendlichen würden Konsum-Standards gesetzt, die erfüllt werden müssen, um in der Peer Group akzeptiert zu werden.

Werbung will nun einmal verkaufen, also das Verhalten direkt beeinflussen, und gerade das ist bei Kindern natürlich sehr viel einfacher als bei Erwachsenen. Die gesellschaftliche Diskussion, ob Werbung an Kinder und Jugendliche gerichtet werden darf, ist in vollem Gange und wird in anderen Ländern teilweise noch schärfer geführt als in Deutschland. Schweden plant sogar, im Rahmen seiner EU-Ratspräsidentschaft im Jahr 2001 ein EU-weites Werbeverbot durchzusetzen.

Lässt man die Kinder und Jugendlichen selbst zu Worte kommen, stellt man fest, dass schon sehr früh ein Verständnis für die Ziele und Absichten der Werbung vorhanden ist.

Die Jüngsten bis etwa 5 Jahre sehen Werbung als reine Unterhaltung an und schaffen es in den meisten Fällen noch gar nicht, einen unmittelbaren Bezug zwischen sich und dem Produkt herzustellen. Der 4-Jährige, der bei einer Werbung seiner Mutter sofort sagt „Kauf mir das" wird nur schwer zu finden sein. Aber: Natürlich erkennen auch diese Kinder bereits Produkte im Geschäft wieder und werden diejenigen haben wollen, von denen sie wissen, dass sie „Spaß machen" bzw. für sie gedacht sind.

Die meisten 6- bis 8-Jährigen haben bereits ein Verständnis für die Ziele der Werbung entwickelt, stehen ihr aber noch relativ unkritisch gegenüber. Aus ihrer Sicht will Werbung unterhalten und über neue Sachen informieren. Dass sie direkt zum Kauf animiert werden sollen, ist ihnen allerdings noch nicht richtig bewusst. Da in diesem Alter der Bezug zum Produkt („Damit kann ich etwas anfangen") jedoch schon hergestellt werden kann, wirkt Werbung hier am direktesten und ist – aus Sicht der Kritiker – in diesem Alter am gefährlichsten.

Ab etwa 8 bis 9 Jahre sind Kinder im Alter des kritischen Realismus, in dem sie alles hinterfragen, insbesondere auch die Werbung. Dass Werbung ihnen etwas verkaufen will, ist Kindern nun bewusst, und sie überprüfen Werbebotschaften auf ihren Wahrheitsgehalt und ihre Glaubwürdigkeit. In diesem Alter sind Kinder im Grunde bereits genauso schwer (oder leicht) durch Werbung zu beeinflussen wie Erwachsene.

Diese zugegeben etwas verkürzte Übersicht zeigt, dass man sehr wohl unterscheiden muss, an wen sich die Werbung richtet (siehe auch Baacke, 1999). Was sollten Sie also beachten, um bei Kinderwerbung keine Konflikte mit Eltern oder Verbänden zu riskieren?

- *Vermeiden Sie direkte Aufforderungen zum Kauf:* Sie dürfen natürlich Ihr Produkt zeigen, aber den Schluss, dass es das Produkt möchte, soll das Kind selbst ziehen, ohne Suggestion oder direkte Beeinflussung.
- *Achten Sie immer auf eine klare Trennung von Werbung und redaktionellen Inhalten:* Es ist zwar reizvoll, im Kinderbereich mit Product Placement zu arbeiten, Werbung mit beliebten Sendungen zu vermischen oder beliebte Formate in Werbung umzubauen, es gibt aber auch andere und weniger kontroverse Möglichkeiten, Ihre Produkte zu kommunizieren.
- *Sagen Sie klar, was Sie wollen:* Wer klare Angebote macht, bekommt auch klare Antworten, wer nur unterschwellig kommuniziert, macht sich der Manipulation verdächtig.
- *Sagen Sie die Wahrheit:* Auch Kinder reagieren sehr sensibel, wenn Versprechungen der Werbung vom Produkt nicht eingehalten werden. Sie möchten ja auch ein zweites und drittes Mal gekauft werden, oder?
- *Koppeln Sie keine Angebote:* Eltern hassen es, wenn sie über ein erstes Produkt zum Kauf eines zweiten gebracht werden sollen oder wenn ein Produkt nur mit einem zweiten, separat zu kaufenden, funktioniert. Aber auch Kinder sind sauer, wenn Werbung ihnen ein komplettes Produkt verspricht, sie aber notwendige Accessoires separat dazu kaufen müssen.
- *Spielen Sie Kinder und Eltern nicht gegeneinander aus:* Die Erziehungshoheit der Eltern darf durch Ihr Produkt nicht gefährdet oder auch nur angekratzt werden. Eltern möchten sich auch nicht als schlechte Eltern fühlen, wenn sie Ihr Produkt nicht kaufen.
- *Stellen Sie das soziale Prestige, das man durch Ihr Produkt bekommen kann, nicht zu sehr in den Vordergrund:* Eltern mögen es nicht, wenn man ihnen vermittelt, ihr Kind sei ohne Ihr Produkt sozial deklassiert oder zur Einsamkeit verdammt.
- *Sprechen Sie nicht zu junge Kinder an:* Werbung, die an Vorschulkinder adressiert ist, stößt bei der großen Mehrheit der Eltern auf Reaktanz. Die Eltern fürchten – nicht zu Unrecht –, dass Kinder diesen Alters Werbung noch nicht durchschauen. Wenden Sie sich lieber direkt an die Eltern.

Aus unserer Sicht machen Werbeverbote für Kinder- und Jugendprodukte keinen Sinn. Schließlich ist es illusorisch, zu glauben, man könnte Kinder und Jugendliche unter eine „Käseglocke" setzen und sie von aller Werbung fern halten. Außerdem halten wir einen solchen Ansatz sogar für gefährlich: Früher oder später kommen Menschen in unserer Gesellschaft mit Werbung in Kontakt und dann sollten sie auch in der Lage sein, mit werblichen Botschaften umzugehen, sie zu selektieren und zu interpretieren. Das Beispiel der neuen Bundesländer, wo sich viele Bürger nach dem Fall der Mauer hoch verschuldeten oder unsinnige Verträge abschlossen, zeigt, wie notwendig es in unserer Gesellschaft ist, frühzeitig die Mechanismen des Konsums zu erlernen. Und dazu zählt nun einmal auch die Werbung.

Die klassischen Werbemedien im Vergleich: Stärken- und Schwächen-Analyse

Generell bieten sich Ihnen im Kinder- und Jugendmarkt die gleichen Werbeträger an wie im Erwachsenenmarkt. Doch lohnt es sich, einmal genauer die Stärken und Schwächen der einzelnen Medien als Werbeträger aus Sicht der jungen Zielgruppen zu durchleuchten (vgl. dazu auch die von uns durchgeführte Untersuchung „Coole Profis – Die Medienrealität der Kids", Egmont Ehapa Verlag, 1997).

TV: Das Hauptmedium auch im Kinder- und Jugendmarkt

Bei Werbung denken nicht nur Erwachsene automatisch an TV-Werbung. Zu dominant und zu reizstark ist dieses Medium, wenn es um die Verbreitung werblicher Botschaften geht. Und Fernsehen hat als Werbeträger auch klare Stärken:

- *Mit keinem anderen Medium kann eine solche Reichweite erzielt werden wie mit TV*
  Fernsehen schaut nun einmal fast jedes Kind fast jeden Tag und deswegen können im Grunde alle Kinder irgendwann über das TV erreicht werden. Kein anderes Medium bietet dieses Zielgruppenpotenzial.
- *Fernsehen ist ein äußerst reizstarkes Medium*
  Die Kombination von bewegtem Bild und Ton bietet viel breitere gestalterische Möglichkeiten als die anderen Werbemedien. Man kann durch schnelle Schnittfolgen Spannung und Dramatik erzeugen oder Geschichten und Situationen inszenieren, die Involvement schaffen und Interesse wecken.

Über Musik und Ton kann zusätzliche Aufmerksamkeit erzielt und Emotion und Zielgruppennähe kommuniziert werden. Kurz: Dieses Medium bietet ein unendliches Potenzial an Möglichkeiten, die eigene Kommunikationsstrategie in eine adäquate Kampagne umzusetzen.

- *Das Produkt kann in Aktion und aus verschiedenen Perspektiven oder in unterschiedlichen Zusammenhängen gefilmt werden*
  In keinem anderen Medium können Produkte besser in Aktion gezeigt werden als im TV, was z. B. bei Spielwaren ein wichtiger Vorteil ist. Man sieht nicht nur das Produkt, sondern eben auch, was man mit dem Produkt anfangen kann. Der erreichbare Informationsgehalt ist sehr hoch.

- *Das Produkt kann sehr gut emotionalisiert werden*
  Durch Verwendung von Musik, Schnitten und so weiter kann das Produkt auch emotional aufgeladen werden, da durch die nicht selbst gesteuerte Informationsaufnahme der rationale Filter des Zuschauers umgangen wird: Die Werbung wirkt direkt auf die Gefühle.

Aber TV hat als Werbeträger auch Schwächen:

- *Kinder schauen nicht nur Zielgruppenprogramme und Jugendliche schon gar nicht*
  Die Hauptfernsehzeit auch von Kindern ab 9 Jahren ist die abendliche Prime Time (siehe Abb. 3.4). Am Nachmittag werden die Kids bei schönem Wetter von der Mutter oft nach draußen geschickt oder sie spielen mit den Freunden. Mit Kinderprogrammen erreicht man also viele Kinder, aber bei weitem nicht alle. Und je älter die Kids werden, desto schwieriger sind sie mit Zielgruppenprogrammen einzufangen. Die attraktivsten und auch anteilsmäßig am häufigsten gesehenen Fernsehsendungen sind beispielsweise Spiel- und Fernsehfilme sowie Fernsehserien. Erst an dritter Stelle mit insgesamt 11 % des Fernsehbudgets kommen Zeichentrickserien als typisches Kinderprogramm (siehe Abbildung 3.5).
  Die Konsequenz ist entweder, sich mit kleineren Reichweiten zufrieden zu geben oder aber mit großen Streuverlusten in Programmumfelder zu gehen, die sich vor allem an Erwachsene richten.

- *Insbesondere nachmittags schauen Kinder und Jugendliche oft sehr unsystematisch fern*

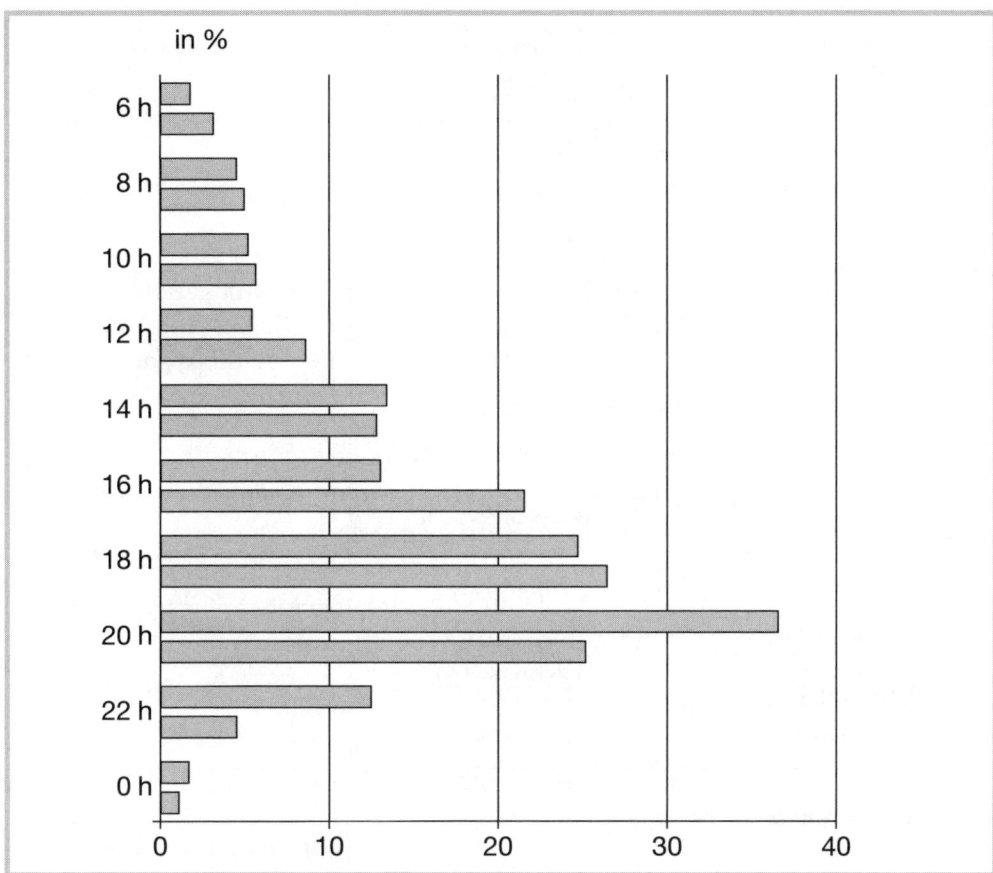

Abb. 3.4: Wann 8- bis 15-Jährige fernsehen

Einer der Hauptauslöser für die Fernsehnutzung von Kindern und Jugendlichen ist Langeweile: Wenn man nichts mit sich anzufangen weiß, bietet das Fernsehen einfach die meisten Alternativen bei minimalen Aufwand. Gewiss, Kinder und Jugendliche haben wie Erwachsene ihre Lieblingssendungen. Diese Sendungen schauen sie sich auch mit großer Regelmäßigkeit an und „sitzen" auch die Werbepausen aus, weil sie nichts verpassen wollen.

Ein Großteil der Fernsehnutzung läuft in diesen Zielgruppen allerdings unsystematisch ab, und dies vor allem am Nachmittag zur „Kinderstunde": Man schaltet sich durch die Programme und bleibt beim ersten interessanten Angebot kleben, ist aber auch sehr schnell wieder weg, wenn Werbung kommt oder die Sendung einen Hänger hat.

Ursache hierfür ist nicht zuletzt auch die starke Austausch-

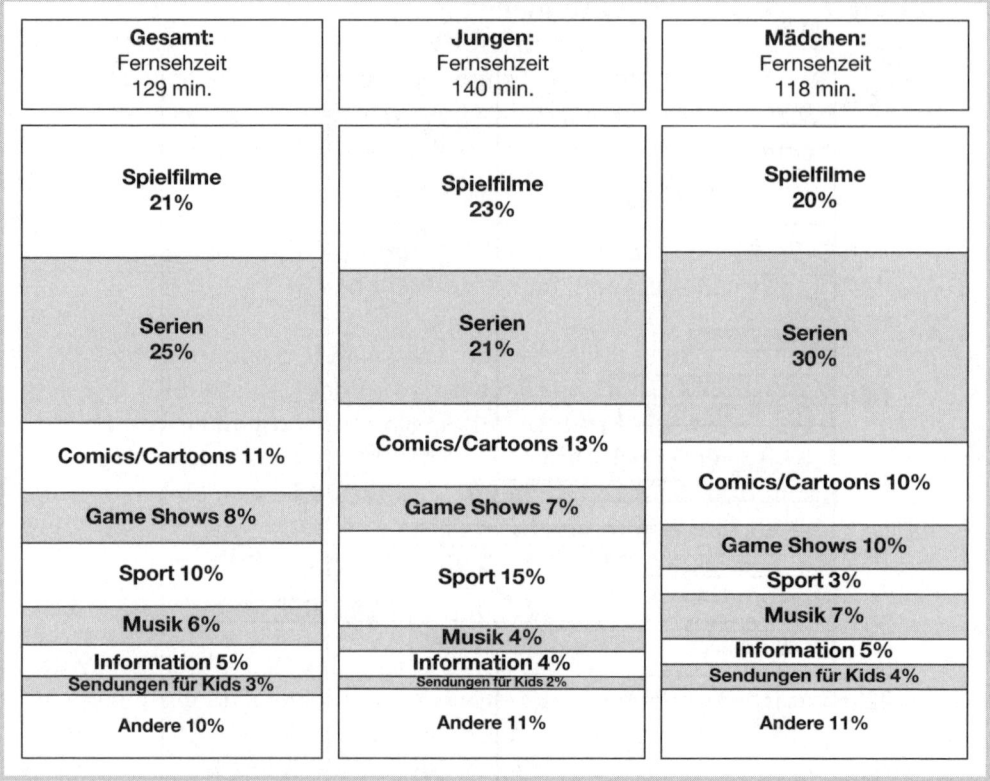

Abb. 3.5: Was Kinder im TV sehen

barkeit vieler Kinderprogramme, die sich nicht gegeneinander durchsetzen, nicht stark genug profilieren können. Für Werbung heißt das allerdings, dass es oft fast einem Glücksspiel gleichkommt, von wem sie gesehen wird.

■ *Die Konsequenz dieses Nutzungsverhaltens: TV ist teuer*
Wer mit seiner Werbung ins TV geht, muss sich der immensen Kosten bewusst sein. Mit kleinen Etats erreicht man im Fernsehen fast nichts.

■ *TV-Werbung nervt*
Kinder und Jugendliche haben generell eine eher negative Einstellung zur TV-Werbung. Werbeblocks sind nun einmal immer Unterbrechungen dessen, was man eigentlich sehen möchte. Dazu kommen die ständigen Wiederholungen der gleichen Spots und dass der Großteil der ausgestrahlten und von der jungen Zielgruppe gesehenen Werbung nicht interessiert. Die Konsequenz: Viele Kinder haben während des Werbeblocks den Finger immer an der Fernbedienung.

■ *Jeder wirbt im Fernsehen*
Neben der Frage, ob Ihre Werbung überhaupt gesehen wird, stellt sich auch die Frage, ob Ihre Werbung sich im Umfeld durchsetzen kann. Berechnungen haben ergeben, dass Kinder pro Tag etwa 30 TV-Werbungen sehen. Erinnert wird davon jedoch nach 1 oder 2 Tagen nur jeder 20. Spot (Egmont Ehapa Verlag 1997). Durch die Vielzahl der gesendeten Werbungen sinkt die Chance Ihrer Werbung, sich durchzusetzen und bei der Zielgruppe hängen zu bleiben.

Fasst man diese Stärken und Schwächen zusammen, bleiben die klaren Stärken des Fernsehens in puncto Reichweite und Reizstärke: Wer sein Produkt bundesweit und schnell bekannt machen möchte, wird um TV-Werbung nicht herumkommen und die technischen Möglichkeiten dieses Mediums erlauben eine sehr attraktive Umsetzung.

Klar ist aber auch, dass ein Engagement im Fernsehen in den meisten Fällen nur dann Sinn macht, wenn man in der Lage ist, für massive Präsenz auf verschiedenen Kanälen und in verschiedenen Programmumfeldern zu sorgen. Ein deutlich 7-stelliger Werbeetat ist Voraussetzung, 20 Spots in 6 Wochen sind verschwendetes Geld!

Print: Zielgruppenmedien mit klar definierter Leserschaft

Anders als bei TV, das im Grunde jeder zuhause nutzen kann, sind Printtitel nicht in jedem Haushalt vorhanden (vgl. Abb. 3.6). So haben 24% der 8- bis 15-Jährigen regelmäßig Jugendzeitschriften im Haushalt, 14% haben Comics.

Der Hauptnachteil von Printwerbung ist also klar: Eine deutlich kleinere erreichbare Zielgruppe als beim TV. Auf der Negativseite steht außerdem die geringere Reizstärke dieses Mediums, weswegen Printwerbung nicht so sehr mitzureißen vermag wie TV-Werbung. Action und Spannung kann im Fernsehen einfach besser vermittelt werden als in statischer Printwerbung, die zudem auch mehr Anstrengung bei der Rezeption, beim Lesen erfordert. Aber: Werbung in Kinder- und Jugendzeitschriften hat auch klare Vorteile.

■ *Kinder und Jugendzeitschriften sind Special Interest Titel mit präzise definierten Zielgruppen*

	Gesamt n = 1600
Programmzeitschriften	47%
Aktuelle Illustrierte	7%
Frauen-Zeitschriften	17%
Kinder- und Jugendzeitschriften – Bravo – Bravo Girl – Mädchen – Wendy	24% 16% 4% 3% 3%
Comics – Micky Maus – Disneys Lustiges Taschenbuch	14% 10% 3%
Sportzeitschriften – Bravo Sport	9% 5%
Motor-Zeitschriften	6%
Wohnzeitschriften	1%
Zeitschriften zu Gesellschaft, Politik und Wirtschaft	7%
PC-Zeitschriften	3%
Sonstige Zeitschriften	13%
Zeitungen	71%
Keine Angabe	11%

Abb. 3.6: Im Haushalt regelmäßig vorhandene Printmedien

Comics, Jugendzeitschriften oder Zeitschriften zu Sport, Computer, Fernsehserien oder Tieren setzen ein zielgerichtetes Engagement der Kinder und Jugendlichen voraus: Man muss entweder sein eigenes Geld investieren oder die Eltern dazu bewegen, dass diese die Zeitschriften kaufen. Man wird also nur die Titel auswählen, die wirklich interessieren.

Dieses gezielte Interesse an einzelnen Themen ist eine hervorragende Grundlage für eine maßgeschneiderte Ansprache einer ganz bestimmten Zielgruppe. Die Konsequenz sind minimale Streuverluste, wie sie im TV nur selten möglich sind: 58% der Lesezeit von 8- bis 15-Jährigen entfallen auf die relevanten Zeitschriften (vgl. Abb. 3.7)!

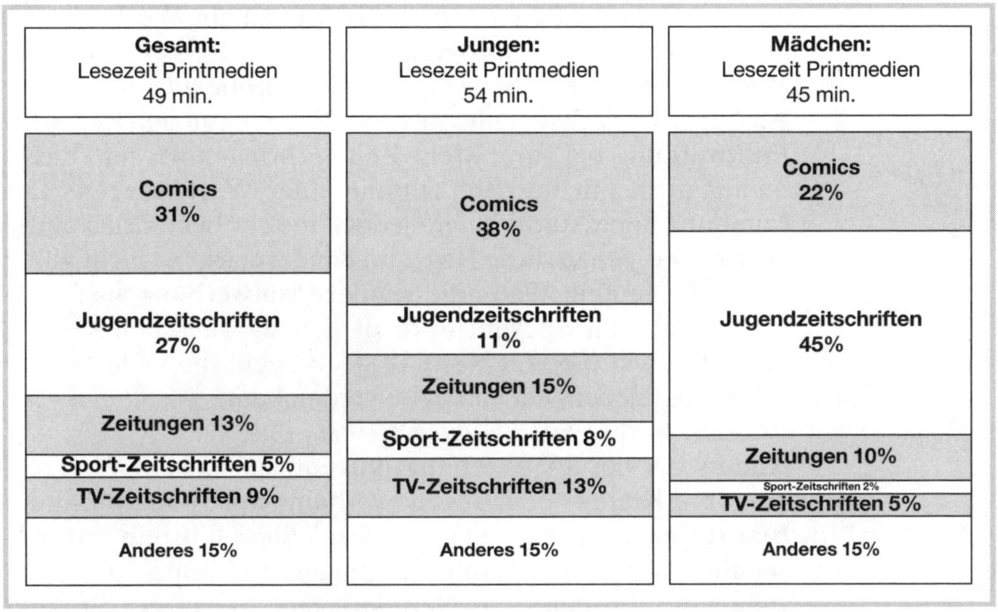

Gesamt: Lesezeit Printmedien 49 min.	Jungen: Lesezeit Printmedien 54 min.	Mädchen: Lesezeit Printmedien 45 min.
Comics 31%	Comics 38%	Comics 22%
Jugendzeitschriften 27%	Jugendzeitschriften 11%	Jugendzeitschriften 45%
Zeitungen 13%	Zeitungen 15%	
Sport-Zeitschriften 5%	Sport-Zeitschriften 8%	Zeitungen 10%
TV-Zeitschriften 9%	TV-Zeitschriften 13%	Sport-Zeitschriften 2% TV-Zeitschriften 5%
Anderes 15%	Anderes 15%	Anderes 15%

Abb. 3.7: Lesezeit von Jugendzeitschriften

Leser von Kinder und Jugendzeitschriften sind involvierte Leser

Die nachvollziehbare Konsequenz dieses starken Interesses an den Inhalten der Printmedien ist, dass Zielgruppenzeitschriften wie Micky Maus oder Bravo ein deutlich höheres Involvement während der Nutzung erzeugen, was beispielsweise zu einer besseren Erinnerung an die Inhalte führt als bei einer unkonzentrierten Nebenher-Nutzung des TV (vgl. Egmont Ehapa Verlag, 1997).

▓ *Printwerbung stört nicht*

Im Gegensatz zu TV-Werbung, die oft als sehr störend empfunden wird, ist Print-Werbung deutlich weniger negativ besetzt. Wie sich in der schon mehrfach zitierten Egmont Ehapa Studie „Coole Profis – Die Medienrealität der Kids" herausstellte, liegt dies vor allem an der Selbstbestimmung beim Umgang mit Werbung: Der Leser kann entscheiden, ob er eine Werbeanzeige sofort überblättern oder sie länger betrachten möchte. Man ist nicht gezwungen, die 15 oder 30 Sekunden zu warten, bis der TV-Spot zu Ende ist.

Dieser eigenbestimmte Umgang führt beispielsweise auch dazu, dass der Werbeanteil in Printtiteln subjektiv niedriger wahrgenommen wird als im TV, obwohl objektiv gesehen manche Zeitschriften anteilsmäßig sogar mehr Werbung enthalten als das Fernsehprogramm.

▓ *Printwerbung wird intensiv genutzt – wenn sie interessiert*

Aus dem Erwachsenenbereich ist die 2-Sekunden-Regel für Printwerbung bekannt: Mehr Zeit verbringen wir im Durchschnitt nicht mit der Betrachtung einer Werbeanzeige. Die Egmont Ehapa Studie zeigte jedoch in sehr beeindruckender Weise, dass genau diese Regel im Kindermarkt so nicht gültig ist. Im Gegenteil: Wenn die Kinder Printwerbung als für sie interessant und relevant erkannt haben, wünschen sie sich Anzeigen wie die von Nesquik oder Lego, die viele Details zeigen, bei denen viel entdeckt werden kann.

▓ *Printtitel bieten ein adäquates Werbeumfeld*

Anders als bei TV-Werbung müssen Sie nicht befürchten, dass Ihre Kinder- oder Jugendwerbung von Spülmittel- oder Bierwerbung eingerahmt wird. Schließlich hilft ein entsprechendes Werbeumfeld mit, der jungen Zielgruppe die Relevanz Ihres Produktes zu verdeutlichen. Wenn ein Produkt beispielsweise in einer Jugendzeitschrift präsent ist, wird es fast automatisch als Jugendprodukt wahrgenommen – sonst wäre es ja nicht da.

▓ *Ein Printumfeld bietet ähnliche Chancen für alle Werbungen*

Es gibt auch nicht wie oft im Fernsehen Werbungen zu Beginn eines Blocks, die die Kids sofort zum wegzappen bringen: Alle Printanzeigen haben die gleiche Chance, wahrgenommen zu werden, da die Zielgruppenmedien selbstverständlich von vorne bis hinten gelesen werden.

Zusammengefasst bleibt als wesentlichste Feststellung, dass Printmedien sehr wohl ihre Relevanz als Werbeträger im Kinder- und Jugendmarkt haben. Ihre Stärke gegenüber dem Fernsehen liegt eindeutig in der gebotenen Möglichkeit zur gezielten Ansprache einer stark involvierten Zielgruppe, die letztendlich auch deutlich geringere Kosten bedeutet. Aber – auch das muss gesagt werden – mit Printmedien wird weniger Emotionalität transportiert und die Reichweiten bleiben vergleichsweise begrenzt.

Funkwerbung: Wo bleiben die Bilder?

Funkwerbung hat einen gravierenden Nachteil: Sind kann nicht visualisieren. Dies begrenzt ihre Eignung vor allem bei Kindern bis etwa 9 bis 10 Jahre ganz dramatisch, denn dieser Zielgruppe fällt es aufgrund des noch begrenzten Abstraktionsvermögens schwer, einen Zusammenhang zwischen akustischen Reizen und einem Produkt herzustellen.

Bei älteren Kindern und Jugendlichen hat Funkwerbung deutlich bessere Chancen zu funktioniere, sie ist aber dennoch ein vergleichsweise problematisches Werbemedium:

- *Radio ist ein Nebenher-Medium und auch Werbung wird nur selten registriert*
  Wie wir Erwachsenen auch, nutzen Kinder und Jugendliche das Radio hauptsächlich zur Berieselung, als akustischen Hintergrund. Dem Programm selbst wird oft nur wenig Beachtung geschenkt, was aber auch am Trend hin zu „durchhörbaren" Formatradios liegt. Entsprechend wenig Aufmerksamkeit wird der Werbung im Radio geschenkt.
- *Nur Pre-Teens und Jugendliche bestimmen ihr Radioprogramm*
  Kindern bis etwa 10 Jahren ist relativ egal, welches Radioprogramm läuft. Das Radio wird von den Eltern oder älteren Geschwistern eingeschaltet und deswegen hängt es von deren Präferenzen ab, welches Programm das Kind hört. Anders als bei TV und Print lässt sich also nur indirekt über Reichweiten des Erwachsenenmarktes prognostizieren, was Kinder hören. Anders ist es bei Pre-Teens und Jugendlichen: Mit dem wachsenden Interesse an Musik wächst auch der Einfluss auf das gehörte Radioprogramm. Diese Zielgruppen sind über jugendspezifische Sender recht gut zu erreichen.

Anders als bei Print oder TV ist es für große, überregionale Marken also wenig erfolgversprechend, nur über das Radio zu werben: Das Produkt kann nicht richtig vorgestellt werden und die Aufmerksamkeitsstärke von Funkwerbung ist insgesamt relativ gering. Sinn macht Funkwerbung jedoch dann, wenn z. B. über Jingles ein akustisches Markenbild verankert ist, das mit Funkwerbung abgerufen werden kann. Ein bekannter Jingle wie das mittlerweile abgelöste „McDonald's ist einfach gut" reißt den Klangteppich auf und schafft Aufmerksamkeit. Dies heißt im Klartext aber auch, dass Funkwerbung ihre volle Wirkung am besten im Zusammenspiel mit dem TV entfalten kann: Im Fernsehen werden die Bilder geschaffen, die dann im Radio abgerufen werden.

Die zweite Einsatzmöglichkeit von Funkwerbung liegt in regional begrenzten Märkten, in denen Lokalradios die Chance bieten, punktuell aktiv zu sein und mit vergleichsweise geringen finanziellen Mitteln Jingles bei der Zielgruppe zu verankern. Print- und TV-Werbung würden hier einfach zu größeren Streuverlusten führen, da regionale Tageszeitungen von Kindern und Jugendlichen kaum gelesen werden und regionales Fernsehen die junge Zielgruppe in den meisten Fällen ebenfalls nur wenig interessiert.

Plakatwerbung: Schöne bunte Bilder

Plakatwerbung wird erst ab einem Alter von etwa 9 bis 10 Jahren relevant. Jüngere Kinder nehmen Plakate nur selten wahr, erkennen ihre Funktion als Werbeträger noch nicht. Dies liegt zum einen daran, dass Plakate oft einfach zu groß sind und als Bestandteil von Häusern oder Wänden wahrgenommen werden (Ausnahme: City Light Poster), zum anderen aber auch daran, dass es zu wenig Plakatwerbung gibt, die sich an Kinder richtet.

Nur wenige Plakate senden Signale aus, die von Kindern verstanden und eingeordnet werden können: Die gerade bei Plakaten oft eingesetzten Text-Bild-Scheren (ein bewusst inszenierter Widerspruch von Visual und Slogan um Aufmerksamkeit oder Witz zu erzeugen) können Kinder bis 9 oder 10 Jahren noch nicht verstehen.

Im Jugendmarkt haben Plakate allerdings durchaus ihre Relevanz, einfach weil sie sehr visuell sind und starke Reize aussenden können. Jugendliche lassen sich gerne von attraktiven und auch mysteriösen Bildmotiven „einfangen", wobei ähnliche

Wahrnehmungsmuster gelten wie bei Erwachsenen – nur eben bezogen auf jugendliche Symbole und Themen.

Hauptargument gegen Plakate sind jedoch die Streuverluste, die hier in Kauf genommen werden müssen: Natürlich gibt es Plakatflächen, die günstig in der Nähe von Schulen liegen, allerdings wird dies insbesondere bei überregionaler Plakatierung nicht durchgängig garantiert werden können.

Kinowerbung: Ihre Marke auf der großen Leinwand

Das Kino als Werbeträger entfaltet seine volle Wirkung erst bei den Pre-Teens und Teenagern, denn erst in diesem Alter wird man zum regelmäßigen Kinogänger. Kinowerbung hat in der Zielgruppe ein ausgesprochen positives Image, was an der hohen Qualität der Spots liegt und den vielen zielgruppennahen Produkten, die im Kino beworben werden. Kinowerbung hat klaren Unterhaltungscharakter, ist erwünscht und beliebt!

Es muss jedoch auch klar gesagt werden, dass Kinowerbung nur eine begrenzte Reichweite hat. Nicht alle Jugendlichen gehen ins Kino und von den 10- bis 19-Jährigen, die ins Kino gehen, gehen nur 52% mindestens 6-mal pro Jahr ins Kino (Neckermann, 1997). Dieser begrenzten Reichweite steht in der Kostenrechnung der erzielbare Imagegewinn gegenüber: Wer im Kino präsent ist, ist da, wo die Zielgruppe ist – und damit relevant!

Der richtige Mediamix für Ihre Kampagne

Um die richtigen Werbemedien für Ihr Produkt oder Ihre Marke auszuwählen, sollten Sie folgende Punkte durchgehen:

Wen wollen Sie erreichen?

- Gibt es einen regionalen Schwerpunkt oder wollen Sie überregional auftreten?
- Richten Sie sich an eine bestimmte, eng definierte Altersgruppe oder möchten Sie Ihre Werbebotschaft breit streuen?
- Ist Ihr Angebot eng mit einem bestimmten Thema verknüpft und darum vor allem für eine an diesem Thema interessierte Zielgruppe interessant oder könnten sich prinzipiell alle für Ihr Produkt interessieren?

▓ Wollen Sie nur Kinder und/oder Jugendliche erreichen oder auch ihre Eltern?

Wie ist Ihre Ausgangsposition?

▓ Sind Sie bei der Zielgruppe bereits bekannt und wollen Ihre Basis nun verbreitern und stärken oder wollen Sie erstmals auf sich aufmerksam machen?

▓ Haben Sie bestimmte optische oder akustische Key Signals, auf die Sie in Ihrer Kommunikation zurückgreifen können oder sind Sie noch nicht bei der Zielgruppe verankert?

Was genau wollen Sie kommunizieren?

▓ Stellen Sie bestimmte Produkteigenschaften in den Vordergrund oder betreiben Sie wenig produktspezifische Imagewerbung? Mit anderen Worten: Wollen sie eher rational-argumentativ kommunizieren oder emotional?

▓ Ist Ihr Produkt komplex und erklärungsbedürftig oder relativ einfach zu verstehen?

▓ Braucht Ihr Produkt eine starke emotionale Aufladung durch die Kommunikation oder finden die Kinder und Jugendlichen von selbst Zugang zu Ihrem Angebot, können den Nutzen von selbst erkennen?

Wieviel Budget haben Sie?

▓ Trägt Ihr Budget eine langfristig angelegte Kampagne oder können Sie nur kurzfristig agieren?

▓ Können Sie breite Zielgruppen ansprechen oder müssen Sie auf Ihre Kernzielgruppe fokussieren?

Da jede Kampagne andere Kommunikationsziele erreichen und andere Zielgruppen ansprechen will, sollte der Mediaplan auch entsprechend individuell unterschiedlich aussehen, immer im Rahmen des vorgegebenen Budgets.

Die folgenden 8 Fallbeispiele dienen zur Illustration der Möglichkeiten bei der Gestaltung des Mediaplans:

1. Fall: Überregionale Neueinführung eines Food-Produktes im Massenmarkt

Hier werden Sie um TV-Werbung als Lead Instrument nicht herumkommen, weil nur dieser Kanal Ihnen relativ schnell breite Bekanntheit garantieren kann. Trotz des angesprochenen unstetigen Fernsehverhaltens sollten Sie Ihre Werbung zunächst vor allem in einem Umfeld platzieren, das auf die Interessen des Zielgruppenalters abgestimmt ist. Wenn es Ihr Budget zulässt, sollten Sie aber auch in die TV Prime Time gehen, da dies die Basis Ihrer Kampagne spürbar erweitern wird und das Produkt auch für die Zielgruppe dadurch interessanter wird (ist nicht nur was für Kinder!).

Print- und Plakatwerbung kann in diesem Fall genauso wie Funk-Werbung bestenfalls unterstützend wirken, wird das Interesse am Produkt aber nicht nennenswert vergrößern können. In der Praxis sollte Werbung in diesen Medien Key Visuals bzw. Jingles der TV-Kampagne aufgreifen, um so den Impact der TV-Kampagne zu verstärken. Möglich ist auch, mit Plakaten oder Werbung in regionalen Printmedien auf lokale Promotion-Aktionen hinzuweisen.

2. Fall: Überregionale Neueinführung eines Spielzeugs im Massenmarkt

Auch hier wird TV-Werbung gebraucht werden, um Aufmerksamkeit zu erzeugen. Allerdings kann in diesem Fall durch Printwerbung in Zielgruppenmedien zusätzliches Interesse geweckt werden, indem das Spielzeug mit seinen Details erklärt und in Ruhe betrachtet werden kann. Im Idealfall beantwortet die Printwerbung in der Kernzielgruppe die Fragen, die die TV-Werbung offen gelassen hat. Funkwerbung ist hier gänzlich ungeeignet, da sie das Produkt und seine Vorzüge nicht zeigen kann, und auch Plakatwerbung wird nur die TV-Kampagne verstärken können.

3. Fall: Erzeugung eines Markenimages für ein Produkt im Massenmarkt

Da Markenimages sehr stark von einer Anreicherung des Produktes mit emotionalen Werten oder Erlebniswelten leben, muss eine Imagekampagne vor allem vom Fernsehen und Kino getragen werden, da nur diese Medien die nötige Reizintensität erzielen können. Alle anderen Werbeträger können allenfalls unterstützend wirken.

4. Fall: Überregionale Bewerbung eines eingeführten Produktes im Massenmarkt

Hier geht es weniger darum, neue Aufmerksamkeit zu erzeugen, sondern das Produkt ständig im Fokus der Zielgruppe zu halten. Dabei ist es weitgehend unerheblich, um welche Art von Produkt es sich handelt. Generell sind in diesem Fall alle 3 Medien geeignet und der Medieneinsatz sollte vom verfügbaren Budget abhängig gemacht werden. Bei eher geringem Budget bietet sich Printwerbung in Kinder- und Jugendzeitschriften an, da die Kernzielgruppe hier über einen längeren Zeitraum mit vergleichsweise geringem Aufwand und ohne Streuverluste angesprochen werden kann. Kaba und Nesquik gehen zum Beispiel regelmäßig mit Comics in die Zeitschrift Micky Maus, um das Produkt auf diese Weise aktuell zu halten.

Ähnliche Strategien lassen sich natürlich auch im TV fahren, allerdings nur mit ungleich höherem finanziellen Aufwand. Funkwerbung bietet sich – wie bereits erwähnt – dann an, wenn Sie einen Jingle oder Slogan in der Zielgruppe verankert haben, der Ihrer Marke im durchhörbaren Radioprogramm ein Gesicht verleiht. Plakatwerbung kommt zwar auch in Frage, ist aber für eine kontinuierliche Kommunikation aufgrund der hohen Streuverluste extrem unwirtschaftlich.

5. Fall: Bewerbung regionaler Aktivitäten

Massenmedien sind überregional und damit in der Regel ungeeignet zur Bewerbung regionaler Aktivitäten. Hier bietet sich stattdessen das Lokalradio sowie Plakatwerbung an, die als einzige regional belegt sind und somit Streuverluste minimieren können. Kinowerbung kommt dann in Betracht, wenn der Aufwand für die Gestaltung eines kinogerechten Spots – hier liegt die Messlatte ja besonders hoch – und der erzielbare Nutzen in einem vernünftigen Verhältnis stehen.

6. Fall: Überregionale Einführung eines Nischenproduktes

Wenn sich Ihr Produkt oder Ihre Marke nur an eine ganz bestimmte Zielgruppe richtet (z. B. Spielzeug oder Sportartikel), dann sollten Sie entsprechend natürlich nur die Medien belegen, die Ihre Zielgruppe auch tatsächlich nutzt. In der Regel werden dies vor allem Printmedien mit ihren klar definierten Leserschaften sein, aber auch eine auf eine exakte Zielgruppe zugeschnittene Fernsehsendung.

Ebenfalls in Frage kommt das Kino und eine gezielte Plakatierung an Orten, wo sich Ihre Zielgruppe aufhält. Wirtschaftlich unsinnig ist dagegen eine breit angelegte TV-Kampagne, die Ihrem Produkt zudem den Zielgruppenfokus rauben würde.

7. Fall: Einführung eines schnelllebigen Hypes

Dies ist ein klarer Fall für TV-Werbung, da nur hier schnell breite Bekanntheit und die notwendige emotionale Sogkraft erzeugt werden kann. Alle anderen Werbeträger können bestenfalls ergänzen. Denken sie aber auch daran, dass gerade bei Hypes der direkte Kontakt mit der Zielgruppe sehr wichtig ist. Der POS oder Events spielen hier entsprechend eine besonders große Rolle.

8. Fall: Einführung bzw. Aktualisierung von Modeartikeln

Hier ist eine zweigleisige Mediastrategie denkbar: Emotionale Image-Werbung in TV und/oder Kino kombiniert mit eher produktbezogener Werbung im Printbereich. Hier würden sich die Kanäle in idealer Weise ergänzen und so die Basis für die Kommunikation erweitern. Funkwerbung erscheint bei Modeartikeln relativ sinnlos, Plakatwerbung sollte eher das Image kommunizieren.

4 Die Gestaltung von Kommunikation für den Kinder- und Jugendmarkt

Nachdem Sie nun wissen, welche Botschaften Sie über welche Werbeträger verbreiten wollen, ist die nächste Frage natürlich, wie Ihre Kommunikation gestaltet sein muss, um bei jungen Zielgruppen anzukommen.

Grundregeln für die Kommunikation mit jungen Zielgruppen

Jeder Markt hat seine Mechanismen, so auch der Kinder- und Jugendmarkt. Dadurch, dass Kinder und Jugendliche sich jedoch permanent entwickeln, verändern, ist dieser Markt deutlich komplizierter als der Erwachsenenmarkt. Um hier erfolgreich zu sein, gibt es – unabhängig vom Kommunikationskanal – einige *Grundregeln*, die Sie unbedingt berücksichtigen sollten:

Klare Produktinformation

Kinder und Jugendliche erwarten von Werbung, dass sie ehrlich und aufrichtig ist. Nichts ist schlimmer, als wenn man bei Ihrer Werbung feststellt: „Die lügen ja!". Unterschätzen Sie also die jungen Konsumenten nicht, denn sie stellen sehr konkrete Fragen an das Produkt, die Ihre Werbung dann auch ebenso konkret und wahrheitsgemäß beantworten muss:

- *Was bekomme ich, wenn ich das kaufe?*
  Es sollte immer nur das gezeigt werden, was man beim Kauf bekommt, d. h. keine Vermischung mit separat angebotene Accessoires oder die Darstellung von Landschaften oder Hintergründen, die nicht mit dem Produkt geliefert werden. So ist zu beachten, dass das Produkt in der Werbung nicht mit irgendwelchen Details angereichert werden sollte, die es in der Realität nicht hat – beispielsweise leuchtende Scheinwerfer bei einem Spielzeugauto, die beim Produkt in Wirklichkeit nur gelbe Aufkleber sind.
  Genauso sollte sich bei Spielzeugwerbung nichts von selbst bewegen, was nicht auch im echten Spielzeug von einem Mo-

tor angetrieben wird, und wenn Dinge zum Selbermachen gezeigt werden, dann mit Ergebnissen, die auch die Zielgruppe ohne große Probleme schnell selbst erzielen kann. Allgemein gilt auch, dass das Produkt nur in Situationen gezeigt werden sollte, in denen es wirklich brauchbar ist.

Wie sieht das aus?

Das in der Werbung gezeigte Produkt sollte optisch dem entsprechen, was man im Geschäft sieht oder nach dem Kauf zu Hause auspackt. Dies heißt zum einen natürlich, dass man Ihr Produkt anhand der Verpackung erkennen kann, nachdem man die Werbung gesehen hat. Doch auch das Produkt selbst sollte so realistisch wie möglich gezeigt werden. Bei Joghurts sollten also beispielsweise nicht mehr Früchte versprochen werden, als tatsächlich drin sind, die Frühstückscerealien sollten in der Milch so aussehen wie in der Werbung und nicht etwa matschig werden.

Was bringt mir das persönlich?

Kinder und Jugendliche sind Konsumenten, die sich bewusst sind, dass sie jede Mark nur einmal ausgeben können. Sie müssen Ihrer Zielgruppe deswegen so überzeugend wie möglich erklären, warum es gerade Ihr Produkt kaufen soll. Dazu gehört vor allem, dass die objektiven Produktvorteile, die Benefits, klar kommuniziert werden, sei es der Geschmack bei Food-Produkten oder die Technik bei Computern. Genauso wichtig ist aber auch der emotionale Nutzen, z. B. das Prestige und die Anerkennung, die mit Ihrem Produkt erworben werden können, denn erfolgreiche Marken bieten immer beides.

Wie funktioniert das?

Die Funktionsweise des Produktes muss klar gezeigt werden. Wenn ein Produkt vorgibt, gesund zu sein, sollte in der Kommunikation klar werden, wodurch. Und auch ein Sportschuh, der einem zu besserer Leistung verhelfen will, sollte dies irgendwie nachvollziehbar begründen können.

Warum soll gerade ich das kaufen?

Kinder und Jugendliche werden immer eher zu den Produkten greifen, die signalisieren, dass sie für diese Zielgruppe gemacht sind. Ihre Werbung muss also – wie die Verpackung Ihres Produktes – genau das kommunizieren. Wichtig sind dabei die zielgruppenspezifischen Schlüsselsignale, auf die später noch im Detail eingegangen wird.

Gerade für jüngere Kinder sind solche Signale (z. B. ein jugendlicher Farbcode oder eine Zeichentrickfigur) ein wichtiger Anker, um sich in der verwirrenden Vielfalt der Produkte zurecht zu finden, einfach dadurch, dass so signalisiert wird, dass es ein Produkt für sie ist.

Ähnliches gilt auch für Jugendliche, allerdings in sehr viel komplexerer Weise. Der Konsum von Teenagern ist stark situativ abhängig, also vom Ort, an dem man sich gerade befindet, den Personen, die dabei sind, was man mit diesen Leuten zusammen macht, oder einfach nur von der Stimmung, in der man gerade ist, wie man sich fühlt.

All diese Variablen können zu gänzlich anderer Produkt- und Markenverwendung führen. Ihre Kommunikation muss also nicht nur den konkreten und emotionalen Benefit vermitteln, sondern auch, in welchen Situationen diese Benefits gefragt sein könnten.

Wenn Sie diese Punkte kommunizieren, achten Sie darauf, dass Sie glaubwürdig wirken. Benefits, die sie versprechen oder Situationen, die Sie darstellen, müssen nachvollziehbar aus dem Produkt abgeleitet werden können, es reicht nicht, nur zu behaupten, dass das so ist. Kinder und Jugendliche sind zu werbeerfahren, unwahre oder unpassende Behauptungen werden sofort entlarvt.

Es kommt auch sehr schlecht an, wenn Sie Ihre Konkurrenten schlecht machen, und ein zu belehrender oder gar arroganter Tonfall stört ebenfalls, löst sogar Ablehnung aus. Sie sollten zwar aus einer Position der Stärke kommunizieren, doch Sie zeigen mehr Souveränität, wenn Sie den Schluss, dass Ihr Produkt das beste ist, von der Zielgruppe selbst ziehen lassen.

Altersadäquate Umsetzung

Auf die Bedeutung des Zielgruppenalters für Marketingmaßnahmen im Kinder- und Jugendmarkt ist im Rahmen dieses Buches schon verschiedentlich hingewiesen worden. Dass wir es nun zum wiederholten Male tun, unterstreicht nur noch einmal die besondere Relevanz dieser Variable. Abstimmen müssen Sie Ihre Kommunikation zum Beispiel auf:

- *Altersspezifische Anforderungen an die Gestaltung*
  Kinder und Jugendliche haben ein sehr differenziertes ästhe-

tisches Empfinden. Alle Botschaften, die sie wahrnehmen, werden auf Stimmigkeit zu erlernten Gestaltungscodes überprüft. Dazu zählen beispielsweise:

Farbcodes: Kräftige Primärfarben signalisieren Produkte für jüngere Kinder, gedecktere dunkle Töne sprechen ältere Kinder und Jugendliche an.

Zeichentrick-Characters: Figuren für junge Kinder müssen rundliche sanfte Formen haben, um Sympathie zu wecken, wie dies z. B. bei Winnie Puuh, dem Bär, der Fall ist. Je älter die Kinder werden, desto eckiger dürfen diese Figuren werden – auch in Bezug auf ihren Charakter, denken Sie hier nur an die Simpsons.

Typografie: Die Schriftart sollte ebenfalls dem Alter angepasst werden, so überfordern beispielsweise grafisch stark verfremdete Schriften jüngere Kinder.

Gezeigte Kinder und Jugendliche: Gezeigt werden müssen Personen mit Identifikationspotenzial, d. h. auf keinen Fall Kinder, die jünger sind als die anvisierte Zielgruppe. Im Idealfall repräsentieren die gezeigten Personen die nächste anvisierte Altersstufe und suggerieren dadurch, dass das Produkt den Einstieg in diese nächste Entwicklungsstufe schafft. Diese Personen sollten sich auch dem Alter entsprechend verhalten, so wirken lärmende, zu alberne Kinder als babyhaft und zu coole Jugendliche genauso unglaubwürdig wie Jugendliche, die sich begeistert um ein Produkt scharen und es umtanzen wie das goldene Kalb.

Sprache: Jede Altersgruppe hat ihren eigenen Slang und die Werbung sollte diesen Sprachcode berücksichtigen, ohne dabei allerdings zu anbiedernd zu werden. Die falsche Jugendsprache ist sogar noch schlimmer als keine Jugendsprache!

Musik: Der Musikgeschmack verändert sich im Altersverlauf ebenfalls sehr deutlich von deutsch gesungenen Kinderliedern über Mainstream-Pop hin zu Insiderbands und an Szenen gebundene Musikstile. In der Werbung verwendete Musik wird immer auch als Hinweis auf die anvisierte Altersgruppe interpretiert werden und sollte deswegen entsprechend sorgfältig ausgewählt werden.

Witz und Humor: Im Altersverlauf zeigt sich eine sehr differenzierte Wahrnehmung, was als witzig empfunden wird. Jüngere Kinder lachen beispielsweise über

- Slapstick, (harmlose) Missgeschicke
- Das Hereinlegen oder Austricksen unsympathischer Personen oder von Erwachsenen
- Albernheiten
- Regelverstöße, wenn Personen unerlaubte Dinge tun

Eher an Jugendliche wendet sich dagegen Humor, der
- selbstironisch ist (Jüngere verstehen diese Abstraktion noch nicht)
- boshaft, gemein, unter der Gürtellinie ist (Jüngere erwarten das gerade erst Erlernte)
- Konventionen und Normen eingehalten werden
- Machtpositionen ausnutzt, Witze auf Kosten anderer macht (Jüngere werden hier an die eigene Unterlegenheit erinnert)
- mit sexuellen Anspielungen (Jüngere verstehen dies noch nicht oder finden Liebe einfach „doof")

- *Einbindung in attraktive Erlebniswelten:*
  Sind für Jüngere der Bauernhof oder der Urwald mit seinen Tieren spannende Erlebniswelten, über die Sie Aufmerksamkeit für Ihr Produkt erzeugen können, ist es bei Älteren die Anbindung an jugendliche Referenzwelten wie Szenen, Musikstile, Medien oder Fun-Sport, die Ihrem Produkt den nötigen Kick geben kann. Achten Sie aber darauf, dass sich gerade diese Referenzwelten rasch ändern und dass Ihr Produkt oder Ihre Marke durch eine zu enge Anbindung an bestimmte, kurzlebige Themen schnell „out" werden kann.

- *Ein sich stetig steigerndes Anspruchsniveau*
  Je älter Ihre Zielgruppe ist, desto detailreicher und sorgfältiger müssen Sie kommunizieren. Dies hängt zum einen mit der fortschreitenden kognitiven Entwicklung der Kinder zusammen: Je älter die Kinder sind, desto komplexere Sachverhalte können sie verstehen und desto komplexer sind die Fragen, die an Ihr Produkt gerichtet werden. Und weil die jungen Konsumenten gleichzeitig kritischer werden, muss Ihre Argumentation die sorgfältige Durchleuchtung durch die Zielgruppe überstehen.
  Parallel dazu nimmt aber auch die Produkt- und Werbeerfahrung zu: Ihr Angebot und Ihre Werbung stehen in einem viel schärferen Wettbewerb mit andern Angeboten und wenn Sie

diesem Wettbewerb standhalten wollen, müssen Sie Entsprechendes bieten.

Ein Beispiel zur Illustration: Wenn Sie ein Computerspiel als Werbemittel einsetzen wollen, stehen Sie bei Älteren im Wettbewerb mit den Top-Spielen, die auf dem Markt sind. Wenn Sie diesem Wettbewerb nicht gewachsen sind, sollten Sie Ihre Werbegelder lieber anders investieren.

Sich verändernde Produkt- und Markenwahrnehmung

Wie im Teil zur Markenführung bei Kindern und Jugendlichen bereits geschildert, verändert sich der Zugang zum Produkt mit zunehmendem Alter. Muss das Produkt bei jüngeren Kindern vor allem deren Egozentrik berücksichtigen („Was bringt das Produkt mir?"), stellen Ältere zusätzlich auch die Frage „Was bringt mir das Produkt bei meinen Freunden?".

In der Konsequenz für die werbliche Kommunikation heißt dies, dass bei Jüngeren bis etwa 9 Jahre die Produktvorteile klar im Vordergrund stehen müssen, während bei Älteren in dem Maße, in dem sich der Konsum in den Freundeskreis verlagert, eben auch die soziale Relevanz erklärt werden muss.

Während die Verknüpfung des Produktes mit Erlebniswelten oder die Verbindung mit Stars bei Jüngeren vor allem Aufmerksamkeit weckt und die subjektive Relevanz des Produktes unterstreicht, also sehr nahe am Produkt bleibt, wird auf diese Weise bei Älteren ein Markenimage geschaffen oder gestärkt.

Berücksichtigung geschlechtsspezifischer Anforderungen

Für uns als Jugendforscher wäre es schön, irgendwann einmal davon berichten zu können, dass sich die klassischen Rollenklischees vom Unterschied zwischen Mädchen und Jungen verändern und die Geschlechter sich einander in Bezug auf ihr Verhalten und ihre Einstellungen nähern. Bisher ist davon allerdings nichts oder nur sehr wenig zu spüren und geschlechtsspezifische Stereotypen sind nach wie vor hoch relevant.

Vor allem im Kindermarkt bis etwa 10 bis 12 Jahre leben Jungen und Mädchen in getrennten Welten, zwischen denen es nur vereinzelte Berührungspunkte gibt. Ihre Kommunikation sollte dies unbedingt berücksichtigen, da insbesondere Jungen sehr sensibel – und dann massiv ablehnend – auf mutmaßlichen „Mädchenkram" reagieren.

Die wesentlichen Unterschiede zwischen Jungen und Mädchen sind:

- *Bei Jungs muss es krachen und laut sein, bei Mädchen sanft und leise*
  Kennzeichnend ist für den Unterschied zwischen den Geschlechtern, dass Jungen bei der Ansprache eine deutlich größere Reizstärke benötigen: Bei ihnen muss es dröhnen und rumpeln, es ist viel Action gefragt, damit sie sich überhaupt auf Inhalte einlassen. Mädchen sind dagegen viel eher bereit, sich auf reizschwache Inhalte einzulassen und sich darin zu vertiefen.
  Deutlich wird dies im Medienbereich z. B. daran, dass Bücher ein klares Mädchenmedium sind, während actionlastige Comics von Jungen bevorzugt werden. Wenn Sie also eine Werbung für Mädchen produzieren, können Sie sich beispielsweise mehr Zeit nehmen, eine Geschichte zu erzählen und darauf vertrauen, dass die Mädchen sich in Ihre Welt hineinträumen werden. Bei Jungs sollten Sie dagegen gleich zur Sache kommen und über Action Relevanz erzeugen.
- *Mädchen sind projektiv, Jungen identikativ*
  Wenn Mädchen Situationen in der Werbung sehen, stellen sie sich vor, wie sie sich in dieser Situation mit den anderen Akteuren verhalten würden und könnten, projizieren sich also in diese Situation hinein. Jungs hingegen schlüpfen gern in die Rolle des (Haupt-) Akteurs und durchleben die Situation aus seiner Sicht, identifizieren sich mit ihm.
  Klar wird dies am Beispiel des Kinderstars Aaron Carter, der 1997 bis 1999 bei 9- und 10-Jährigen beiderlei Geschlechtes recht beliebt war. Die Jungen begründeten dies damit, dass Aaron zeigt, dass auch Kinder Stars sein können, man also auch selbst Star werden kann: Ein Star mit hohem Identifikationspotenzial. Die Mädchen fanden ihn dagegen einfach nur süß, himmelten ihn an und wollten ihn gerne mal kennenlernen, sie projizierten sich und ihre Sehnsüchte in seine Welt.
  Die Konsequenz für Ihre Werbung: Für Mädchen müssen Sie Situationen schaffen, in denen diese gerne dabei wären, und Akteure verwenden, die diese Situation attraktiv machen. Für Jungen brauchen Sie dagegen eine tragende Figur, die über ihre Charaktereigenschaften oder Fähigkeiten Identifikationspotenzial bietet, den Jungen als Rollenmodell dient.

■ *Mädchen sind braver als Jungen*

Mädchen reagieren deutlich sensibler auf Regelverstöße als Jungen. Dies ist sicherlich auch eine Folge unserer Erziehung, die brave, angepasste Mädchen als vernünftig belohnt, während Jungen auch mal kleine freche Bengel sein dürfen. Für die Kommunikation heißt das aber, dass Werbung für Jungen auch mal an Regeln und Normen rütteln darf, etwas Verbotenes passieren darf, während von Mädchen eher angepasstes Verhalten erwartet wird.

■ *Die Gestaltung von Mädchenkram und Jungenkram*

Eine ähnliche Liste wie zu den altersspezifischen Variablen lässt sich auch in Bezug auf die unterschiedlichen Anforderungen aufstellen, die Jungen und Mädchen an die Gestaltung Ihrer Kommunikation richten:

– *Farbcodes:* Dank Barbie ist pink genauso wie rot eindeutig für Mädchen, blau oder schwarz werden bei den Jüngeren eher Jungen zugeordnet.

– *Zeichentrick-Characters:* Für Mädchen müssen solche Figuren in erster Linie „süß" sein, wie man z. B. an der überaus beliebten Diddl-Maus oder Disney Tieren wie Pu dem Bär feststellen kann. Für Jungen sollte ein Character dagegen auch Kraft und Macht ausstrahlen, um so Identifikationspotenzial zu erzeugen (z. B. Ninja Turtles, Power Rangers).

– *Gezeigte Kinder und Jugendliche:* Ganz klar, wenn Jungen zu sehen sind, ist es ein Jungenprodukt und umgekehrt. Wenn Jungen und Mädchen in gemeinsamer Aktion gezeigt werden, sollte auch bei den Mädchen eher jungenspezifisches Rollenverhalten dominieren: Mädchen sind hier toleranter als Jungen, die mit „weibischen" Mädchen nichts zu tun haben wollen. Unbedingt zu vermeiden sind auch Anspielungen auf Liebe, wenn Jungen unter 12 Jahren erreicht werden sollen: Diese Art von Gefühlen zu zeigen, gilt fast als ein Zeichen von Schwäche und gibt den Jungen bei seinen Freunden der Lächerlichkeit preis!

– *Sprache:* Jungs lieben es, sich mit Kraftausdrücken zu profilieren, während die insgesamt braveren Mädchen auf solche Ausdrücke eher mit einem „So was sagt man doch nicht" reagieren.

– *Musik:* Mädchen finden aufgrund ihrer schnelleren Entwicklung auch eher Zugang zu Musik als Jungen, kennen sich im Pre-Teen-Alter deutlich besser aus. Interessanterweise kehrt sich dies bei den Teenagern um, wenn sich Jungen als Musikexperten profilieren wollen. Entsprechend können Mädchen früher etwas mit Mainstream-Pop anfangen, während Jungen später eher Zugang zu ausgefallener Musik finden.

– *Witz und Humor:* Jungen akzeptieren einen deutlich boshafteren, verletzenderen Humor als Mädchen, die sich stärker in die Rolle des „Opfers" hineinfühlen.

– *Einbindung in attraktive Erlebniswelten:* Jungen bevorzugen actionlastigere und technik-orientiertere Erlebniswelten bzw. wollen Erlebniswelten in dieser Weise interpretiert sehen. Mädchen zeigen wiederum einen deutlich einfühlsameren Zugang: So würde das Thema Indianer bei Jungen in Kämpfen mit Cowboys enden, bei Mädchen z. B. in der Beschäftigung mit den Lebensgewohnheiten und Tieren der Indianerstämme.

■ *Anderer Informationsbedarf*

Jungen lieben es, zu fachsimpeln und haben entsprechend einen großen Bedarf an Detailinformationen, mit denen sie sich dann gegebenenfalls bei ihren Freunden profilieren können. Mädchen zeigen einen eher holistischen Zugang zu Produkten, wollen wissen, was das Produkt insgesamt für sie leisten kann.

Abwechslung ist Pflicht

Variationsarme Werbung langweilt in allen Altersgruppen. Bei Kindern und Jugendlichen fällt dies jedoch umso stärker auf, weil diese Zielgruppe so interessiert an Neuem ist und zudem die von ihnen genutzten Medien oft sehr reizstark und temporeich sind. Wer es hier versäumt, seinen jungen Konsumenten regelmäßig neue Inhalte zu präsentieren, wird schnell als langweilig und damit irrelevant abgestempelt werden.

Dabei heißt Abwechslung jedoch nicht, sich ständig etwas komplett Neues einfallen lassen zu müssen. Schließlich lieben es gerade jüngere Kinder, bekannte Dinge in der für sie so komplexen Welt wiederzufinden (z. B. die Hörspielcassette oder das Video, das auch beim 20. Mal noch toll ist). Es sollten also immer bekannte Schlüsselsignale aufgegriffen werden, um Vertrautheit zu erzeugen. Diese Schlüsselsignale (z. B. ein Cartoon-Character) können dann immer wieder neu inszeniert und in die Kommunikation eingebunden werden, so dass trotz neuer Inhalte die Kontinuität gewahrt bleibt.

Wichtig ist nur, dass immer wieder etwas Unvorhergesehenes passiert, dass die Werbung Überraschungen bietet. Es sollte viel zu sehen sein und immer wieder neue Details zu entdecken geben.

Die Fantasie ansprechen

Gerade Kinder lieben es, aus ihrem Alltag in Fantasiewelten abzudriften. Irreales, Außergewöhnliches fasziniert sie. Seien es Comics, Märchen oder – eher bei Jungen, da sehr techniklastig – Science Fiction: Dies sind Welten, in denen Kinder ihre Träume und Wünsche ausleben können.

Die Begeisterungsfähigkeit der Kinder für solche Themen und die Bereitschaft, sich in diese Welten fallen zu lassen, können Sie natürlich für Ihre Kommunikation nutzen, indem Sie Ihr Produkt in attraktive Erlebniswelten einbinden (vgl. Abb. 2.5). Die einzigen Einschränkungen dabei: Diese Welten dürfen nicht zu gruselig und angsteinflößend sein und Ihr Produkt muss sinnvoll und glaubwürdig eingebunden werden.

Zwar mögen auch Jugendliche Geschichten, die „larger than life" sind, die einen Urlaub vom Alltag erlauben. Aber: Für Ihr Produkt oder Ihre Marke ist es wichtig zu demonstrieren, wann und wo sie konsumiert werden kann. Deswegen ist hier etwas mehr Realitätsbezug notwendig als bei Kindern.

Erlernte ethische Grundsätze nicht verletzen

Eine Hauptaufgabe der Erziehung liegt darin, gerade den Kindern beizubringen, was Gut und was Böse ist, was erlaubt und was verboten ist. Haben Kinder diese moralisch-ethischen Werte erst einmal erlernt, verlangen sie vehement deren Einhaltung. Entsprechend muss insbesondere an Kinder bis etwa 10 bis 12 Jahre gerichtete Kommunikation diese Punkte unbedingt berücksichtigen:

- *Die Kinder in ihrer Würde achten*
  Nehmen Sie die Kinder ernst, zeigen Sie sie als autonome, selbstbewusste Menschen und nicht als dümmliche, beeinflussbare oder gar unwichtige Personen.
- *Niemand darf wirklich verletzt werden*
  Es ist erlaubt, anderen einen Streich zu spielen. Allerdings

darf dabei niemand wirklich körperlich oder in seinen Gefühlen verletzt werden, es darf kein Schaden entstehen, niemand darf unglücklich sein oder gar weinen. Entsprechend müssen auch Missgeschicke harmlos bleiben.

▢ *Nie den Schwächeren angreifen*
Kinder sehen sich selbst ständig in der Rolle des Schwächeren, mit dem sie sich dann auch meistens identifizieren. Entsprechend sollten Streiche immer den Stärkeren gespielt werden und nie auf Kosten der ohnehin Benachteiligten gehen.

▢ *Freundschaften respektieren:*
Der Zusammenhalt im Freundeskreis ist auch für Kinder ein hoher Wert. Dieser Wert muss immer über der Attraktivität des Produktes stehen. Konkret heißt das, dass das Produkt den Zusammenhalt der Gruppe stärken darf, aber niemals die Gruppe entzweien sollte.

Jugendliche sind hier nicht so streng: Da in ihrem Alter die Loslösung von den Eltern und damit auch von den elterlichen Normen eine von der Natur vorgegebene Entwicklungsaufgabe ist, tun sie sich viel leichter, über Regelverstöße oder den Bruch von Konventionen zu lachen. Außerdem sind sie stärker dazu in der Lage, Regelverstöße in den Medien als Fiktion zu sehen und klar von der Realität zu trennen, in der sie die gleichen Regelverstöße – wie die jüngeren Kinder auch – ablehnen würden.

Achten Sie auf Details

Ihre Kommunikation mag im Großen und Ganzen stimmen – doch winzige Details können alles zunichte machen. Kinder und Jugendliche sind sehr sensibel für lieblose, aber auch gedankenlos umgesetzte Werbungen und oft sind es nur winzige Details, die zu dem Schluss führen, dass da ein Unternehmen seine Zielgruppe nicht verstanden hat. Ein falscher Spruch, die falsche Mütze oder ein unpassender Hintergrund können Ursache für massive Ablehnung sein.

Gerade jüngere Kinder benutzen einzelne Details zudem sehr stark, um das Ganze zu verstehen. Deswegen muss die Werbung bis ins kleinste Detail stimmen, denn wenn Kindern unstimmige oder widersprüchliche Details auffallen, sind sie nicht wie wir Erwachsenen in der Lage, diese zu ignorieren oder abzumildern. Sie beharren auf einmal gelernten Schemata und fordern deren Anwendung.

Ein Beispiel: In einer Werbung für Apfelsaft hatten die abgebildeten Äpfel sehr kleine, braune Flecken, die eigentlich Natürlichkeit kommunizieren sollten. Die Kinder fassten dies jedoch als Indiz dafür auf, dass die Äpfel schon faul waren.

Was müssen Sie sonst noch beachten?

Neben diesen Grundregeln werden uns auch immer wieder bestimmte Fragen gestellt, die wir im Folgenden kurz beantworten wollen:

Englisch oder Deutsch: Was ist besser?
Hier gilt die Faustregel: Wenn Sie wirklich etwas zu sagen haben, dann sagen Sie es auf Deutsch, denn besonders Kinder empfinden es als störend, wenn ihnen Informationen unverständlich dargeboten werden. Schließlich haben die meisten Kinder erst mit 12 bis 13 Jahren einen englischen Wortschatz, der ausreicht, um die meisten Werbebotschaften (oder auch Texte in Jingles) zu verstehen. Slogans oder textliche „Ausrufungszeichen" dürfen auch auf Englisch sein, wenn es dafür einen Grund, z. B. die amerikanische Herkunft des Produktes gibt („Just do it"). Typisch deutsche Produkte sollten aber komplett auf Deutsch kommuniziert werden.

Dabei sollte auch berücksichtigt werden, dass es Kindern bis etwa 12 Jahren im Grunde egal ist, ob das Produkt, welches sie konsumieren, eine internationale Marke ist oder nur in Deutschland verkauft wird. Sich einen internationalen Touch zu verleihen, macht das Angebot für sie nicht begehrenswerter, weil für sie nur ihr ganz persönlicher Nahbereich zählt.

Jugendliche verstehen dann zwar Englisch, englischer Text in Werbungen wird aber oft als gewollte Anbiederung verstanden, um die Kommunikation auf Jugend zu trimmen. Und alles, was zu anbiedernd ist, wird von dieser werbeerfahrenen Zielgruppe abgelehnt.

Zeichentrick oder echter Film: Was ist besser in Kinderwerbung?
Auch hier gibt es eine Faustregel: Das Produkt sollte immer in echt gezeigt werden, schließlich will man ja wissen, was man kauft. Ansonsten hat Zeichentrick gerade bei Kindern unbestreitbare Stärken, denn Zeichentrick ist sehr beliebt und entsprechend

hoch ist die Akzeptanz von Zeichentrick oder Cartoons in der Werbung.

Comics und Zeichentrick stehen für Spaß und Action, was generell ein gutes Entrée für Ihre Werbung ist. Zudem signalisieren Sie sofort: Diese Werbung und dieses Produkt ist für Kinder! Abgesehen von der generellen Relevanz hat Zeichentrick aber auch bei der Gestaltung einer Werbung gewisse Vorzüge: Es ist äußerst schwierig, echte Kinder in der Werbung „normal" agieren zu lassen und dabei gleichzeitig witzig oder spannend zu sein *und* Interesse für Ihr Produkt zu erzeugen. Kinder nehmen sich selbst ernst und wollen sich in der Werbung auch entsprechend dargestellt sehen. Mit Zeichentrickfiguren ist es deswegen viel einfacher, verrückte Dinge passieren zu lassen. Sie haben einfach mehr Möglichkeiten für Slapstick, Humor, Action, Spannung und bunte Einfälle, wenn Sie keine echten Menschen zeigen müssen.

Zeichentrick bietet Ihnen auch bei der Definition der Charaktere fast unbegrenzte Möglichkeiten, weil Sie eben nicht den Gesetzen der Realität gehorchen müssen. Hier ist das erlaubt, was sonst verboten ist, hier darf man auch mal gemein sein, weil ja niemand „Echtes" wirklich verletzt wird.

Sie können Ihr Produkt mit Zeichentrick problemlos und glaubwürdig in für Kinder hochattraktive Fantasiewelten einbinden, ohne rationale Erklärungen abgeben zu müssen. Und Kinder fühlen sich in solchen Fantasiewelten wohl, schließlich findet auch ihr Spiel fast ausschließlich in solchen Fantasiewelten statt.

Auf der anderen Seite bringt Zeichentrick in der Werbung aber auch einige Probleme mit sich: Gerade dadurch, dass Comics und Zeichentrickserien bei Kindern so beliebt sind und durch die große Erfahrung, die die Kids mit diesem Sujet nun einmal haben, ist das Anspruchsniveau hier extrem hoch. Ihre Cartoon-Figuren müssen sich mit den Vorbildern von Warner Brothers oder Disney messen, ob Sie es wollen oder nicht.

Das zweite Problem ist bereits angedeutet worden: Auch bei Comic-Figuren gibt es große Unterschiede danach, welche Altersgruppe mit ihnen angesprochen werden kann und ob die Figuren eher für Jungen oder für Mädchen attraktiv sind. Diese Differenzierung kann erwünscht sein, um die anvisierte Zielgruppe punktgenau zu erreichen, kann aber auch die Zielgruppe Ihres Produktes unnötig verkleinern.

Zeichentrickfiguren unter der Lupe

Aus der Vielzahl der Zeichentrickfiguren – es gibt weit über 100 Figuren, von denen Sie die Lizenz erwerben könnten – haben wir beispielhaft einige herausgegriffen und bezüglich ihrer Mechanismen und ihrer Zielgruppe durchleuchtet.

Disney: Die braven Klassiker

Im Disney-Universum finden sich eine Menge unterschiedlichster Figuren von Simba, dem König der Löwen, bis zum Milliardär Dagobert Duck. Alle haben klar definierte Charaktere, die entsprechend mit Produkten verknüpft werden können. Disney-Figuren stehen für klassische Werte, sind kindgerecht, familientauglich und repräsentieren das Gute, sind also auch in hohem Maße „elternkompatibel". Allen Figuren ist jedoch auch gemein, dass sie relativ brav sind (es gibt keine Gewalt), etwas spießig wirken und damit auch für eine relativ junge Zielgruppe sind.

Abb. 3.8: Donald Duck

Looney Tunes: Die Action-Bande

Im Vergleich zu den Disney-Figuren haben Bugs Bunny und seine Freunde ein deutlich höheres Aggressionspotenzial, das sie auch hemmungslos ausleben. An dieser ständigen, respektlosen Action haben insbesondere Jungen ihre Freude. Die Charakterzüge der Figuren sind jedoch weniger ausgeprägt und eindimensionaler als bei Disney, da sie sich in der Regel nur durch die ständigen Kämpfe mit ihren Gegnern profilieren und kaum substanzielle Geschichten erzählt werden, die Platz für vielschichtige Persönlichkeiten lassen würden.

Der in den Geschichten gezeigte Humor ist allerdings quer durch die Generationen relevant – auch wenn sich manche Eltern hier aus pädagogischen Gründen etwas reservierter zeigen (und nur heimlich mitlachen).

Abb. 3.9: Bugs Bunny

Simpsons und Co.: Die Schrägen

Allein durch ihren gegen alle klassischen Konventionen laufenden Zeichenstil sprechen diese Figuren erst Kids ab etwa 9 bis 10 Jahren an, Jüngere finden zu den stark verfremdeten Figuren kaum Zugang. Der schräge und recht erwachsene Verbalhumor kommt sogar erst später richtig zum Tragen: Im Grunde sind diese Figuren eher für Teenager.

Abb. 3.10: Simpsons

Sie kokettieren mit ihrem Underdog-Image und sind eine Mischung aus Alltagssituationen, die man aus der eigenen Familie kennt, und vollkommen abstruser Situationskomik. Jüngere Kinder, aber auch Eltern finden hierzu kaum einen Zugang, es bieten sich ihnen auch keine Figuren mit Identifikations- oder Projektionspotenzial.

Aber: Der Zeichenstil der Simpsons ist klar derjenige der 90er Jahre, was sich an der Vielzahl anderer Serien mit ähnlicher Bildsprache zeigt, die sich langsam auch jüngeren Zielgruppen zuwenden.

Abb. 3.11: Asterix und Obelix

Asterix und Obelix: Die Vielschichtigen

Das Interessante an diesen Figuren ist, dass sie einen sehr derben, actionorientierten Humor für Jüngere mit sehr intellektuellen Anspielungen für Ältere verknüpfen und so auf vielschichtige und sehr unterschiedliche Weise ein breites Altersspektrum abdecken. Nachteilig ist jedoch, dass sie äußerst begrenzt sind auf ihre gallische Lebenswelt und sich deswegen nur in eingeschränktem Maße für Produkte adaptieren lassen.

Sailor Moon: Manga, die neue Kraft

Der typisch japanische Zeichenstil mit den unnatürlich großen Kulleraugen findet derzeit immer mehr Anhänger. Insbesondere Sailor Moon mit der faszinierenden Mischung aus Fantasiewelt und Alltagsproblemen fesselt Jungen und Mädchen. Allerdings bezieht dieser Zeichenstil und die damit verbundenen Figuren seine Attraktivität noch stark aus den Geschichten selbst, die Figuren begin-

Abb. 3.12: Sailor Moon

nen sich mit ihren Charaktereigenschaften gerade erst zu verselbstständigen. Deshalb muss sich auch erst noch zeigen, ob dieser Zeichenstil und die damit verbundenen Figuren das Zeug für eine langfristige Präsenz haben, oder ob es sich um eine Modeerscheinung handelt wie bei so vielen TV-gestützten Figuren, die nach Absetzung der Serie schnell wieder in Vergessenheit geraten.

Wenn Sie Ihre eigenen Zeichentrickfigur schaffen wollen, sollten Sie folgende Punkte beachten:

Charakterbeschreibung

Der zu entwickelnde Character sollte eine klar umrissene Persönlichkeitsstruktur haben, die dem Lebensgefühl bzw. dem Selbstbild oder Wunschbild der Zielgruppe entspricht. Dimensionen dieser Persönlichkeit können z. B. Neugier, Witz, Charme, menschliche Wärme, Zuneigung, Sensibilität oder Unbekümmertheit sein, aber auch Unbeholfenheit, Tolpatschigkeit und Melancholie. Eher zu vermeiden, bzw. nur in geringem Maß akzeptiert sind zu aggressive Persönlichkeitsmerkmale wie Überlegenheitsstreben, Provokation, Angebertum oder Streitlust.

Konkrete Anforderungen an die Gestaltung der Figur:

- *„Menschliche" Körperhaltung*, d. h. aufrechtes Stehen, Sitzen und Einsatz von „Händen".
- *Kein klar definiertes Geschlecht:* Um eine in den meisten Fällen erwünschte breite Einsetzbarkeit zu erreichen, sollte der Character weder eindeutig männlich noch weiblich sein.
- *Potenzial für unterschiedlichste Situationen:* Aus der Figur selbst dürfen sich keine Einschränkungen hinsichtlich der Einsetzbarkeit ergeben, z. B. kein Fisch, der nur im Wasser existieren kann.
- *Potenzial für Körpersprache:* Die Figur muss durch Mimik und Gestik unterschiedlichste Gefühle, Absichten und Handlungen transportieren können.
- *Deutlich erkennbare Silhouette:* Die Figur muss allein durch ihre äußeren Umrisse sofort erkennbar und identifizierbar sein, auch wenn sie beispielsweise unterschiedliche Beklei-

dung trägt. Dies kann z. B. durch die markante Ausprägung von Extremitäten geschehen.

▪ *Eher reduzierte Zeichenweise:* Die Figur sollte sich leicht nachzeichnen lassen. Dies setzt voraus, dass ihre Grundstruktur (auch das Gesicht) mit wenigen Strichen dargestellt werden kann.

▪ *Farbklima:* Die farbliche Gestaltung sollte zur Differenzierung des Characters beitragen. Eine realistische Farbgebung ist dabei nicht notwendig, kann unter Umständen sogar störend wirken.

▪ *Für Ältere und Jugendliche:* Flach gezeichnete Figuren wirken in der Regel zu kindlich, deswegen sollte ein dreidimensionaler Eindruck, räumliche Tiefe geschaffen werden.

▪ *Für Mädchen:* Voraussetzung für die Akzeptanz bei der weiblichen Zielgruppe ist, dass die Figur „süß und niedlich" ist. Dass etwas süß ist, wird dabei meistens an Details festgemacht, z. B. einem „Kindchenschema-Gesicht", tapsig wirkenden Extremitäten oder dem Gesichtsausdruck. Die Figur sollte weich, „knuddelig" wirken, d. h. runde Formen haben

Bei Zeichentrick haben Sie 2 Möglichkeiten: Entweder, sie stellen einen Bezug zur Realität her, indem Sie auch echte Kinder zeigen (wie bei Kellogg's Frosties oder Nesquik) oder aber Sie verzichten in Ihrer Werbung vollkommen auf reale Figuren (z. B. wie Fritt). Beides hat Vor- und Nachteile.

Die Verbindung zur Realität engt natürlich zunächst einmal den Spielraum für die gezeigte Story ein. Dadurch, dass reale Figuren mit gezeichneten interagieren, muss deren Verhältnis zueinander genau definiert werden:

▪ Können sich die Figuren z. B. sehen, berühren, sich verstehen?

▪ Sind sie Freunde, d. h. kennen sie sich schon länger?

▪ Wo wohnt/lebt die Zeichentrickfigur, ist sie immer da oder nur bei Verwendung des Produktes – beim letzteren Fall: Was bringt die Figur zum Vorschein?

▪ Ist die Zeichentrickfigur nur dabei oder hat sie eine bestimmte Rolle, z. B. als Berater oder Helfer?

▪ Wie stehen die Eltern zu dieser Figur?

All diese Fragen brauchen Sie nicht zu beantworten, wenn Sie ausschließlich Zeichentrick wählen: Sie werden sich also erheblich leichter bei der Definition Ihrer Charaktere tun und laufen auch weniger Gefahr, logische Inkonsistenzen zu produzieren.

Der große Vorteil einer Verknüpfung von realer Welt und Zeichentrickwelt liegt jedoch darin, dass Sie zeigen können, wie echte Menschen das echte Produkt verwenden. Aspekte wie Appetite Appeal oder Zielgruppenstimmigkeit lassen sich so deutlich besser kommunizieren.

Soll ich auch die Eltern in der Werbung zeigen oder nur die Kinder?

Für den Jugendbereich lässt sich diese Frage ganz eindeutig beantworten: Eltern haben hier nichts zu suchen und sollten entsprechend auch nicht in Jugendwerbung auftauchen – höchstens als Gegenpol zur Clique, in die die gezeigten Jugendlichen integriert sind.

Bei Kindern verhält sich die Situation etwas komplizierter, denn es gibt Situationen, in denen die Eltern durchaus erwünscht sind. Gerade jüngere Kinder bis etwa 10 Jahre lieben es, Zeit mit ihren Eltern zu verbringen, da diese Familienzeit heutzutage recht selten geworden ist.

Situationen mit Eltern: Vor allem Ausflüge, Sport, Gesellschaftsspiele, auch gemeinsames Fernsehen, gemeinsames Essen.

Die gezeigten Situationen sollten frei von jeder Hierarchie sein, d. h. niemand bestimmt, was wie getan wird. Eltern und Kinder treten als gleichberechtigte Partner auf. Wichtig ist auch, dass die Situation nicht erwachsene Starrheit zeigt, sondern unverkrampft und locker ist. Aus Kindersicht kommt es auch gut an, wenn Kinder den Eltern etwas beweisen können, ihnen z. B. Dinge erklären, ihnen helfen und so weiter. Allerdings sollte dies immer in einem Bereich passieren, wo Kinder auch tatsächlich die Kompetenz haben können (z. B. Computer, Technik).

Unter sich sind Kinder jedoch lieber, wenn es um Dinge geht, zu denen Erwachsene (aus Kindersicht) keinen Zugang finden. Dazu gehört beispielsweise das Entschlüpfen in Fantasiewelten, aber auch eine zu actionlastige Darstellung.

Situationen ohne Eltern: Verbindung mit Comic-Welten, Ausleben von Omnipotenz-Fantasien bei Jungen, schnelle hektische Action.

Gestaltung von Verpackungen für Kinder- und Jugendprodukte

Sie wundern sich, die Verpackungsgestaltung als Thema innerhalb des Kapitels über Kommunikation zu finden? Ein Grund für diese Gliederung ist ein ganz pragmatischer, schließlich gelten viele der auf den letzten Seiten beschriebenen Grundregeln zur Kommunikation mit jungen Zielgruppen genauso auch für die Verpackungsgestaltung. Sei es die Wahl des richtigen Farbklimas oder des passenden Cartooncharakters, hier gibt es kaum einen Unterschied zur Gestaltung von Werbung.

Ein zweiter Grund für diese Reihenfolge ist auch, dass es unseres Erachtens außerordentlich wichtig ist, die Verpackung in die Konzeption der Gesamtkommunikation einzubeziehen: Verpackung und Werbung müssen das gleiche für die gleiche Zielgruppe kommunizieren, um jeweils effizient wirken zu können. Deswegen sollten Ihre Überlegungen in Bezug auf Ihre Kommunikation immer Verpackung und Werbung einbeziehen.

Der dritte Grund ist vielleicht der wichtigste, denn schließlich kommuniziert Ihre Verpackung ja Ihr Produkt. Insbesondere im Kindermarkt ist die Verpackung das Aushängeschild Ihres Produktes, sie muss Aufmerksamkeit wecken und den Produktinhalt, die Produktcharakteristik vermitteln.

Vielleicht erinnern Sie sich noch an den letzten Urlaub in einem Land, in dem Sie die Sprache nicht sprachen oder – schlimmer noch – wie in Griechenland oder Asien auch die Schrift nicht lesen konnten. Wahrscheinlich standen Sie dann auch des Öfteren vor einem Regal im Supermarkt und haben verzweifelt nach irgendwelchen Hinweisen gesucht, welches denn wohl das richtige oder beste Produkt ist.

Genauso ergeht es gerade jüngeren Kindern fast jeden Tag: Sie haben extreme Probleme, sich in unserer komplexen Warenwelt zurechtzufinden. Und entsprechend verhalten sie sich genauso, wie wir es in solchen Situationen tun würden: Sie suchen nach Bekanntem, nach *Signalen*, die die Produkte für sie verstehbar machen, ihnen auch vermitteln, welche Produkte für sie gemacht sind.

Und genau dies sind die beiden Punkte, die Verpackungen von Kinderprodukten signalisieren müssen: *Was ist drin und ist das was für Kinder?* Entsprechend sollte sich die Vorderseite der Verpackung auch auf diese beiden Punkte konzentrieren und nicht zu überladen sein. Sparen Sie sich die Details lieber für die Rückseite auf.

Eine gute Kinderverpackung zeigt also vor allem das Produkt in einer möglichst attraktiven Abbildung oder – wenn wie bei Spielzeug oft möglich – sogar im Original mit Sichtfenster. Die Zielgruppe, d. h., dass das Produkt für Kinder ist, können Sie z. B. durch den Farbcode oder Zeichentrick-Charakter signalisieren. Auf diese Weise hebt sich Ihr Produkt aus dem Wettbewerberumfeld im Regal ab und wird auffallen – einfach, weil es das einzige ist, das sich den Kindern erschließt, von ihnen verstanden wird.

Für Verpackungen von Jugendprodukten gilt in Bezug auf die altersadäquate Umsetzung Ähnliches wie bereits ausführlich beschrieben wurde. Allerdings haben Sie in dieser Zielgruppe deutlich mehr Möglichkeiten, Ihr Produkt zu verschlüsseln. Manchmal ist es sogar spannend, wenn die Freunde nicht gleich erkennen können, welche Art Getränk man gerade trinkt und das Produkt dadurch etwas Rätselhaftes erhält. Diese Kommunikationsstrategie funktioniert aber nur dann, wenn Produkt und Verpackung so reizstark sind, dass der Prozess des „Sich-Wunderns" überhaupt erst angestoßen wird.

Zusatznutzen in der Produktverpackung

Neben diesen Grunddimensionen sollten Sie auch darüber Nachdenken, Ihre Produktverpackung mit einem Zusatznutzen anzureichern, um eine Beschäftigung mit der Verpackung (und damit mit Ihnen) anzuregen: So können Sie Ihre Verpackung *mit Funktionen anreichern*. Die klassische Nutzung von Schuhkartons zum Aufbewahren von verschiedensten Dingen ist nur ein Beispiel. Denkbar ist auch, den Sammeltrieb der Kinder über Karten oder Bilder zum Ausschneiden anzuregen oder Spiele auf die Verpackung zu drucken.

Denken Sie aber immer daran, wie Ihre Verpackung nach der Verwendung aussehen könnte: Viele Verpackungen von Nahrungsmitteln werden mit der Zeit unansehnlich oder schmutzig und oft sind es die Mütter, die die Verpackung dann aus hygienischen Gründen und gegen den Willen der Kinder wegschmeißen und so Frust auslösen. Wenn Ihre Verpackung also einen solchen Zusatznutzen bekommen soll, muss sie entsprechend gemacht sein und nicht etwa aus dünner Pappe.

Ihre Verpackung sollte vor allem aus Sicht der Mütter auch *praktisch* sein. Dazu gehört eine entsprechende Größe, so dass sie leicht zu öffnen und wieder zu verschließen ist bzw. die Portionierung ermöglicht oder einfach eine an Kinderhände angepasste Form und Oberfläche hat. Im Idealfall bringen Sie Ihre Verpackung so jeden Tag auf den Tisch!

Über *Promotions zu aktuellen Themen* (z. B. Kinofilme oder Sportereignisse) können Sie Aktualität und weitere Relevanz erzeugen. Sie können über Ihre Verpackung auch *auf andere Produkte hinweisen* und sogar *Produktsample* beifügen.

Gestaltung von TV-Werbung

Neben den Grundanforderungen für Kinder- und Jugendkommunikation, die im vorherigen Kapitel ausführlich geschildert wurden, gibt es natürlich auch für die Gestaltung von TV-Werbung einige weitere Punkte, die beachtet werden sollten.

TV ist ein audiovisuelles Medium und bietet entsprechende Möglichkeiten, über Bilder und Ton zu kommunizieren. Leider müssen wir immer wieder beobachten, dass vor lauter Begeisterung über die technischen Möglichkeiten des Mediums vergessen wird, dass es auch einer guten Idee bedarf. Die Folge sind laute, schnell geschnittene Spots, die fröhliche Kinder und Jugendliche zeigen, dabei aber vergessen, auf den Punkt – nämlich das Produkt und seine Vorzüge – zu kommen.

Witz, Spaß und Dynamik sind natürlich Grundvoraussetzungen für eine positive Bewertung von Werbung, oftmals zählt jedoch die einfache und einfach inszenierte Idee mehr als aufwändig inszenierte Effekte. Ein Beispiel: Die Haribo-Spots, in denen Thomas Gottschalk Gummibärchen oder Lakritzschnecken verzehrt, zählen zu den beliebtesten Werbungen bei Kindern – ohne visuelle Effekte, schnelle Schnitte oder fetzige Musik – einfach, weil ein guter Presenter selbstironisch und mit Wortwitz das Produkt präsentiert.

Im Folgenden haben wir einige besonders wichtige Punkte aufgeführt, die Sie bei der Gestaltung Ihrer TV-Werbung berücksichtigen sollten:

■ *Sprache*
Die Versuchung ist immer groß, Kinder- oder Jugendsprache zu verwenden. Prinzipiell ist dagegen natürlich nichts einzuwenden, doch gerade hier ist Vorsicht geboten: Kinder- und Jugendsprache ist regional sehr unterschiedlich und kann nicht verallgemeinert werden. Die Gefahr ist deshalb groß,

Abb. 3.13: Thomas Gottschalk in der Haribo-Werbung

sich im Ton zu vergreifen oder unpassende oder falsche Ausdrücke zu verwenden. Gerade hier sind Kinder und Jugendliche aber besonders sensibel, weil sie natürlich genau wissen, wie sie selbst solche Dinge ausdrücken würden. Oft ist also weniger jugendliche Sprache besser als zu viel.

Musik

Musik ist ideal, um Aktualität oder Stimmungen auszudrücken, und entsprechend sorgfältig sollte sie ausgewählt werden. Dabei ist nicht unbedingt eine Orientierung an neuesten Musikströmungen notwendig: Die gute Melodie zählt mehr.

Bei Kinderwerbung sollte die Musik nicht zu kindisch werden – Kinderlieder nerven im TV oft schon 7-Jährige: Eine Orientierung an Pop-Musik ist hier allemal besser, macht das Produkt erwachsener und damit begehrenswerter.

Jingles, Slogans

Gute Jingles und Slogans werden von Kindern und Jugendlichen nicht nur schnell aufgegriffen, sondern auch im Freundeskreis eingebracht (z. B. Milkas „It's cool, man" oder „Mann, ist der Dickmann", Boris Becker's „Bin ich jetzt schon drin oder was?"). Slogans dürfen ruhig auch etwas provokativ sein wie das „Leck mich" von Chupa Chups: Dies erhöht ihre Wirkung im Freundeskreis.

▦ *Originalität*
Wie bereits angesprochen, sind Kinder und Jugendliche sehr verwöhnte Mediennutzer: Sie sind Abwechslung, Qualität und hohe Reizintensität gewohnt. Entsprechend anspruchsvoll sind sie auch bei Werbung. Die berüchtigte „Schema F"-Werbung mit lachenden Akteuren, die glücklich sind, nur weil sie Ihr Produkt in der Hand halten dürfen, wird in dieser Zielgruppe durchfallen. Werbung langweilt sehr schnell, wenn sie gewohnte Schemata abruft oder zu oft wiederholt wird, und Me-toos sind ganz schlecht angesehen.
Achten Sie also darauf, Ihre Werbung individuell zu gestalten, und vermeiden Sie zu häufige Wiederholungen.

▦ *Kleine Geschichten sind besser als Situationen*
Mit Stories oder Sketchen können Sie Spannung erzeugen und die junge Zielgruppe bei der Stange halten. Außerdem lassen sich Produkte in solche Geschichten sinnvoller einbauen und besser erklären, als wenn sie bloß in einer Situation gezeigt werden, deren Entstehung und weiterer Verlauf im Dunkeln bleiben.
Die Geschichten sollten idealerweise die Core Needs der jeweiligen Zielgruppe ansprechen und bedienen. Für Jungen könnten solche Geschichten also z. B. einen Wettstreit beinhalten, also die Möglichkeit, sich bei Freunden zu profilieren. Für beide Geschlechter attraktiv sind Geschichten, in denen die Gruppe gemeinsam ein Ziel erreicht, beispielsweise unsympathischen Leuten einen Streich spielen oder etwas beschützen.
Für Jugendliche sind auch Geschichten um Liebe oder Flirten wichtig, aber schon das einfache Zusammensein mit der Clique gibt Stoff genug. Hier liegt die Kunst dann aber oft im Weglassen von Schlüsselszenen, um die Jugendlichen zur Auseinandersetzung einzuladen. Bestes Beispiel: Der Axe-Spot mit dem unscheinbaren Mann im Fahrstuhl, der nacheinander bei einer hübschen Frau und einem Ledertyp Anklang findet.

▦ *Junge Inszenierung*
Kinder und Jugendliche lieben das Chaos: Ein Zimmer hat erst dann eine persönliche Note, wenn es nicht aufgeräumt ist, und ein Essen mit Freunden heißt Pizza auf dem Fußboden essen anstatt sich an eine mit edlem Porzellan und Kerzen dekorierte Tafel zu setzen. Vermeiden Sie es also, in Ihrer Werbung erwachsene Rituale auf Kinder und Jugendliche zu

beziehen: Erlauben Sie Unordnung, Durcheinander und vor allem Raum für Spontaneität und Individualität.

- *Personendarstellungen*
Wie die Situationen und Aktionen, die Sie inszenieren, sollten auch die Personen so gezeigt werden, wie sind oder sein wollen. Vermeiden Sie also zu gestylte Jugendliche oder Kinder in Sonntagskleidern, die sie niemals schmutzig machen dürften. Brave, wohlerzogene Kids sind langweilig und haben kein Identifikationspotenzial!
Und wie das Aussehen, so sollte auch das Verhalten der Darsteller sein, nämlich natürlich und nicht etwa gestelzt und in Posen verharrend. Nur in der Werbung sehen Sie Kinder und Jugendliche, die vollkommene Verblüffung und Begeisterung bei neuen Produkten zeigen oder lachend, singend und tanzend umher hüpfen. Entsprechend unglaubwürdig und nervig wirken solche Darstellungen: Echte Kids und Teens sind wesentlich weniger exaltiert – vor allem wenn es um Meinungsäußerungen in Bezug auf Produkte geht.
Wesentlich besser als große körperliche Gesten sind kleine Grimassen oder ausdrucksvolle Gesichter: Kleine Details bewirken oft mehr als der große Holzhammer, z. B. das Hochziehen der Augenbraue des Plattenverkäufers in der Visa-Werbung, als die Außerirdischen die hochgebeamte Platte mit der entsprechenden Karte bezahlen.

Gestaltung von Print-Werbung

Bei Printwerbung muss deutlich unterschieden werden zwischen Werbung, die sich an Jugendliche wendet, und Werbung für Kinderprodukte. Insbesondere im Kinderbereich gelten ganz andere Regeln für die Gestaltung von Printwerbung als im Erwachsenenbereich.

Vor allem der Merksatz, dass Printanzeigen nicht mit Informationen überfrachtet werden dürfen, gilt hier nur sehr begrenzt. Die Beschäftigung von Kindern mit Printanzeigen läuft mehrstufig ab und dies können Sie für sich nutzen.

1. *Interesse wecken*
Natürlich müssen Sie dem Kind zunächst einmal klar machen, dass es sich mit Ihrer Anzeige beschäftigen soll, z. B. über den Farbcode, über Cartoons oder einfach über Ihr Produkt. Ha-

ben Sie sich auf diese Weise erst einmal ein Entrée verschafft, dürfen Sie davon ausgehen, dass das Kind bereit ist, deutlich mehr Zeit in Ihre Anzeige zu investierten als ein Erwachsener, und darauf sollte Ihre Anzeige vorbereitet sein.

2. *Über Details bei der Anzeige halten*
   Wenn das Kind sich auf Ihre Anzeige einlässt, will es durch interessante Details für die Mühe belohnt werden. Es muss also viel zu sehen geben, ohne dass dabei die Struktur der Anzeige verloren geht. Wenn Sie beispielsweise ein kompliziertes oder vielseitiges Produkt wie Spielzeug haben, können Sie über Bilder mit vielen Details die Entdeckerlust der Kinder ausnutzen. Gibt Ihr Produkt dies nicht her, können Sie die Kinder auch über einen Comic bei der Stange halten – vorausgesetzt dieser ist formal und inhaltlich gut gemacht.

Darüber hinaus gibt es noch ein paar weitere Dinge, die Sie bei der Gestaltung Ihrer Printkampagne berücksichtigen sollten:

- Das Produkt immer in echt zeigen, nicht gemalt. Wenn Sie einen Comic machen wollen, zeigen Sie Ihr Produkt auch einmal als Fotografie.
- Nicht zu viel Text, denn Kinder lesen nicht gern und Bilder erklären besser.
- Wenn Text, dann groß geschrieben und in einer Art gesetzt, die Spaß und wenig Anstrengung signalisiert.
- Wenn Sie einen Comic machen wollen: Sie stehen im Wettbewerb mit den Klassikern, d. h. Sie brauchen eine adäquate Gestaltung, aber auch eine Story, die einen Bezug zu Ihrem Produkt herstellt.
- Greifen Sie Key Visuals der Verpackung oder TV-Kampagne auf, um Wiedererkennung zu schaffen und Synergien zu nutzen.

Bei Printwerbung, die sich an Jugendliche richtet, ist zu beachten, dass sich das Umfeld in den entsprechenden Magazinen teilweise deutlich von Zeitschriften für Erwachsene unterscheidet. Das Layout ist weniger geordnet, die Typografie weicht ab, die Bildsprache der Fotos ist anders: Kurz gesagt, Jugend hat eine eigene optische Ästhetik, die sich in ihren Printmedien zeigt. Entsprechend anders sind auch die Anforderungen an die Gestaltung von Print-Werbung.

Generell kann unterschieden werden zwischen reiner Lifestyle-Werbung, die das Produkt als relevant für jugendliche Lebenswelten zeigen will (z. B. Food oder Fashion) und Produkt-Werbung, die Funktionen erklären will oder muss (z. B. für Uhren oder Unterhaltungselektronik).

▪ *Lifestyle-Werbung* stellt das Produkt in der Hintergrund. Es ist nur dabei, zwar integriert, aber kein Treiber der Situation. Wichtiger als Produkteigenschaften ist das Feeling, das vermittelt werden soll, und die Integration des Produktes in die jugendliche Erlebniswelt. Bei dieser Art der Werbung ist es daher besonders wichtig, die gezeigte Situation über Orte und Personen so authentisch wie möglich abzubilden.
Allerdings kann diese Art der Print-Werbung nur bei gut eingeführten Produkten und Marken funktionieren, oder wenn die in der Print-Kampagne fehlenden Informationen (z. B. der Geschmack und die Wirkung eines Getränks) an anderer Stelle ergänzt werden, beispielsweise in einer parallel laufenden TV-Werbung.

▪ *Produkt-Werbung* stellt die Produktabbildung in den Vordergrund. Wichtig ist dabei aber eine visuell ansprechende Inszenierung, wie sie z. B. Swatch immer wieder gelingt. Jugendlichkeit ist hier weniger eine Frage des in der Anzeige gezeigten Umfelds, sondern des Umfelds, das sich der Betrachter aus dem Medium und dem Produkt selbst konstruiert.

Was jedoch bei Jugendlichen allerdings insgesamt ähnlich wie bei Erwachsenen und anders als bei Kindern ist, ist die relativ geringe Betrachtungszeit von Print-Anzeigen. Aber: Gute Anzeigen werden auch mal zu Kultobjekten und taugen als Dekoration für Ordner oder Zimmer!

Gestaltung von Funk-Werbung

Die Probleme von Funkwerbung insbesondere im Kindermarkt wurden ja bereits ausführlich geschildert. Dennoch hat Funkwerbung durchaus ihren Sinn, wenn sie entsprechend eingesetzt wird, z. B. zur Unterstützung einer parallel laufenden TV-Kampagne. Das Hauptproblem bei Funkwerbung besteht vor allem darin, gleichzeitig Aufmerksamkeit zu wecken, sich also aus dem Klangteppich des Radios herauszuheben, und das Produkt adäquat zu kommunizieren, ohne es zeigen zu können.

Dazu sollten Sie folgende Regeln berücksichtigen:

- Wenn möglich: Aufgreifen von Musik und akustischen Ankern aus der TV-Werbung
- Eine einprägsame Melodie, einen Jingle oder Slogan mit Potenzial, bei den eigenen Freunden zitiert oder vorgesungen zu werden
- Fokussierung auf eine relevante Botschaft, um die jungen Hörer nicht zu überfordern
- Über Geräusche oder Musik bildliche Assoziationen auslösen, um den Spot emotional anzureichern
- Natürliche, alterstimmige Stimmen auswählen und keine überdrehte Begeisterung inszenieren
- Nicht zu schnell sprechen lassen, damit die Information verstanden und aufgenommen werden kann

Markenkommunikation im Kinder- und Jugendmarkt

Wie in dem Teil dieses Buches, der sich mit Markenführung beschäftigt, bereits ausführlich geschildert wurde, kommt der Kommunikation natürlich eine große Bedeutung bei der Schaffung und Stärkung von Marken zu. Nicht umsonst wurde zudem bereits vielfach darauf hingewiesen, dass auch Kommunikationskanäle wie z. B. das Internet oder Events ihr volles Wirkungspotenzial nur dann ausspielen können, wenn sie im Rahmen einer integrierten Markenstrategie eingesetzt werden.

In besonderem Maße trifft dies auf klassische Werbung zu, die ja die Grundlage für die Wahrnehmung Ihrer Marke bildet. Deswegen möchten wir das Thema Markenkommunikation hier auch noch einmal besonders herausstellen.

In der Abbildung 3.15 sind mit den hellen Balken die Stärken der Marke Haribo dargestellt, die 6- bis 14-Jährige uns im Rahmen des Instrumentes brand status for kids zur Marke Haribo genannt haben, und dazu in dunkler Farbe, welche inneren Bilder die Kids mit dieser Marke verbinden. 46% der Kids nennen als innere Bilder zur Marke Haribo Szenen aus der Werbung. Zum Vergleich: nur 2% der gleichen Kinder empfanden die Werbung als Stärke der Marke Haribo.

Zwar spielt die Werbung bei den Stärken der Marke also nur eine geringe Rolle, doch prägt sie bereits bei Kindern entscheidend die Wahrnehmung einer Marke, sie bestimmt, was ein Kind

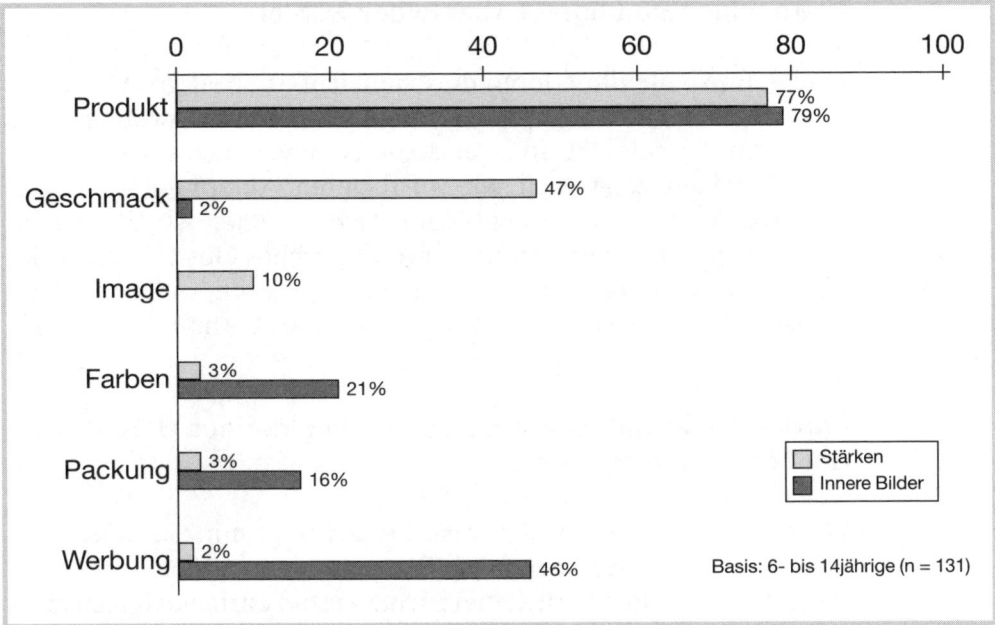

Abb. 3.14: Stärken der Marke Haribo

mit einer Marke verbindet, mit welchen Bildern sich eine Marke im Kopf der jungen Konsumenten verankert.

Und diese Werbebilder wirken eben nicht nur visuell, sondern transportieren immer auch noch eine Menge mit: Emotionen, Erfahrungen oder auch verborgene Wünsche. Wie groß – oder auch gering – der Anteil von Werbung an der Schaffung eines attraktiven Markenbildes sein kann, hängt natürlich vor allem von der Werbung selbst ab. Was Werbung jedoch leisten kann, lässt sich auf einen Punkt bringen: *Differenzierung vom Wettbewerb*.

Mit der richtigen Werbung können Sie Ihrer Marke ein Gesicht geben, das unverwechselbar und zugleich hoch attraktiv ist. Und wenn wir hier vom Markengesicht sprechen, so ist das fast wörtlich zu nehmen. Denn die Marke kann sich bei richtiger Pflege zu einer richtigen, fast menschlichen Persönlichkeit entwickeln, zu der der junge Konsument eine langfristige Beziehung aufbauen kann.

Und dabei ist es im Grunde ganz egal, in welches Medium Sie dafür mit Ihrer Werbung gehen. Wichtiger als das wo der Werbung ist das wie, oder besser, welche Bilder gewählt werden. Zur Auswahl der Bilder gibt es 3 Faustregeln:

Klare, eigenständige Markenbilder wählen

Einige Beispiele illustrieren dies vielleicht am besten: Wer kennt ihn nicht, Tony den Tiger von Kellogg's Frosties? Obwohl hin und wieder mal verkleidet, so ist er dennoch unverwechselbar.

Und Tony zeigt auch, wie wörtlich der Ausspruch vom „Gesicht der Marke" gerade bei Kindern zu nehmen ist: Er verleiht den Frosties ein eigenständiges, sympathisches Gesicht. Aber das ist ja noch lange nicht alles, was dieser Tiger kann, weil er auch als Beispiel für das Beherzigen der 2. Faustregel herhält:

Markenbilder mit einem Nutzen finden, der aus dem Kern der Marke kommt

Gerade Kinder stellen die Frage „Was bringt mir das" mit einer Schärfe, die geradezu brutal ist. Es reicht nicht, nur ein eigenständiges Markenbild zu präsentieren, man muss darin auch gleichzeitig das Wesentliche der Marke vermitteln.

Tony zeigt, wie es geht: Mit der Kraft und Dynamik, die in ihm steckt – und die Kinder natürlich außerordentlich anspricht. Wer würde sich schließlich nicht einen solchen Freund wünschen oder nicht so sein wollen wie er. Und so funktioniert der Transfer von der Figur Tony auf die Marke wunderbar. Er beherzigt nämlich auch die 3. Faustregel:

Starken Markenbildern treu bleiben

Wer einen dauerhaften Transfer von der Werbung auf das Markenbild erreichen will, der darf nicht dauernd seine Werbebilder wechseln.

Um das ein wenig zu illustrieren, lohnt es sich, noch einmal einen genaueren Blick auf die inneren Bilder zur Marke Haribo zu werfen. 46% der befragten Kids haben zu der Marke Haribo Szenen und Visuals aus der Werbung als innere Bilder im Kopf – und bei Haribo konzentriert sich alles auf ein einziges Werbebild: Thomas Gottschalk, wie er Gummibären oder Lakritzschnecken isst.

Diese Konzentration auf *ein* klares Bild führt zu einem wahrgenommenen Werbedruck und einer Einprägsamkeit, die jeweils absolut herausragend sind. Nun macht Haribo natürlich auch viel

Werbung, doch es gibt Marken, die noch wesentlich mehr Geld in die Werbung stecken und trotzdem weit weniger Werbe-Awareness erzielen, einfach weil ihre Kommunikation nicht sofort als Markenkommunikation zu erkennen ist.

Denn die Ursache dafür, dass die Werbemark in manchen Fällen weit weniger wert ist, ist fast immer die gleiche: Keine Kontinuität. Jede Werbung mag für sich genommen exzellent sein, herausragende Bewertungen bei der Likeability erzielen. Doch in der Gesamtschau tragen sie nichts zur Stärkung des Markenbildes bei, verwirren eher.

Nur 3 Faustregeln für eine erfolgreiche Markenführung mit Werbung also: Eigenständige Markenbilder finden, aber auch Bilder mit einem klaren Nutzen, der zum Produkt passt, und diesen Bildern dann treu bleiben.

Das hört sich sehr einfach an. Dennoch ist ihre Umsetzung nicht ganz unproblematisch. Denn zunächst einmal stellt sich die Frage nach dem Key Visual, dem Bild, das die Wahrnehmung der Marke dominieren soll. Es soll unique sein, aber bitte schön auch einen Bezug zur Marke haben. Nur: Woher nehmen?

Hierzu noch ein paar Beispiele:

- An Tony Tiger haben Sie es bereits gesehen, ein anderes Beispiel ist der Hase Quicky von Nesquik: Characters sind gerade im Kinderbereich eine Möglichkeit, ein typisches und attraktives Visual zu schaffen. Aber auch im Jugendbereich haben Zeichentrick-Character Potenzial, wie die Engelchen der Red Bull-Werbung beweisen.
- Bei Punica gab es über lange Jahre mit der Oase ein Visual, das den Kern der Marke, nämlich Erfrischung, auf den Punkt brachte, und gleichzeitig Teil einer spannenden Erlebniswelt für Kinder war.
- Eine andere Möglichkeit sind Farbcodes und keine Marke praktiziert dies intensiver als Mattel's Barbie. Dieses Pink ist nicht mehr von dieser Welt, es ist die Barbie-Welt. Aber auch Coca-Cola hat mit dem Rot einen klaren Farbcode, o.b. kann am typischen Türkis-Weiß erkannt werden.
- Logos wie das von Coca-Cola sind eine weitere Möglichkeit, Marken mit einem Gesicht zu versehen. Die drei Streifen von adidas und der Swoosh von Nike sind ebenfalls Visuals, die sich durch alle Lebensäußerungen der Marke ziehen und natürlich auch die Kommunikation charakterisieren.
- Und es sind natürlich die Produkte selbst – wenn man ein ein-

Abb. 3.15: Barbie **Abb. 3.16: Nike** **Abb. 3.17: Lego**

zigartiges Produkt hat: Das beste Visual für Lego ist Lego: Es ist unverwechselbar!

Bei aller Mühe, die es natürlich macht, die richtigen Bilder für eine Marke zu finden: Nicht vergessen werden sollten die Chancen, die einmal eingeführte Key Visuals und Codes bieten – vor allem bei weniger üppigen Budgets.

Hierfür ein weiteres Beispiel: Nach einer TV-Kampagne von ChupaChups folgte in der Micky Maus diese Anzeige, in der das Key Visual aufgegriffen wurde, nämlich die Zitrone. Und siehe da: Action und Spaß der TV-Werbung wurden auch zu der Printanzeige assoziiert. Das gelernte Werbebild, nun auf Papier, erfüllte die gleichen Funk-

Abb. 3.18: Zitrone von Chupa Chups

tionen wie der TV-Spot, nur zu einem erheblich günstigeren Preis. Und um den Kreativen aus den Agenturen die Angst zu nehmen: Gleiche Markenbilder zu verwenden heißt noch lange nicht, ewig die gleiche Werbung machen zu müssen: Bestehende Bilder und Schlüsselsymbole können aufgegriffen werden und in immer neuem Zusammenhang gezeigt werden. Man erinnere sich nur an den Hasen Quicky, der mal in Comics tolle Abenteuer erlebt, auf Wellen aus dem Kühlschrank surft oder einfach nur ein neues Produkt zeigt. Mit neuer Inszenierung wird so mit dem gleichen Key Visual immer wieder neue Aktualität geschaffen.

Aber Markenführung in der Werbung heißt auch, auf kurz*fristige* und kurz*sichtige* Abenteuer zu verzichten, die Marke zu hegen und zu pflegen – und dies auch mit großer Markendisziplin.

Abb. 3.19: Nesquik-Werbung

Was Sie bei der Kommunikation mit Jugendlichen noch beachten sollten

Auf das Thema Jugendwerbung soll an dieser Stelle noch einmal gesondert eingegangen werden, wobei die bereits gemachten Ausführungen zu altersspezifischen Gestaltung von Werbung natürlich ihre Gültigkeit behalten.

Es erscheint uns sinnvoll und notwendig, noch einmal auf den grundsätzlich unterschiedlichen Zugang von Kindern bzw. Jugendlichen zu „ihren" Produkten und „ihrer" Werbung einzugehen. Es ist an anderer Stelle schon ausführlich beschrieben worden, wie sich die Beziehung zwischen Kind und Produkt von einer Zweier-Beziehung (Kind + Produkt) hin zu einer Dreier-Beziehung (Jugendlicher + Produkt + Freunde) entwickelt.

Entsprechend muss sich auch die Darstellung des Produktes oder der Marke in der Werbung verändern: Muss bei Kinderwerbung die Funktion des Produktes und der daraus ableitbare Nutzen für das Kind im Vordergrund stehen, müssen Sie das Produkt in der Jugendwerbung stärker in einen Kontext einbauen, wobei der richtige Kontext gerade im Jugendbereich deutlich schwerer zu identifizieren ist:

■ Jugendliche Lebenswelten sind sehr viel *komplexer* und klarer voneinander *abgegrenzt* als die der Kinder und nicht jedes Produkt passt überall hin. Sie müssen zeigen, ob Ihr Produkt eher für zu Hause, für den Sport, die Disco oder die Schule ist.

- Jugendliche sind sehr viel stärker von *Stimmungen* beeinflusst als Kinder. Je nachdem, ob man gerade fröhlich, verliebt, genervt oder gelangweilt ist, kann das gleiche Bedürfnis (z. B. Durst) mit verschiedensten Produkten befriedigt werden, die gerade in diese Stimmung hineinpassen. Wann ist Ihr Produkt das richtige?
- Die *sozialen Beziehungen* der Jugendlichen sind viel differenzierter. Während Kinder sich meistens in einem relativ geschlossen Personenkreis bewegen (die besten Freunde sind oft in der gleichen Klasse und auch in demselben Verein), haben sich Jugendliche auch räumlich einen breiteren Personenkreis erschlossen. Es gibt nicht nur beste Freunde und den Rest, es gibt die Clique, den festen Partner, Mitschüler, Leute, die man regelmäßig in Vereinen trifft, Bekanntschaften in Cafés, Kneipen oder Discos und so weiter. In welchem Kreis ist Ihr Produkt passend?
- Jugendliche haben deutlich *differenziertere und spezialisiertere Interessen.* Ob es Sport, Musik, der Computer oder Mode ist: Jugendliche unterscheiden sich deutlich danach, wofür sie sich interessieren und wofür sie sich begeistern können. Es ist illusorisch, zu glauben, man könne mit einem Thema (z. B. einer Sportart) alle Jugendlichen erreichen. Und schlimmer noch: Jugendliche haben in ihren „Fachgebieten" Spezialwissen, das wir Erwachsene uns oft nicht aneignen können.

Für Ihre Jugendkommunikation heißt das im Klartext, dass Sie sich vorher genau überlegen müssen, in welche Situation und welche Stimmung Sie Ihr Produkt oder Ihre Marke einbinden möchten, da die Trennung zwischen diesen Situationen von den Jugendlichen sehr viel schärfer und rigider gezogen wird.

Manche Marken schaffen sich über eine eher oberflächliche Positionierung breite Akzeptanz. Bestes Beispiel hierfür ist Coca-Cola: Coca-Cola steht für Spaß und Erfrischung und überall wo Spaß und Erfrischung gefragt sind, ist auch Coca-Cola. Man muss aber klar sagen, dass so eine breite Positionierung nur dann Aussicht auf Erfolg hat, wenn man – wie Coca-Cola – den Markt dominiert, überall präsent ist und so diesen breiten Anspruch auch erfüllen kann.

Neben den sehr viel individuelleren und situativ beeinflussbaren Produktanforderungen sind Jugendliche zudem auch äußerst *produkt- und werbeerfahren,* d. h., sie sind leichter in der Lage, Vergleiche anzustellen und Beziehungen zwischen Inhalten herzustellen. Entsprechend höher ist das Anspruchsniveau, Stereotypen und Standardmechanismen funktionieren nicht mehr: Werbung nach Schema F (z. B. mit gewollter Jugendsprache oder besonders coolen Typen) wird sofort durchschaut und gnadenlos abgelehnt.

Für Jugendwerbung gilt es stattdessen, die Mentalität der Jugend zu verstehen und in die eigene Kommunikation einzubauen: Wer in seiner Werbung singende und tanzende Jugendliche zeigt, die um das Produkt wie um das goldene Kalb tanzen, hat Jugend nicht verstanden. Jugendliche sind nicht so – niemals würden sie über etwas so Profanes wie Chips oder einen Softdrink in Jubelextase verfallen, denn dazu sind sie viel cool. Diese Coolness sollten Sie auch beim Umgang mit Ihrem Produkt zeigen.

Entsprechend sollte Ihr Produkt nie im Mittelpunkt der Kommunikation stehen. Natürlich ist es da, aber genau das ist eben so normal, dass man darüber keine großen Worte oder Gesten verlieren muss.

Mit Ihrem Produkt gewinnt man entsprechend auch kein Prestige (zumindest nicht vordergründig), denn wer gibt schon gerne zu, dass er sich über seinen Konsum profilieren muss? Wichtiger ist als Hauptbotschaft zu signalisieren, dass man sich mit Ihrem Produkt einfach wohlfühlt. Wenn unterschwellig auch noch etwas Anerkennung bei Freunden dazukommt, umso besser – aber bitte nur unterschwellig!

Sie sehen: Die typischen Werbesprüche wie „Das Produkt ist der Hero" haben bei Jugendwerbung nur begrenzte Bedeutung. Natürlich müssen Sie Ihr Produkt kommunizieren und so stark wie möglich branden – aber bitte nicht mit dem massiven, vordergründigen Holzhammer. Sagen Sie nicht, dass Ihr Produkt das beste ist – dies würde Ihnen nämlich sowieso niemand glauben – sondern lassen Sie diesen Schluss von der Zielgruppe selbst ziehen. Das beweist Souveränität und lässt der Jugend die erwünschte Entscheidungsfreiheit.

Zur konkreten Umsetzung von Jugendwerbung lassen sich auch noch einige Faustregeln aufstellen:

- *Vermeiden Sie um jeden Preis Imperative* wie „Komm zu ..." oder „Probier mal ..."! Wie gesagt: Jugendliche hassen es, bevormundet zu werden oder Wertungen vorgekaut zu bekommen. Sie reagieren darauf äußerst zynisch und ablehnend.
- *Jugend ist spaßorientiert – also bring' sie zum Lachen!* Und wenn Sie über sich selbst lachen können, sich selbst nicht zu

ernst nehmen, haben Sie fast schon gewonnen. Ein Beispiel hierfür: Die D2-Werbung, in der lachende Jugendliche vor eine Mauer fahren oder das Petting vom Spruch „Wir woll'n mal nicht übertreiben" unterbrochen wird. Hier werden Werbeklischees (immer mehr Versprechungen, typische Werbe-Jugendliche) lustvoll auf's Korn genommen und persifliert.

- *Überhaupt: Das ironisierende Spiel mit Klischees ist wichtig und schafft Akzeptanz.* Das typische Model, das plötzlich ausrutscht, oder die Werbung, die verspricht, dass Baden-Württemberger alles können außer Hoch-Deutsch: All das zeigt, dass sich der Absender der Kommunikation selbst nicht zu ernst nimmt. Und wer so offen zu seinen kleinen Fehlerchen steht, muss ja Stärken haben, die diese Schwächen bei weitem überwiegen.

- *Seien Sie spontan und chaotisch.* Stellen Sie sich einmal ein tolles, stimmungsvolles Abendessen vor. Wahrscheinlich holen Sie das kostbare Porzellan, das Silberbesteck und die Stoffservietten raus, schaffen mit Kerzen und Musik ein angenehme Atmosphäre und servieren drei Gänge zusammen mit einem erlesenen Wein. So machen das wir Erwachsene: Wir inszenieren, wollen alles möglichst perfekt und gestylt.
Und ein tolles Abendessen für Jugendliche: Die Pizza aus dem Karton auf dem Boden sitzend essen, dazu Cola, danach Chips und dabei ein gutes Video anschauen. Chaos, Spontaneität, Ungezwungenheit und Originalität sind hier die Zauberwörter: Gestellte Situationen, aufgeräumte, gestylte Wohnungen und adrett angezogene Personen sind nicht jugendlich, auch nicht realistisch und damit nicht glaubwürdig.

- *Überraschen Sie:* „Do the unexpected" ist ein klassischer Spruch der Werber und in keinem Markt hat er mehr Relevanz als im Jugendmarkt. Der Bruch von Konventionen, von den bereits beschriebenen Klischees, das lustvolle Auseinandernehmen erlernter Schemata ist das, was Jugendliche anspricht. Schließlich ist die Jugendzeit selbst ja nichts anderes als ein ständiger Prozess des Infragestellens!

- *Weniger Jugendlichkeit ist manchmal mehr:* Nicht jeder darf alles und wie jugendlich Sie in Ihrer Kommunikation auftreten dürfen, hängt z. B. davon ab, ob Sie schon im Jugendmarkt präsent sind, und auch davon, ob in Ihrem Produktbereich Jugendlichkeit überhaupt wichtig ist oder doch eher die Seriosität zählt (z. B. bei Banken und Versicherungen). Und generell gilt: Ein Zuviel an Jugendlichkeit stört immer.

Zu jugendliche Charaktere, zuviel Musik, zuviel Action und schnelle Schnitte oder zuviel Jugendslang sind der Overkill für jede Jugendwerbung!

Noch ein Wort zum Thema Jugendszenen in der werblichen Kommunikation: Das Zeitalter der „Tribalisierung", d. h. der Zugehörigkeit zu bestimmten, genau abgegrenzten Jugendkulturen ist vorbei. Stattdessen dominiert das bereits an anderer Stelle beschriebene Sampling: Die Jugendlichen nehmen sich von allem das Beste und kümmern sich nicht um irgendwelche bindenden Stilvorschriften. Das Schlagwort zu Beginn des neuen Jahrtausends heißt deswegen Individualisierung.

Auch Marken dienen weniger als Aushängeschild: Die Zeiten, in denen beispielsweise im Modebereich Markenlogos als Aushängeschilder auf der eigenen Brust großflächig zur Schau gestellt wurden, sind vorbei (einzige Ausnahme: Die Subkulturen in den Vorstädten). Statt dessen dominieren nicht gebrandete Produkte, H&M ist hier das beste Beispiel.

Für die Kommunikation von Jugendmarken ist dies gleichzeitig Chance und Fluch: Chance deswegen, weil Marken im Rahmen ihres Markenkerns ebenfalls deutlich mehr Möglichkeiten haben, diesen aktuell auszugestalten, und Fluch, weil der Markt durch seine Heterogenität einfach schwerer zu verstehen und zu bearbeiten ist.

Für die Kommunikation von Jugendmarken heißt dies aber, dass es besonders wichtig ist, einen starken Markenkern zu haben, der handfeste Produktbenefits mit einem emotionalen Zusatznutzen kombiniert und idealerweise Core Needs der Zielgruppe befriedigt. Diesem Markenkern müssen Sie treu bleiben, Sie dürfen ihn nicht zu Gunsten kurzfristiger Trends oder Moden aufgeben, denn mit diesem Markenkern kommen Sie auch durch stürmische Zeiten.

Wichtig ist aber auch, diesen Markenkern immer wieder mit Aktualität aufzuladen, damit Ihre Marke und Ihr Produkt für die Zielgruppe relevant bleibt. Ein Beispiel: In einer Coca-Cola-Werbung waren eine Menge Jugendliche zu sehen. Zweimal kurz im Bild war ein junger Mann mit Glatze und spaciger Sonnenbrille, der aussah wie ein DJ frisch von der Love Parade. Dieser Mann war so eindeutig aktuell und aus einer bestimmten Szene stammend, dass seine bloße Anwesenheit in dem Spot zeigte, dass Coca-Cola auf der Höhe der Zeit ist – schließlich wird die Marke auch von solchen Leuten getrunken.

Lassen Sie sich also nicht von irgendwelche Szenen oder Moden aus dem Gleichgewicht bringen: Ein guter und überzeugender Markenkern bringt auf Dauer mehr als die szenigste Werbung. Auch hierzu ein Beispiel: Clearasil macht in der TV-Werbung eigentlich alles falsch: Unglaubwürdige, da zu gut aussehende Darsteller, denen man ihre Pickel einfach nicht abnimmt, eine belehrende, besserwisserische Argumentation stereotyp und nicht sehr glaubwürdig in Szene gesetzt und auch keine coole Musik oder Anbindung an jugendliche Erlebniswelten.

Trotzdem verkauft diese Werbung, denn sie spricht ein gravierendes Problem vieler Jugendlicher an (Pickel!) und verspricht dafür eine Lösung – das relevante Grundbedürfnis (die Pickel müssen weg) ist hier wichtiger als alles andere. Andererseits ist sicherlich auch eine glaubwürdige und relevante kommunikative Lösung denkbar, die weniger in typischen Werbeklischees verharrt.

5 Nutzen Sie relevante Kommunikationsagenten

Werbung, in welcher Form und in welchem Medium auch immer, ist nur eine Möglichkeit, in Kontakt mit jungen Zielgruppen zu treten und diese von den Vorzügen der eigenen Produkte zu überzeugen. Denn genauso wenig, wie Sie Ihr Wissen über Produkte und Marken nur aus der Werbung beziehen, ist dies bei Kindern und Jugendlichen der Fall.

Wichtige Quellen, um etwas über Produkte und Marken zu erfahren, sind eben auch die Freunde, die Eltern und Geschwister. Im Gegensatz zu werblicher Information haben diese Personen vor allem nicht den Beigeschmack des „Verkaufen-Wollens", sondern werden als objektive, glaubwürdige Quellen wahrgenommen.

Es ist also durchaus wünschenswert, diese Personengruppen als Kommunikationsagenten in die eigene Strategie einzubauen und auf diese Weise die Wirkung der eigenen Kommunikationsmaßnahmen zu verstärken.

Kommunikationsagenten: Die Eltern

Die Eltern – insbesondere die meistens einkaufende Mutter – sind nicht nur deswegen von großer Bedeutung im Kinder- und Jugendmarketing, weil sie Produktinformationen an Kinder weitergeben oder die Produktverwendung vorleben: Sie sind auch Gatekeeper, die über die Freigabe von Geld darüber (mit-) entscheiden, was von dem Kind oder für das Kind gekauft wird. Eltern können den Kauf eines Produktes befürworten und fördern, sie können ihn aber auch ablehnen und blockieren.

Zu den Aufgaben, die ein Kind in der Phase der Jugend leisten muss, zählt das Erlangen von Autonomie, von Selbstständigkeit. Und dazu gehört vor allem auch die Loslösung von den Eltern. In der Praxis heißt das, dass die Kinder sich mit zunehmendem Alter immer weiter von den Eltern entfernen und deren Einfluss auf das Verhalten und die Einstellungen der Kinder abnimmt. Insgesamt läßt sich der Einfluss der Eltern in folgenden Faustregeln zusammenfassen:

▪ *Je jünger die Zielgruppe, desto größer der Einfluss der Eltern*
Kinder werden zwar bereits sehr früh in Entscheidungspro-

zesse mit eingebunden (ab einem Alter von 2 bis 3 Jahren), letztendlich kauft die Mutter jedoch so lange das, was sie für richtig hält, bis der Widerstand des Kindes massiv wird.

■ *High Interest und Low Interest = großer oder kleiner Einfluss*
Die Unterscheidung in High und Low Interest-Produktbereiche hat auch im Kinder und Jugendmarkt ihre Gültigkeit. Einfach zu klären ist die Entscheidungskompetenz immer dann, wenn Kind und Eltern dem Produktbereich unterschiedliche Bedeutung zumessen: Kinder-Hygiene ist beispielsweise für Mütter High Interest, für die Kinder Low Interest, entsprechend bestimmt die Mutter den Kauf.
Problematisch wird es jedoch, wenn Kinder und Eltern einem Produktbereich gleichermaßen viel Aufmerksamkeit schenken, z. B. beim Spielzeug: Hier prallen die gegensätzlichen Vorstellung (etwa Action versus pädagogischer Anspruch) mit voller Wucht aufeinander.

■ *Je teurer das Produkt, desto größer der Einfluss der Eltern*
Bei großen Anschaffungen wie etwa einem Computer reden die Eltern auch bei 14-Jährigen noch ein gewaltiges Wort mit. Dagegen kauft sich ein 8-Jähriger den ChupaChups Zungenmaler auch vom eigenen Geld, um damit die Eltern zu schocken.

■ *Je homogener die Produkte, desto größer der Einfluss der Kinder*
In einem Markt, in dem es weder große Qualitäts- noch Preisunterschiede gibt, wird die Mutter eher geneigt sein, den Wünschen ihres Kindes zu folgen, als in einem Markt, in dem die Wunschmarke des Kindes vielleicht das Doppelte von Wettbewerbern kostet (z. B. Sportschuhe, Bekleidung) oder in denen die Mutter große Qualitätsunterschiede wahrnimmt (z. B. Spielzeug oder Nahrungsmittel).

■ *Je mehr die Kinder das Produkt auch außerhalb des Hauses verwenden, desto größer ihr Einfluss*
Insbesondere bei den Produkten, mit denen sich Kinder und Jugendliche bei ihren Freunden profilieren können oder wollen, üben sie besonders starken Druck auf ihre Eltern aus (Spielzeug, Unterhaltungselektronik, Mode). Und weil viele Eltern nichts mehr fürchten, als ihre Kinder bei deren Freunden zu isolieren, geben sie hier auch eher nach.

■ *Wer sich besser auskennt, entscheidet*
In vielen Produktbereichen kennen sich Kinder besser aus als ihre Eltern (z. B. Unterhaltungselektronik, Computer), was

dazu führt, dass die Entscheidungskompetenz in diesen Produktbereichen den wirklichen Experten, nämlich den Kids zugebilligt wird. Bei anderen Produktbereichen (z. B. Ernährung oder Körperpflege) sehen sich insbesondere die Mütter mit einem Kompetenzvorsprung, weswegen sie hier ihre Präferenzen durchzusetzen versuchen.

Wenn Sie bei der Anwendung dieser Regeln auf Ihr Produkt feststellen, dass darüber nur oder vor allem von Kindern oder Jugendlichen entschieden wird, sollten Sie Ihre Kommunikation entsprechend nur auf die junge Zielgruppe ausrichten.

Haben die Eltern jedoch mehr als nur ein Wörtchen mitzureden, empfiehlt sich auf jeden Fall eine zweigleisige Strategie. Neben den an die Kinder gerichteten Botschaften sollten Sie den Eltern Reassurance bieten! Was heißt das genau? Eltern wollen gute Eltern sein und für ihr Kind nur das Beste. Entsprechend muss die Kommunikation den Eltern vermitteln, dass das Produkt im wahrsten Sinne des Wortes gut für das Kind ist, z. B.:

- Das Produkt ist kindgerecht, sicher
- Das Kind bleibt mit dem Produkt gesund
- Das Kind wird in seiner körperlichen oder geistigen Entwicklung gefördert
- Das Kind wird zu eigener Aktivität/Kreativität angeregt
- Das Kind wird glücklich, hat Spaß
- Die Eltern gewinnen die Zuneigung ihrer Kinder
- Das Produkt führt Kinder und Eltern zusammen, verbindet die Generationen
- Eltern können ihr Kind mit dem Produkt belohnen, positives Verhalten verstärken
- Das Produkt hebt das eigene Kind von der Masse ab, macht es zu etwas besonderem
- Die Kinder werden dadurch selbstständiger, was wiederum den Eltern mehr Freiraum verschafft
- Eltern können sich damit (vor anderen) als gute Eltern beweisen

Allerdings sollte man diese Reassurance glaubwürdig dosieren: Es dürfen weder Wunder versprochen werden, noch dürfen Eltern in ihrer Ehre verletzt werden.

Beispiel 1

Ein Konzepttext für ein Nahrungsmittel, das die Konzentrationsfähigkeit von Kindern steigern konnte, versprach „intelligentere" Kinder. Aus Sicht der Eltern ist die Intelligenz der Kinder jedoch ererbt, also etwas, das sie sich gerne selbst zuschreiben und auch stolz verkünden. Ein Produkt, das intelligenter macht, impliziert jedoch, dass die Kinder – und damit die Eltern – eben nicht so intelligent sind und hier Nachbesserung brauchen: Eine psychologisch falsche Positionierung!

Beispiel 2

Ein Werbefilm zeigte Kinder, die ihrer Mutter aus lauter Dankbarkeit für das Produkt um den Hals fallen. Natürlich wollen alle Mütter von ihren Kindern geliebt werden, jedoch wurde hier zu sehr der Eindruck vermittelt, dass die Mutter nur wegen des Produktes und nicht ihrer selbst willen geliebt wird. Die Konsequenz: Sehr emotionale Ablehnung durch die Mütter!

Im Idealfall wird die Reassurrance unterschwellig, fast beiläufig geboten. Paradebeispiel hierfür ist die frühere FruchtZwerge-Werbung, in der der kleine Junge mit dem Hinweis auf Vitamine und andere gesunde Zutaten versucht, seine Geschwister vom Produkt abzuhalten. Auch die Kinder-Schokolade-Werbung hat hier immer mit feiner psychologischer Klinge operiert, so dass Kinder Schokolade unterschwellig immer als die etwas gesündere Schokolade wahrgenommen wird.

Sollten Sie sich allerdings im Zweifel darüber sein, wer denn letztendlich wirklich über Ihr Produkt entscheidet: Wenden Sie sich lieber an die *Kinder*. Unsere letzten Forschungsergebnisse zum Markt der Frühstückscerealien und Schokoriegel zeigen eindeutig, dass Mütter im Zweifelsfall immer die Wünsche ihrer Kinder über das Wissen um die gesündeste Alternative stellen – selbst wenn Sie aus Gründen der sozialen Erwünschtheit oft das Gegenteil behaupten.

Kommunikationsagenten: Die Freunde

Parallel zum abnehmenden Einfluss der Eltern nimmt der Einfluss der Peer Group, also der Freunde zu. Spätestens mit etwa 9 bis 10 Jahren wird entscheidend, was die Freunde gut finden, und nicht mehr, was die Eltern mögen.

Davon, den Freundeskreis von Kindern und Jugendlichen in den Kommunikationsmix einzubeziehen, träumt wohl jeder Anbieter von Kinder- und Jugendprodukten. Diese Rechnung wird allerdings meistens ohne die Hauptpersonen gemacht, denn junge Zielgruppen wollen sich im Grunde nicht vereinnahmen lassen, wollen eben nicht Kommunikationsagenten sein.

Der entscheidende Punkt ist also, mit den richtigen Impulsen eine Eigendynamik innerhalb dieser Peer Group anzustoßen, ohne dabei aufdringlich oder berechnend zu wirken. Solche Impulse können im Grunde mit allen Werbeformen, aber auch mit Below The Line-Aktivitäten gegeben werden.

Wie können Sie nun den Zugang zu den Cliquen finden? Wichtig ist dabei, die Meinungsfreiheit zu akzeptieren anstatt Hypes bestimmen zu wollen: Wer hinausposaunt, dass das eigene Produkt der neueste Trend ist, hat schon verloren. Was Trend ist, bestimmen die Kids, nicht Sie. Sie können nur Angebote machen und darauf hoffen, dass die Kids Ihres auswählen. In Ihrem Sinne beeinflussen können Sie diesen Auswahlprozess neben dem an anderer Stelle diskutierten adäquaten Einsatz von Kommunikationskanälen wie Werbung beispielsweise durch:

- *Unaufdringliche Präsenz in wichtigen Treffpunkten, einfach „da" sein*
  Nur wer vor Ort ist, kann „in" sein. Diese Präsenz reicht oft schon aus, um die Relevanz für die Zielgruppe zu unterstreichen – wenn sie glaubwürdig ist. Denkbar sind neben dem Verkauf vor Ort Sponsoring von Personen (Szene-Heroes) oder Aktionen oder ganz einfach Werbemittel wie bedruckte Bänke oder Sonnenschirme.
- *Durch „maßgeschneiderte" Angebote Differenzierungspotenzial bieten*
  Einerseits möchten Jugendliche das haben, was alle andere haben, um dem Konformitätsdruck in der Clique zu entsprechen. Andererseits möchte man sich von den anderen abgrenzen, Individualität und Persönlichkeit zeigen. Erreichbar ist dies beispielsweise durch limitierte Auflagen oder viele Produktvariationen, perfekt vorexerziert z. B. von Uhrenherstellern wie Swatch oder Casio's Baby-G. Die kleinen, aber feinen Unterschiede sorgen für subjektiv wahrgenommene Individualität, obwohl man im Grunde mit der Masse schwimmt!

▪ *Präsenz durch coole Promotion-Artikel*
Nur wenige Massen-Marken wie Coca-Cola haben es erreicht,
dass ihr Logo ein Selbstläufer für Promotion-Artikel ist. Die
meisten Marken brauchen zusätzliche Aufwertung z. B. durch
einen coolen Aufdruck auf einem T-Shirt oder durch nette
Artikel, die mit dem Produkt nicht unbedingt etwas zu tun haben müssen. Levi's schaffte es beispielsweise durch das unde-
finierbare Plüschtier Flat Eric, auf der Love Parade '99 massiv
präsent zu sein, obwohl Techno sicherlich nicht zum Kern dieser Marke gehört.

▪ *Diskussionsstoff liefern*
Wichtig ist, immer im Gespräch zu bleiben, sei es durch Werbung, Promotions oder das Produkt selbst. Kinder und Jugendmarken brauchen ständig neue Impulse, um als aktuell
wahrgenommen zu werden, und diese Impulse sollten so kräf-
tig sein, dass sie zu Diskussionen auffordern. Dabei ist es
durchaus erlaubt, etwa in der Werbung und mit Abstrichen
sogar auch beim Produkt zu polarisieren: Eine eindeutige Position zu beziehen ist allemal glaubwürdiger als unentschlos-
sen hin und her zu schwanken oder es allen recht machen zu
wollen.

▪ *Begehrlichkeit wecken durch begrenzte Distribution*
Wie bereits erwähnt: Gerade für Jugendliche ist das am span-
nendsten, was andere nicht haben. Wer überall zu bekommen
ist, nimmt seinem Produkt die „geheimnisvolle Aura".

Kommunikationsagenten: Die Geschwister

Die älteren Geschwister üben einen massiven Einfluss auf das
Konsumverhalten von Kindern aus. Kommunikativ nutzbar ist
dieser Einfluss allerdings zumeist nur indirekt, da die Ansprache
für die älteren Geschwister natürlich den generellen Gesetzmäßigkeiten für Kinder- und Jugendkommunikation gehorcht: Allein dadurch, dass die älteren Geschwister etwas verwenden, wird
dieses Produkt oder diese Marke auch für die jüngeren attraktiv.

Besonders positiv wirkt sich der Einfluss jedoch dann aus,
wenn ältere Geschwister sich gegenüber den jüngeren als Experten profilieren können, z. B. im Computer-Bereich oder bei
Sportartikeln. Das, was dann im Kinderzimmer abläuft, könnte
man im übertragenen Sinn durchaus als Verkaufsgespräch bezeichnen.

Klar festgestellt werden muss jedoch, dass dieser Informationstransfer nicht oder nur eingeschränkt vom Jüngeren hin zum Älteren funktioniert (das, was der Jüngere mag, ist für den Älteren
Kinderkram) und auch bei gemischtgeschlechtlichen Geschwis-
terpaaren deutlich weniger gegenseitige Beeinflussung zu erwarten ist.

6 Der Blick über den Tellerrand

Wie bereits geschildert, gab es in der Vergangenheit wiederholt Stimmen, die die klassischen Werbeträger im Kinder- und Jugendmarkt bereits abgeschrieben haben. Zielgruppenmedien wie Micky Maus oder Bravo verloren deutlich an Auflage, und damit einher ging ein Aufstieg neuer Titel wie Sailor Moon, PC Zeitschriften oder den Fanzines zu den Daily Soaps wie Gute Zeiten, schlechte Zeiten. Der Printmarkt ist heutzutage viel unübersichtlicher, heterogener als noch vor wenigen Jahren und damit schwerer für Werbung zu nutzen.

Und für TV gilt Ähnliches: Einmal abgesehen davon, dass der Schwerpunkt der TV-Nutzung bereits bei 8- bis 9-Jährigen eben nicht bei den klassischen Kindersendungen liegt, sondern bei Programmen, die sich auch oder eher an Erwachsene richten, ist der Fernsehmarkt durch die vielen Privatsender einerseits und den Kinderkanal andererseits sehr kompliziert geworden.

Um es auf den Punkt zu bringen: Billig ist es nicht, über klassische Werbemedien mit Kindern oder Jugendlichen zu kommunizieren. Das ist, ganz nüchtern betriebswirtschaftlich betrachtet, schon ein guter Grund, zu überprüfen, ob andere Kanäle nicht effizienter, vielleicht sogar günstiger sind.

Der andere Grund, sich über diese neuen Wege Gedanken zu machen, hängt mit dem sich verändernden Markt zusammen. Kinder sind nach wie vor Kinder, Jugendliche sind Jugendliche. Im Vergleich zu den 70ern hat sich durch die Akzeleration zwar vieles vorverlagert, dadurch haben sich Kinder in ihren Grundbedürfnissen, ihren Core Needs aber nicht geändert. Diese Grundbedürfnisse, z. B. nach Spaß, nach Anerkennung und Autonomie sind gleich geblieben und werden auch in Zukunft gleichbleiben. Was sich aber geändert hat, sind die Mittel und Wege, diese Grundbedürfnisse zu befriedigen.

Nur 2 Beispiele im Kinderbreich: Vor 20 Jahren haben Jungs ihre Aggressionen im Rollenspiel mit selbstgebauten Lego-Monstern ausgelebt, heute gibt es fertige Roboter. Das Fahrrad war das Mittel, sich körperlich zu bewegen und den eigenen Aktionsradius zu erweitern, heute sind das die Inlineskates, mit denen man zusätzlich auch Tricks üben kann.

Oder bei den Teenagern: Die Funktionen, die die Hippie-Bewegung der frühen 70er erfüllt hat, Integration in eine Gruppe und Abgrenzung nach außen, erfüllten danach die Punk- oder

Ökobewegung oder heute die Skinheads und mit Abstrichen die Überreste der Raver-Szene.

Das Stichwort ist Aktualität, oder anders ausgedrückt: Die Grundbedürfnisse der Zielgruppe in einer aktuellen Sprache, mit aktuellen Symbolen und eben auch über aktuelle Kommunikationskanäle anzusprechen. Wer sich mit Medien oder Inhalten von Gestern an die Zielgruppe von Heute wendet, wird auch als Marke von Gestern wahrgenommen werden.

Der 3. Grund, sich mit diesen neuen Formen der Zielgruppenkommunikation zu beschäftigen, ist die Beobachtung, dass es heute einfach mehr Marken gibt, die sich um Kinder und Jugendliche als Zielgruppe bemühen als noch vor 10 Jahren: Eine junge Tonalität in der Kommunikation reicht alleine nicht mehr aus, denn die haben mittlerweile viele andere auch. Auch im Sinne einer Differenzierung vom Wettbewerb macht es also Sinn, über alternative Kommunikationskanäle nachzudenken.

In diesem Kapitel werden nun verschiedene, neuere Möglichkeiten vorgestellt, wie Sie mit jungen Zielgruppen in Kontakt treten können. Dabei geht es jedoch nicht darum, alt gegen neu auszuspielen, vielmehr funktioniert vieles nur im Zusammenspiel aller Kommunikationskanäle. Die wesentliche Veränderung durch die neuen Kommunikationskanäle ist deswegen auch weniger das Umwerfen des Mediamixes, sondern vielmehr die Umdefinierung der Kommunikationsziele, um den veränderten Marktgegebenheiten im Kinder- und Jugendmarkt Rechnung zu tragen:

- *Qualitative Reichweite statt quantitativer Reichweite*
  Es wird in Zukunft darum gehen, statt möglichst vieler Kinder und Jugendliche *vor allem* oder *nur* diejenigen zu erreichen, die eine große Nähe zum eigenen Produkt haben. Und diese Kinder und Jugendlichen sollen dann nicht einfach nur erreicht werden im Sinne einer Botschaft, die irgendwie ankommt. Wesentlich ist, diesem Kontakt eine neue Intensität zu geben, Tiefe zu verleihen.
- *Interaktion statt Präsenz*
  Es reicht nicht mehr, einfach nur da zu sein. Wichtig ist, den Kontakt mit der Zielgruppe aufzubauen, mit der Zielgruppe ins Gespräch zu kommen. Beziehungsmanagement oder Beziehungsmarketing wird ein Schlagwort sein, das im Kinder- und Jugendmarketing der Zukunft eine immer größere Rolle spielen wird.

▨ *Relevanz statt Bekanntheit*
Bekanntheit ist eine Grundvoraussetzung, um überhaupt Geschäfte machen zu können. Doch die Beobachtungen der letzten Jahre zeigen, dass vor allem wesentlich ist zu kommunizieren, dass man für die junge Zielgruppe relevant ist. Aus der Vielzahl der Produkte werden sich Kinder und Jugendliche immer denjenigen zuwenden, von denen sie vermittelt bekommen, dass dieses Produkt speziell für sie ist. Das kann bei Kindern die Comic-Figur auf dem Produkt sein, die kommuniziert „für Kinder" oder bei Jugendlichen stimmig angezogene Typen und angesagte Musik.
Bei der Kommunikation geht es also nicht darum, überall präsent zu sein, sondern dort, wo die Zielgruppe ist, und die Botschaften zu vermitteln, die wirklich interessieren.

▨ *Authentizität statt Größe*
Natürlich ist es gut, wenn man als Marke Größe dokumentieren kann. Wichtig ist für Kinder und Jugendliche jedoch nicht, wie viele Produkte Sie anbieten und wie gut Ihre Distribution oder Ihr Marktanteil ist. Vielmehr müssen Sie als Absender von Produkt- und Markenbotschaften vermitteln, dass Sie wirklich hinter dem stehen, was Sie da kommunizieren, dass Sie es ehrlich meinen und dass Sie verstanden haben, worum es der jungen Zielgruppe wirklich geht.

Zusammengefasst geht es also darum, das eigene Produkt bzw. die eigene Marke näher an die Zielgruppe heranzubringen, Nähe zu erzeugen.

Kommunikation über das Internet

Das Internet ist von manchen Jugendspezialisten zum Kommunikationsmedium der Zukunft ausgerufen worden. Es fallen Schlagworte wie Net-Community oder Net-Kids und es wird die Behauptung aufgestellt, das Internet würde andere Kommunikationskanäle überflüssig machen. Schließlich ermöglicht das Internet alle Formen des Kontaktes mit dem jungen Kunden, die auch mit anderen Medien denkbar sind. Mit dem Internet können Sie beispielsweise:

▨ Informationen über Ihre Marke und Ihre Produkte vermitteln
▨ Über E-Mail Feedback von Kunden empfangen

- Über Spiele, Chatrooms oder Wettbewerbe zur Interaktion mit Ihrer Marke oder Ihren Produkten einladen
- Über Foren eine Community erzeugen, so dass sich die Besucher Ihrer Website als Teil einer Gruppe fühlen können
- Produkte verkaufen

Im Kern ist das Internet jedoch ein Instrument des Beziehungsmarketings und als solches sollte es auch verstanden und genutzt werden. Wer im Internet nur ein Forum zur Produktpräsentation sieht oder es zum reinen Verkaufsmedium machen möchte, verkennt das wahre Potenzial dieses Mediums, aber auch seine Grenzen.

Das Internet ist ein *interaktives Medium*, ein Medium zum Informationstransfer und in diesem Punkt ist es allen anderen Medien an Geschwindigkeit und Kosteneffizienz überlegen. Als Verkaufsmedium wird es in vielen Produktbereichen jedoch nie den direkten Kontakt mit dem Produkt vor dem Kauf ersetzen können und eine statische Unternehmens- oder Produktpräsentation langweilt nicht nur junge Internet-User. Auch ist es nur begrenzt als Werbemedium geeignet, schließlich muss der User Ihre Website von selbst aufsuchen, ein gewisses Interesse an Ihrem Angebot muss also bereits vorhanden sein. Ist eine Beziehung mit dem Kunden über das Internet aber erst einmal etabliert, kommt der Online-Nutzer von selbst – es muss ihm nur regelmäßig Relevantes geboten werden.

Aus Sicht der Unternehmen liegt der *Vorteil* des Internets im Vergleich zu anderen Kommunikationskanälen also darin, dass hier ein Medium alle Varianten des Kontaktes ermöglicht – von der einfachen Bereitstellung von Informationen bis hin zum Verkauf des eigenen Produktes – und das vergleichsweise kosteneffizient und mit konkurrenzloser Geschwindigkeit.

Der wesentliche Vorteil, den das Internet aus Sicht der Kinder und Jugendlichen hat, ist dass der Nutzer nie das Gefühl hat, auf ihn würde von Seiten des Unternehmens Druck ausgeübt: Schließlich herrscht absolute Wahlfreiheit, sowohl in Bezug auf die genutzten Angebote im Netz, als auch in der Entscheidung, ob man durch eine versendete Mail aus der Anonymität heraustreten oder sogar etwas bestellen möchte.

Dieser eigentlich Medien-immanente Vorzug des Internets hat im Kinder- und Jugendmarkt sogar noch mehr Gewicht: Die wahrgenommene Eigenbestimmung und Wahlfreiheit, die das Internet bietet, ist insbesondere im Hinblick auf eine Jugend wichtig, die sich nicht festlegen, nicht binden möchte – was man z. B. am Mitgliederschwund vieler Sportvereine sehen kann –, sondern viel lieber aus der ganzen Breite des Angebotes schöpfen möchte. Der junge User kann jederzeit selbst entscheiden, welche Angebote aus der „Wundertüte" Internet er in welcher Weise nutzen möchte.

Doch auch für die Unternehmen, die in Jugendmärkten aktiv sind, hat das Internet als Medium noch pointiertere Vorteile: Da ist zunächst die hohe Attraktivität des Mediums an sich für Kinder und Jugendliche. Darüber hinaus bietet das Internet viel stärker als andere Medien die Möglichkeit, immer wieder aktuell auf Veränderungen und Entwicklungen bei dieser äußerst heterogenen Zielgruppe einzugehen.

Es herrscht also große und zum Teil auch nachvollziehbare Euphorie, wenn es um das Thema Internet im Kinder- und Jugendmarketing geht. Doch die Realität sieht doch (noch) ein wenig anders aus. Bei aller Begeisterung über die Möglichkeiten, die das Internet unbestritten bietet, ist es sinnvoll, im Blickfeld zu behalten, wie sich die Realität des Internetmarktes in Deutschland derzeit präsentiert.

Schaut man sich nämlich die Reichweite des Internets bei Kindern und Jugendlichen in Deutschland an, so ist festzustellen, dass man eigentlich erst ab einem Alter von etwa 9 bis 10 Jahren von einem existierenden Markt sprechen kann und wirklich nennenswerte Reichweiten erst ab einem Alter von 12 Jahren erzielt werden (vgl. Abb. 3.23). Das Internet ist also derzeit (noch) kein Kindermedium, aber sehr wohl bereits ein relevantes Jugendmedium.

Es sind mehrere Ursachen dafür verantwortlich, dass das Net im Kindermarkt noch keine allzu große Rolle spielt:

- Zum einen gibt es in dieser Zielgruppe noch *verbreitet Defizite bei der Computerkompetenz:* Die Technik, die Struktur des Internets ist sehr abstrakt und von den verfügbaren Oberflächen auch noch nicht besonders kinderfreundlich.
- Wer anfängt zu surfen, wird sehr bald auf Homepages landen, die nur in *englischer Sprache* vorliegen, und diese von Kindern noch nicht erlernte Sprache stellt eine oft unüberwindbare Barriere dar.
- Ein weiterer Grund ist die sicherlich begründete Angst der Eltern, dass die Kinder über das Internet mit *jugendgefährdeten Inhalten* in Berührung kommen und sie deswegen gezielt

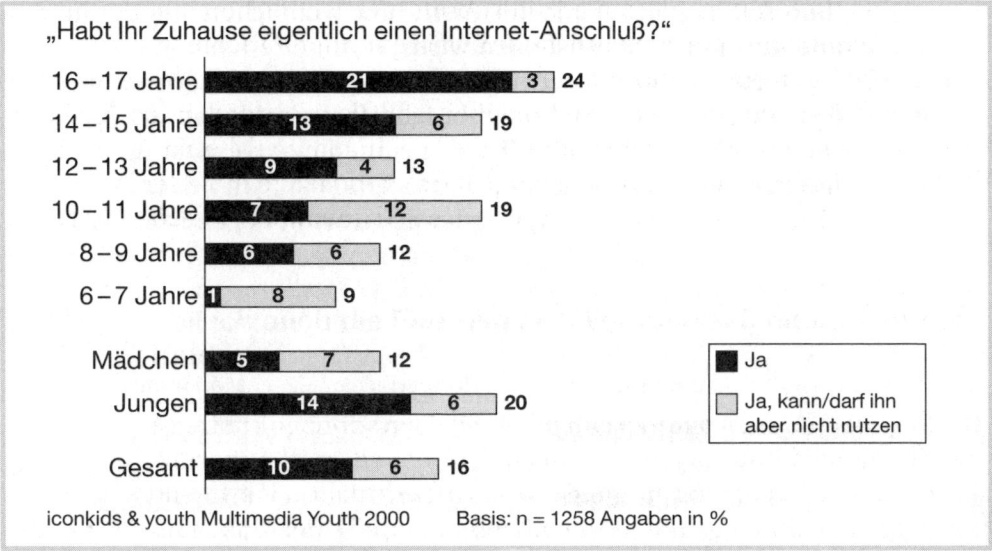

„Habt Ihr Zuhause eigentlich einen Internet-Anschluß?"

	Ja	Ja, kann/darf ihn aber nicht nutzen	Gesamt
16 – 17 Jahre	21	3	24
14 – 15 Jahre	13	6	19
12 – 13 Jahre	9	4	13
10 – 11 Jahre	7	12	19
8 – 9 Jahre	6	6	12
6 – 7 Jahre	1	8	9
Mädchen	5	7	12
Jungen	14	6	20
Gesamt	10	6	16

iconkids & youth Multimedia Youth 2000   Basis: n = 1258 Angaben in %

Abb. 3.20: Reichweiten des Internet

versuchen, ihre Kinder von diesem Medium so lange wie möglich fernzuhalten.

Der Anstieg des Anteils der Internet-Nutzer ab einem Alter von etwa 9 bis 10 Jahren ist darauf zurückzuführen, dass die Kinder in diesem Alter oft bereits richtige Computerexperten geworden sind. Damit verlieren einerseits die oben genannten technischen Barrieren an Bedeutung, vor allem aber entzieht sich die kindliche Computernutzung immer stärker der elterlichen Kontrolle.

Man darf allerdings auch bei den Jugendlichen nicht von der Anzahl der Internet-Nutzer auf die Verbreitung von Internet-Anschlüssen in Privathaushalten und damit auf eine *regelmäßige* Nutzung dieses Mediums schließen. In einer 1998 von uns durchgeführten Repräsentativuntersuchung bei 12- bis 17-Jährigen konnten wir feststellen, dass 33% der Jugendlichen dieser Altersgruppe im Internet surfen, aber nur 12% daheim einen Internet-Anschluss haben. Man geht eben nicht nur zuhause, sondern auch bei Freunden ins Netz oder surft in Internet-Cafés, in Kaufhäusern oder Jugendzentren.

Zurzeit ist das Medium Internet zudem noch deutlich männlich dominiert, doch auch dies wird sich ändern. Für die Zukunft kann man davon ausgehen, dass mit der zunehmenden Verbreitung des Internets auch der Anteil der weiblichen und der jungen und jüngsten User ansteigen wird.

Gefragt danach, zu welchen Produktbereichen sie sich aus dem Internet Informationen beschaffen würden, gaben Jugendliche vor allem die Produktbereiche an, die auch sonst für sie High Interest sind, z. B. Musikangebote, Filme im Kino oder auf Video, Mode, Hard- und Software oder Sportartikel (vgl. Abb. 3.24).

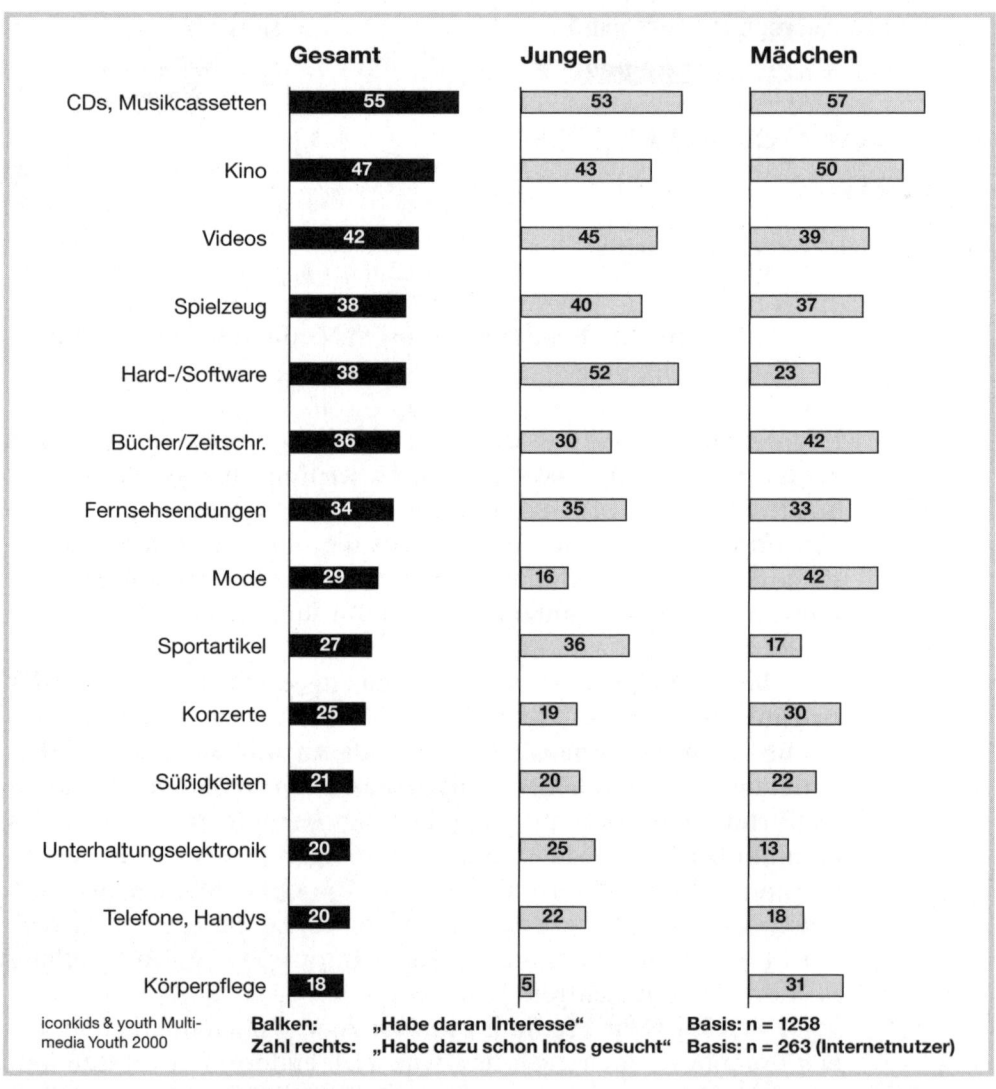

Abb. 3.21: Informationen aus dem Internet

Ein Low Interest-Angebot wird nicht automatisch dadurch zum High Interest, dass es in einem High Interest Medium präsentiert wird! In der Konsequenz bedeutet dies, dass sich Anbieter aus Low Interest-Produktbereichen im Internet dem gleichen Problem gegenüber sehen wie bei allen anderen Medien auch: Um Kontakte zu schaffen, muss auch im Internet erst Interesse geweckt werden. Als Belohnung für ein Engagement im Netz winkt dann aber auch eine substantielle Verbesserung und – vor allem – Verjüngung des eigenen Images.

Zusammenfassend kann man feststellen, dass sich zur Zeit ein wie auch immer gestaltetes Engagement im Internet insbesondere für solche Unternehmen lohnt, die mit ihren Produkten und Marken Jugendliche anvisieren und Angebote haben, die die Jugendlichen wirklich interessieren.

Allerdings: Ein halbherzig vorangetriebener Internet-Auftritt schadet sogar mehr, als dass er nützt. Dies trifft insbesondere dann zu, wenn ein paar lieblos gestaltete Seiten über Monate unverändert ins Netz gestellt werden: Wer nicht bereit ist, substanziell in die Website zu investieren, sollte sich lieber auf andere Medien konzentrieren. Auch der Internet-Auftritt steht in ständigem Wettbewerb mit verschiedensten Angeboten, die ähnliches oder anderes präsentieren, und nur die besten Angebote werden sich durchsetzen.

Darüber hinaus ist jedoch auch wichtig, dass der Internet-Auftritt als Teil der Gesamtstrategie in der Kommunikation betrachtet wird und nicht ein subversives Eigenleben führt. So sollten sowohl die Gestaltung als auch die Inhalte der Website die Marken bzw. Unternehmenswerte aufgreifen und widerspiegeln. Themen, die nicht zum Besitzstand der Marke gehören, sollten in einer Weise aufgegriffen werden, die dem Stil der Marke entspricht.

Im Idealfall greift die Website beispielsweise Sujets aus der aktuellen Werbekampagne auf und bietet vertiefende oder ergänzende Informationen an. Erst im Zusammenspiel mit anderen Kommunikationskanälen im Rahmen einer integrierten Kommunikation kann das Internet seine volle Qualität als Instrument im Marketing entwickeln.

Gestaltung von Websites im Internet

Neben eher allgemeingültigen Voraussetzungen weist das Internet im Vergleich zu anderen Medien sehr spezifische Besonderheiten auf, die bei der Erstellung von kinder- und jugendgerechten Websites berücksichtigt werden sollten. Die folgenden Punkte geben einen *hierarchisch* gegliederten Überblick über die wesentlichsten Anforderungen:

1. Grundvoraussetzung: Bekanntheit schaffen

Eine Grundanforderung bei jeder Art von Präsenz im Internet ist, dass diese Präsenz auch kommuniziert wird. Die schönste Homepage bringt nichts, wenn niemand davon erfährt! Dies ist zum einen Internet-intern möglich über Einträge in den entsprechenden Suchmaschinen, Banner oder Werbebuttons. Es sollte jedoch auch immer parallel dazu in der werblichen Kommunikation oder auf Verpackungen auf den Internet-Auftritt hingewiesen werden. Dabei sollte nicht nur darüber informiert werden, dass es die Website gibt, sondern es sollte auch ganz konkret der Nutzen für den User geschildert werden.

2. Zielgruppenadäquate Gestaltung der Homepage

Besucht ein junger User zum ersten Mal eine Homepage, wird er eine Reihe von Fragen an diese Homepage stellen, z. B. „Was finde ich dort?", „Interessiert mich das?", „Was nützt mir das?", oder einfach nur „Macht mir das Spaß?". Die Entscheidung, ob eine Homepage den eigenen Anforderungen genügt, also attraktiv ist oder nicht, wird dann in den meisten Fällen bereits beim Durchklicken der ersten paar Seiten getroffen.

Dass es essenziell wichtig ist, diesen ersten Test zu bestehen, liegt auf der Hand. Dazu muss die Gestaltung der Website stimmen, denn durch das Seitenlayout werden die ersten wichtigen Schlüsselsignale ausgesendet, die entscheiden, ob die Site „weggeklickt" wird oder nicht:

- Dazu gehört beispielsweise eine augenfreundliche Farbgebung und Typographie.
- Eine einfache, intuitive Menüführung durch die Ebenen der Homepage.

- Texte sollten möglichst kurz gehalten werden, da niemand gerne vom Bildschirm abliest – auch Erwachsene nicht. Sie sollten mehrspaltig gehalten werden, um zu lange Zeilen zu vermeiden.
- Bilder oder Zeichnungen lockern auf und sprechen an. Dabei sollten jedoch stets die Ladezeiten berücksichtigt werden: Kinder und Jugendliche verlieren schnell die Geduld.
- Wichtig ist es aber auch, altersspezifische Codes zu verwenden: Eine Homepage sollte dem jungen Nutzer sofort kommunizieren, dass sie für ihn interessant und relevant ist. Schlüsselsignale sind – natürlich neben dem Produkt selbst – bunte, kräftige Farben, jugendliche Schrifttypen und eine nicht zu aufgeräumt wirkende Gestaltung der Seiten. Für jüngere Kinder bietet sich beispielsweise auch der Einsatz eines altersstimmigen Cartoon-Characters als Presenter-Figur an, die durch die Homepage führt, oder aber die Einbindung von Inhalten in altersgemäße Erlebniswelten.
- Soll eine altersmäßig breitere Zielgruppe angesprochen werden (z. B. Kinder und Eltern), sollte das (neutral gestaltete) Hauptmenü schnell auf die jeweils relevanten Seiten führen, die dann zielgruppenspezifisch aufgemacht sein können.

3. Einen klaren Added Value anbieten

Eine zielgruppengerechte Gestaltung allein reicht jedoch auf Dauer nicht aus: Vor allem muss man auch einen *konkreten Nutzen* anbieten. Kinder und Jugendliche gehen sehr pragmatisch mit ihrer Zeit um, deswegen werden auf Dauer auch nur die Websites besucht, die den jungen User für seinen Aufwand belohnen, zum Beispiel durch Information über relevante Themen oder auch Spiele, die immer wieder Spaß machen. Idealerweise handelt es sich um einen einen dauerhaft relevanten *Added Value*, der sonst nirgendwo zu bekommen ist. Das können beispielsweise sein:

- *Insider-Tipps:* Bei den jugendlichen Kernthemen (z. B. Musik, Film, Mode, Computer) besteht ein großer Informationsbedarf in der Zielgruppe, der durch ein so schnelles Medium wie das Internet optimal befriedigt werden kann, besser als beispielsweise in wöchentlich oder sogar nur monatlich erscheinenden Zeitschriften. Voraussetzung ist allerdings, dass wirklich relevante und aktuelle Information geboten und nicht Altbekanntes wiederholt wird (wozu dann ins Internet gehen?) oder Pseudo-Nachrichten verbreitet werden, die letztendlich die Glaubwürdigkeit der Quelle ruinieren.

- *Produktinformationen und spezielle Produktangebote:* Information über die eigenen Produkte werden auf einer Unternehmenshomepage erwartet und stören daher nicht. Auch hier sollte jedoch immer auf den Mehrwert der gebotenen Infos geachtet werden: Bei technischen oder anderen erklärungsbedürftigen Produkten sind beispielsweise mehr Einzelheiten als in Print- und TV-Werbung Pflicht, bei Nahrungsmitteln können z. B. Tipps zur „Veredelung" angeboten werden. Ebenfalls angebracht sind die Angabe von Bezugsquellen sowie eine Produktberatungshotline.

- *Spaß:* Ausschließliche Information langweilt irgendwann, der Spaßwert sollte deswegen immer berücksichtigt werden. Dazu zählt zunächst einmal eine *adäquate Gestaltung* der Homepage, die eben nicht zu steril und erwachsen ausfallen sollte. Andere Möglichkeiten sind beispielsweise *Chat-Räume*, die trotz ihrer geringen Kommunikationstiefe generell sehr beliebt sind und durch einen thematischen Bezug zum Produkt sinnvoller ausgestaltet werden können.

- Eine andere Option sind *Online-Spiele*, schließlich spielen alle Kinder und Jugendlichen gerne. Problematisch ist hier nur, dass die meisten Online-Spiele aufgrund der zur Zeit noch begrenzten technischen Möglichkeiten eher dürftig ausfallen und nur wenig Spielwert haben. In vielen Fällen sind diese Spiele deswegen ein nettes Extra, das jedoch kaum oder nur kurz genutzt wird.

- Ebenfalls sehr beliebt sind *Nachrichtenecken* oder virtuelle *Kleinanzeigen*, über die die User miteinander Kontakt aufnehmen können oder selbst Dinge verkaufen können.

- Um *wiederholte* Besuche auf der Homepage zu erreichen, ist neben der „Fortschreibung" bewährter Inhalte aber auch wichtig, immer wieder *kleine Überraschungen* in die Homepage einzubauen, um die Entdeckungslust der Surfer zu befriedigen.

- Etwas problematisch ist dagegen die Angabe von *Links* zu anderen für die Zielgruppe interessanten Sites: Einerseits ist dies eine von den Usern hoch geschätzte Service-Leistung, die – vor allem, wenn die Links aktuell und kommentiert sind – auch zu wiederholten Besuchen führen kann. Eine große Gefahr besteht jedoch darin, dass die Homepage irgendwann nur noch als Sprungbrett zu anderen Sites genutzt wird, was auf Dauer nicht im eigenen Interesse sein kann.

Insbesondere für Unternehmen aus Low Interest Produktbereichen bietet es sich beispielsweise an, auf der eigenen Homepage Kerninteressen der Zielgruppe aufzugreifen, z. B. Musik und Kino bei Jugendlichen. Eine genügende inhaltliche Qualität vorausgesetzt, ergibt sich so die Möglichkeit, User zum Besuch der Homepage zu motivieren, die nur aufgrund des Produktbereichs niemals hineinschauen würden.

Eine Homepage wird jedoch nur dann wiederholt besucht werden, wenn sie dem User jedes Mal neuen Nutzen verspricht. Dazu gehört vor allem auch, dass Inhalte *ständig aktualisiert* werden müssen, um nicht irgendwann langweilig und uninteressant zu werden. Diese Aktualisierung muss klar kommuniziert werden, sei es durch die Angabe des Datums der letzten Aktualisierung, auf neue Inhalte hinweisende Icons oder Vorankündigungen.

4. Motivation zur Response

Das Internet bietet beste Voraussetzungen für Unternehmen, ihre tatsächliche und potenzielle Zielgruppe „persönlich" kennen zu lernen und eine wirkliche Beziehung mit ihnen aufzubauen. Schließlich ist es bei keinem anderen Medium für den Nutzer so wenig arbeitsaufwendig zu antworten, wie beim Internet mit E-Mail. Allerdings wird nur geantwortet werden, wenn es dafür einen guten Grund gibt: Das Angebot zum Dialog sollte sich also auf Themen beziehen, die die Zielgruppe wirklich interessieren.

Hier ist natürlich in erster Linie das Produkt selbst zu nennen, z. B. über die oben beschriebenen Support-Angebote. Aber auch andere Inhalte einer Website bergen Response-Potenziale:

- *Informationen:* Wer sich wirklich für ein Thema interessiert, wird auch immer die neuesten Informationen haben wollen. Das Abrufen eines Info-Abos durch Angabe der E-Mail-Adresse kann sehr attraktiv sein – bei entsprechender Qualität der Inhalte.
- *Chats/Newsgroups:* Diese Foren bedürfen grundsätzlich einer Kontrolle, um Obszönitäten zu verhindern. Das Vergeben von auf E-Mail-Adressen bezogenen Passwörtern wird akzeptiert, vor allem wenn es um inhaltlich substanzielle Foren

geht. Bei (hoch attraktiven) Flirt-Angeboten erscheint zudem auch das Abfragen von Alter und Geschlecht des Users als legitim.

- *Online-Spiele:* Bei wahrgenommener technischer Chancengleichheit aller Mitspieler bieten High-Score-Listen oder Wettbewerbe mit ausgelobten Preisen Anreize, die eigene E-Mail-Adressen kund zu tun.

Eine deutliche Einschränkung muss jedoch in Bezug auf die Qualität des so erzielbaren Adressen-Pools gemacht werden: Sobald *personenbezogene Daten* wie vollständiger Name, Alter, Geschlecht oder Adresse abgefragt werden, sinkt die Bereitschaft zur Auskunft drastisch. Daten dieser Art sollten daher nicht gleich zu Beginn einer Internet-Beziehung abgefragt werden, sondern erst, nachdem sich ein vertrauensvolles Verhältnis entwickelt hat, bzw. wenn dem jungen Internet-Nutzer der Sinn dieser Daten-Abfrage klar ist (z. B. beim postalischen Versand von Produkten).

5. Aufbau und Erhalt des Dialogs mit dem jungen Kunden

Ein wirklicher Dialog zwischen Unternehmen und Kindern und Jugendlichen wird nur dann zu Stande kommen, wenn der junge User dauerhaften Nutzen aus dieser Beziehung ziehen kann, sonst wird er den Dialog abbrechen.

Auch hierfür gibt es verschiedene Maßgaben und Strategien, die zum Erfolg führen können:

- *Kontaktaufnahme von Seiten des Unternehmens nur, wenn man etwas zu sagen hat:* Nichts ist lästiger als das Durchklicken von E-Mails, die nicht interessieren. Unternehmen sollten deswegen nur dann E-Mails versenden, wenn es wirklich etwas Substanzielles zu kommunizieren gibt, z. B. Veränderungen auf der Website oder wichtige Informationen, beispielsweise auch über gefährliche Computerviren.
- *Kleine Geschenke anbieten:* Kleine Geschenke erhalten auch im Internet die Freundschaft. Dies können Kostenvorteile beim Bestellen von Produkten sein oder auch einfach nur interessante, witzige Downloads.
- *Die Meinung der Zielgruppe hören:* Auch Jugendliche haben ein Sendungsbewusstsein und freuen sich, wenn man ihre Meinung hören möchte. Im Idealfall gibt man der Zielgruppe

das Gefühl, an der Gestaltung der Marke mitzuarbeiten, zum Beispiel durch die Auswahl von Werbemotiven, Verpackungsgestaltungen und so weiter.

- *Die Community fördern:* Im Idealfall bietet die eigene Website die Plattform für Foren, in denen sich Gleichgesinnte treffen und austauschen können, eine Community bilden. Dieser Austausch allein kann Motivation genug für wiederholte Besuche sein und sollte gezielt gefördert werden, z. B. durch die Organisation von Treffen, Wettbewerben, Nachrichten- oder Tauschbörsen.

6. Vertrieb über das Internet

Im Jugendmarkt ist als Einschränkung in Bezug auf E-Commerce, also den Vertrieb von Produkten über das Internet, grundsätzlich zu sagen, dass dies in der Regel den Besitz einer Kreditkarte voraussetzt, die Kinder und Jugendliche so gut wie nie besitzen. Vor übertriebenen Umsatzerwartungen sei deswegen vorerst noch gewarnt. Allerdings wird es auch in Deutschland die in den USA bereits eingeführten Taschengeld-Konten geben, auf denen Geld deponiert wird, welches Kinder und Jugendliche dann online ausgeben können.

E-Commerce wird jedoch gerade bei den Jugendlichen das gemeinsame Shoppen und Stöbern niemals ersetzen können. Man sollte also damit rechnen, dass die meisten nur schauen werden. Interessant wird der Kauf über das Internet jedoch immer dann, wenn echte Preisvorteile gewährt werden oder Produkte angeboten werden, die sonst nicht erhältlich sind.

Hierzu können besonders seltene Produkte zählen (z. B. Tonträger, die nur in kleiner Auflage erscheinen), spezielle Internet-Editions oder individuelle Anfertigungen, die nur über das Internet bestellt werden können. Wichtig ist dabei allerdings, dass das Produkt zu sehen (oder zu hören) ist: Verschiedene Perspektiven zur Betrachtung sind genauso hilfreich wie die Visualisierung eigener Sonderwünsche.

Der Vertrieb kann im Internet z. B. über virtuelle Shops oder auch über Internet-Auktionen laufen, wobei insbesondere die letzte Variante durch ihren Ereignischarakter deutlich stärker involviert und auch die Medien-immanenten Vorteile des Internet besonders gut ausnutzt.

7. Einbeziehung der Eltern

Gerade bei den unter 10-Jährigen stellen die Eltern in Deutschland noch wichtige Gatekeeper für den Internetzugang ihrer Kinder dar. Es hat sich deswegen bei Angeboten für Kinder als hilfreich erwiesen, den Eltern die Reassurance zu bieten, dass von dieser Homepage keine jugendgefährdenden Inhalte erreicht werden können, oder auch über Internet-Schutzprogramme wie Cyber-Patrol zu informieren.

Ferner wird von Eltern oft die zu offensichtliche Verkaufsabsicht hinter Kinder-Homepages kritisiert: Etwas mehr Zurückhaltung zeigt Goodwill und hilft Akzeptanz zu schaffen!

Beim Surfen durchs Netz fallen immer wieder schöne und sehr aufwändig gemachte Websites auf, die bei der jungen Zielgruppe auch auf positive Resonanz stoßen. Die meisten genannten Beispiele überzeugen vor allem auch dadurch, dass sie dem User eine Entdeckungsreise innerhalb dieser einen Homepage ermöglichen.

Die folgenden Beispielen zeigen, wie man das Internet in Kinder- und Jugendmarketing einsetzen kann (Stand der Beispiele: Juni 1999):

www.ob-online.de: „A Woman is born"

Die Botschaft von o.b. an Mädchen lautet in der Printkampagne wie auch beim Internet-Auftritt: „o.b. hilft Dir dabei, eine Frau zu werden." Die Marke stellt sich als intime Vertraute der jungen Mädchen dar, die die pubertäre Phase massiver körperlicher Veränderungen durchlaufen.

Abb. 3.22: Internetauftritt von o.b.

Die Website vertieft dieses Kernthema in verschiedenen Varianten, z. B. mit einem Stichwort-Lexikon, erklärenden Texten, einer Liste mit Antworten auf häufig gestellten Fragen oder einem Beratungsangebot via E-Mail, Telefon oder Post.

Zusätzlich finden sich in der Rubrik „Just 4 U" E-Cards zum Versand und Links für Mädchen, beispielsweise zu Beratungsstellen, aber auch zu Boygroups, und man kann Gedichte schicken, die dann im Internet veröffentlicht werden.

www.milka.de: Kuhpate auf der Oberzartinger Alm

Auf dieser markenstimmig in Lila und Weiß gehaltenen Homepage findet sich die vielleicht intelligenteste Variante, einen wiederholten Besuch von Kindern zu erreichen: Man kann die Patenschaft über eine (virtuelle) Kuh übernehmen, die man wie ein Tamagotchi füttern, melken, zum Tierarzt und auf die Schönheitsfarm bringen muss. Pflegt man seine Kuh nicht ausreichend, kehrt sie enttäuscht in die Herde zurück. Außerdem auf dieser Website: Ein Chat-Room, ein Milka-Shop sowie ein Online-Spiel.

Abb. 3.23: Internetauftritt von Milka

www. barbie.com: Die eigene Barbie zum Bestellen

Auf dieser (englischsprachigen) Website wird das Barbie-Universum zum Leben erweckt. Als Clou kann man sich seine eigene Barbie mit individueller Kombination von Haar-, Haut- und Augenfarbe gestalten, sie nach Wunsch frisieren und anziehen und schließlich zum Preis von $ 39.95 online bestellen. Hier wird der Traum der Eins-zu-eins-Beziehung von Kunde und Unternehmen wahr!

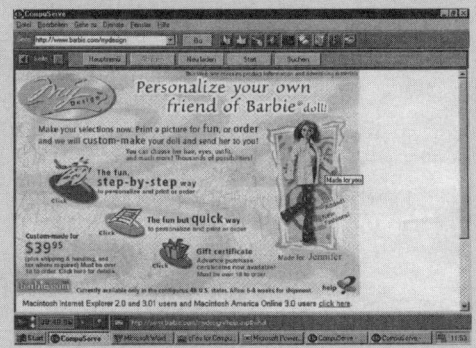

Abb. 3.24: Internetauftritt von Barbie

Schule und Kindergarten als Kommunikationskanäle

Schulen und Kindergärten sind natürlich sehr interessante Orte für die Vermarktung von Kinder- und Jugendprodukten, da die relevante Zielgruppe ohne nennenswerten Streuverlust und mit hoher Kontaktqualität angesprochen werden kann. Schule löst bei den jungen Zielgruppen auch nicht automatisch negative Assoziationen (wie Lernstress oder Autorität) aus, schließlich ist dies der Ort, wo man auch seine Freunde regelmäßig sieht und mit ihnen zumindest in der Pause Spaß hat.

Allerdings gibt es in Deutschland immer noch eine klare Trennungslinie zwischen Bildung und Kommerz, die erst sehr langsam aufgeweicht wird. Werbung in Schulen oder Kindergärten ist vielerorts verpönt und löst bereits im Ansatz massive Widerstände bei Eltern und Pädagogen aus.

Aufgrund der finanziellen Probleme im Bildungssektor, aber auch wegen des zunehmenden Wettbewerbs zwischen Kindergärten und Schulen um die Gunst der Eltern (wer hat die bessere technische Ausstattung wie Computer, wer hat die besseren musischen Angebote) ist allerdings langsam ein Umdenken festzustellen. In einigen Bundesländern ist Werbung in der Schule bereits erlaubt, andere werden folgen.

Zurzeit sind prinzipiell folgende Möglichkeiten eines Engagements denkbar:

- *Bereitstellung von Lehrmaterialien*
  Sparkassen, Versicherungen, aber auch Marken wie o.b. stellen Lehrern Materialien zur Verfügung, die diese im Unterricht einsetzen können. Diese Materialien sollten inhaltlich einen Bezug zum Absender haben, wie etwa die Aufklärungsmaterialien von o.b. oder das „Spielgeld" der Sparkassen. Auf diese sehr elegante Weise kann das eigene Logo in den Unterricht getragen werden und den Kindern (und Eltern) signalisiert werden, dass sich das Unternehmen uneigennützig um die Jugend kümmert.

  Es sei jedoch darauf hingewiesen, dass Lehrer sehr hohe Ansprüche an solche Unterrichtsmaterialien stellen: Neben einer altersgerechten Abstimmung der Gestaltung – informieren Sie sich unbedingt, wann „Ihr" Thema auf dem Lehrplan steht! – sollte auch der Inhalt die Qualität anerkannter Lehrmittel haben und deren Themen mit weiteren Schwerpunkten aufgreifen und vertiefen.

  Eine Aufgabe, die insbesondere deshalb so diffizil ist, weil unbedingt vermieden werden muss, dass Ihr Material zu pädagogisch wirkt: Schließlich möchten Sie nicht mit langweiligem Pauken oder schulischem Leistungsdruck assoziiert werden.

- *Das Logo in die Schule bringen, da sein*
  Vermarktungsagenturen bieten beispielsweise die Möglich-

keit, Sonnenschirme mit Markenaufdruck in Pausenhöfen aufstellen zu lassen. Eine unproblematische, da unaufdringliche Möglichkeit, in den Schulen Präsenz zu zeigen, und zwar in den Bereichen, wo man auch in der Schule garantiert Spaß hat.

■ *Werbung in Schülerzeitschriften*

Auch hierfür gibt es Agenturen, die helfen, Werbung auch überregional in Schülerzeitschriften zu platzieren. Hierzu ist einerseits zu sagen, dass Schülerzeitungen in den meisten Fällen sehr hohes Ansehen genießen, da sie den Puls der Schule erfühlen.

Die tatsächliche Qualität der redaktionellen Inhalte schwankt jedoch genauso stark wie die Druckqualität und insbesondere bei höheren Schulen muss man mit einem eher konsumkritischen Klima rechnen. Übrigens ist Werbung in Schülerzeitschriften in allen Bundesländern möglich, da diese nicht von der Schule gesteuert werden.

■ *Werbung in der Schule*

Nicht ganz unproblematisch, da hier die Verkaufsabsicht am offensichtlichsten wird. Akzeptiert werden jedoch Hinweise auf gesponserte Veranstaltungen oder nützliche Dinge wie Ausbildungstipps.

Wie bei der Werbung in Schülerzeitungen bietet sich allerdings in einigen Bundesländern auch hier die Möglichkeit, punktgenau zu werben, d. h. die Schulen als Werbeträger in konkrete Kampagnen einzubeziehen.

■ *Bereitstellung von Schulartikeln*

Stifte, Schulhefte, Schutzumschläge und so weiter stoßen gerade zu Beginn des Schuljahres auf großes Interesse, da sie wirklich nützlich sind und man sie über das Jahr verbrauchen kann. Vergleichsweise überflüssig sind dagegen die zahllosen Stundenpläne, die man zum Schulbeginn überall nachgeworfen bekommt, und von denen jedes Kind nur ein oder zwei braucht.

■ *Sponsoring*

Keine Schule wird sich dagegen wehren, kostenloses Unterrichtsmaterial vom Globus bis zum Computer bereitgestellt zu bekommen. Neben einer kurzfristigen „Ausschlachtung" für die eigene PR kann bei entsprechender Platzierung des Logos oder Namens auch für langfristige Präsenz in der Schule gesorgt werden.

Der Auftritt am POS

In einer Vielzahl von Untersuchungen hat sich bestätigt, wie entscheidend der POS als Informationsquelle für Kinder und vor allem auch für Jugendliche ist (vgl. z. B. die Studie Bravo Faktor Jugend 2). Sie sollten sich deswegen immer bewusst sein, dass Ihr POS-Auftritt ein entscheidender Baustein Ihrer Kommunikationsstrategie ist – ob Sie es wollen oder nicht! Die beste Werbung, die schönsten Events und eine super Website nutzen nichts, wenn sich Ihre Kommunikation nicht im Geschäft oder in Ihrer Filiale wiederfindet.

Wie es geht, machen beispielsweise Disney, Nike oder Lego mit ihren eigenen Shops vor, aber auch Shop-in-Shop-Konzepte in großen Kaufhäusern sind sehr erfolgreich. Wenn Ihre Produkte kein eigenes Shop-Konzept tragen (was wohl die Regel sein wird), sollten Sie auf alle Fälle Displays, Dekorationen oder ähnliche Kommunikationsmittel bereitstellen, um Ihre Produkt adäquat zu präsentieren.

Hier ein paar konkrete Tipps, wie Sie den Auftritt am POS gestalten sollten, damit Kinder und Jugendliche sich für Ihr Produkt entscheiden:

- *Der Auftritt am POS muss stimmig zur Marke sein*
  Die coolste Werbung und die coolste Verpackung nützen nur wenig, wenn der Auftritt im Geschäft dem nicht entspricht. Damit ist die Verpackung gemeint, aber auch die Präsentation mit Displays oder Ähnlichem. Wenn beispielsweise Banken in ihrer Werbung betont jugendlich auftreten, hinter dem Schalter dann aber ein älter Herr steht, der sich von den Pfennig-Beträgen Jugendlicher nur belästigt fühlt, verpufft die Wirkung der Werbegelder augenblicklich.
- *Auf das richtige Umfeld achten*
  Insbesondere Jugendliche gehen bei ihrem Einkauf fast ritualisiert vor. Bestimmte Geschäfte oder Abteilungen werden fast routinemäßig „abgecheckt". Präsenz in diesem Umfeld hilft, gefunden zu werden und Zielgruppenrelevanz zu vermitteln. Marken erhalten z. B. vor allem dadurch In-Status, dass sie an In-Orten präsent sind und verkauft werden. Dabei dürfen die Grenzen von Produktkategorien ohne weiteres überschritten werden. Heutzutage stört es niemanden mehr, wenn beispielsweise Food-Produkte in Boutiquen verkauft werden.

▫ *Jugendliches Ambiente in Geschäften schaffen*
Kinder und Jugendliche gehen gerne in Geschäfte, die schon
von außen signalisieren, dass sie Produkte für diese Zielgruppe anbieten. Dazu gehört eine entsprechende Produkt-
auswahl im Schaufenster, aber auch die Geschäftseinrichtung,
Musikuntermalung oder Dekoration.

▫ *Das Produkt muss anfassbar sein*
Kinder und Jugendliche nehmen alles in die Hand, was ihre
Aufmerksamkeit weckt, zumindest würden sie es gerne tun.
Wird ihnen dies durch verschlossene Vitrinen, Tresen oder
Verkäufer verwehrt, werden Sie in Geschäfte wechseln, die
ihnen mehr Freiräume gewähren.

▫ *Verkäufer sollen zurückhaltend, aber kompetent sein*
Kids möchten in Geschäften stöbern, Entdeckungen machen,
die sie ihren Freunden zeigen können. Ein Verkäufer, der mit
Argus-Augen wacht oder sich aufdrängt, stört da nur. Aber:
Sobald Beratung erwünscht wird, sollte diese auch gewährt
werden, im Idealfall von (jungem) Verkaufspersonal, von
dem man sich verstanden fühlt und dem man zutraut, die eigenen Wünsche nachvollziehen zu können.

Redaktionelle Medieninhalte und Product Placement

Wie bereits geschildert, stehen Kinder und Jugendliche Werbung
tendenziell eher skeptisch gegenüber. Natürlich lässt man sich
gerne unterhalten und auch informieren, die Glaubwürdigkeit von
Werbung leidet jedoch fast zwangsläufig unter der offensichtli-
chen Verkaufsabsicht. Anders verhält es sich bei redaktionellen
Inhalten im Fernsehen oder in Print-Medien: Hier wird Produkt-
information eher beiläufig vermittelt, hat aber deutlich größere
Relevanz.

Dazu muss man wissen, dass die bevorzugten Medien insbesondere bei Pre-Teens und Teens in hohem Maße präferenzbil-
dend wirken. Ob es für die Jungen Spieletipps in Software-Zeit-
schriften sind oder Mode- und Kosmetiktipps für Mädchen in der
Bravo: Gerade die Ratgeberseiten in den entsprechenden Magazinen geben wichtige Impulse für den eigenen Konsum.

Doch auch andere Inhalte wie Serien im Fernsehen oder Re-
portagen und Foto-Love-Storys in Jugendzeitschriften wirken:
Wenn Sie wissen möchten, welche Art von Musik gerade aktuell

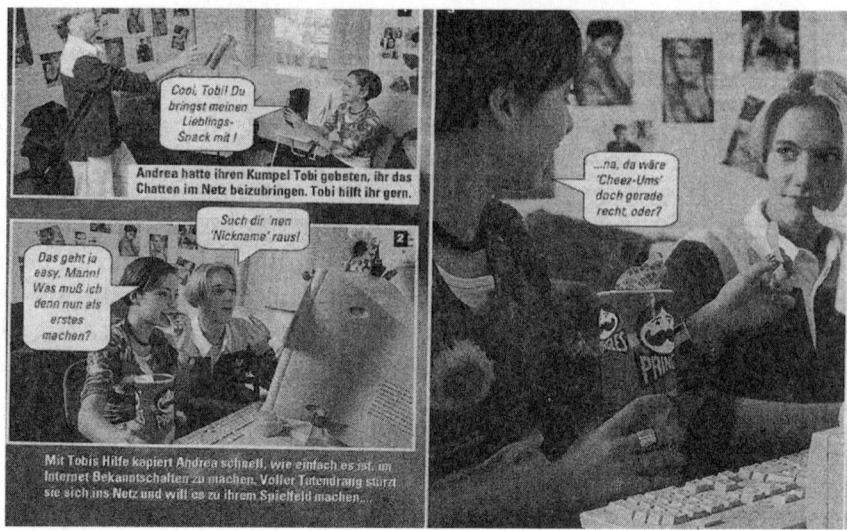

Abb. 3.25: Product Placement von Pringles in Popcorn

ist, wie sich Jugendliche anziehen, und welche Themen sie gerade bewegen, dann schauen Sie sich Daily Soaps wie Gute Zeiten, schlechte Zeiten oder Marienhof an oder blättern Sie die einschlägigen Jugendzeitschriften durch. Nirgendwo sonst erhält man einen so gebündelten Überblick darüber, was Pre-Teens und Teens in Deutschland bewegt.

In diesen Medien werden Referenzwelten aufgebaut, an denen sich die Jugendlichen in der von Unsicherheit geprägten Phase der Pubertät orientieren können: Wer diesen Vorbildern folgt, kann nicht falsch liegen! Entsprechend zeigen Sie durch Präsenz in diesen Medien, dass Ihr Produkt angesagt ist, „dazu" gehört.

Achten Sie bei Product Placements darauf,

- dass Ihr Produkt von den positiven Stars verwendet wird und nicht unbedingt von den Bösewichtern, die es in jeder Story gibt
- dass die Platzierung genauso zurückhaltend ist, wie Jugendliche auch im wirklichen Leben mit Ihrem Produkt umgehen würden: Zu Aufdringliches in den Vordergrund rücken oder gar prahlen wirkt unnatürlich und damit negativ, siehe das Pringles-Beispiel, Abb. 3.28, das eindeutig übertreibt
- dass man dem Verwender die Verwendung Ihres Produktes

auch abnimmt: Achten Sie z. B. auf Altersstimmigkeit, machen Sie Ihr Produkt nicht älter oder cooler als es ist
- dass Kontinuität mehr bringt als kurzfristige Power

Darüber hinaus eignen sich diese Medien natürlich auch besonders als Umfeld für Ihre Werbung oder als Aufhänger für Ihre Promotion-Aktionen. Aber: Prüfen Sie kritisch, ob Ihr Produkt auch wirklich in das jeweilige Umfeld passt. Entscheidend für die erfolgreiche Nutzung ist nicht, ob Sie diese Zielgruppe erreichen wollen, sondern ob die Zielgruppe Ihr Produkt als stimmig für diese Referenzwelt erlebt.

Sollten Sie feststellen, dass es hier Probleme geben könnte, weil Ihr Produkt beispielsweise zu jung ist, sollten Sie auf keinen Fall so tun, als würde es diese Diskrepanz nicht geben. Stattdessen müssen Sie erklären, was Ihr Produkt trotzdem in diesem Umfeld zu suchen hat, z. B. durch

- Hervorhebung von bestimmten Produkteigenschaften, die in der jeweiligen Situation nützlich oder erwünscht sind
- Nutzung von „Agenten" (z. B. ein kleiner Bruder), die die Hauptpersonen an Ihr Produkt heranführen
- Ausschluss von Alternativen, so dass der Akteur in einer bestimmten Situation keine andere Wahl hat als Ihr Produkt zu nutzen, es ihm dann aber sichtlich zusagt

Sampling: Die Produkte selbst

Falls Ihre Produktart es Ihnen erlaubt: Nutzen Sie alle Möglichkeiten, Produktproben zu verteilen. Sie schlagen damit 2 Fliegen mit einer Klappe: Zum einen ermöglichen Sie Ihrer Zielgruppe ein risikoloses, da kostenloses Ausprobieren, zum anderen sammeln Sie Sympathiepunkte – schließlich bekommt jeder gerne etwas geschenkt.

Je einfacher Sie es Ihrer Zielgruppe dabei machen, desto besser. Sehr erfolgversprechend ist es beispielsweise, Produktproben in der Verpackung eines anderen Produktes beizulegen (z. B. oft praktiziert von Haribo) oder sie in Zeitschriften oder bei Veranstaltungen zu verteilen. Viel größer ist der Aufwand der Zielgruppe jedoch, wenn erst an Sie geschrieben oder gemailt werden muss, um an die Produktprobe zu kommen. Man muss selbst aktiv werden und zudem aus der geschätzten Anonymität treten und dies reduziert die erreichbare Zielgruppe auf den wirklich hochmotivierten Personenkreis – die Masse werden Sie so aber nicht erreichen.

Neben Proben Ihres Produkte können Sie natürlich auch andere Give-aways verteilen. Auch hier gilt, dass solche kleinen Geschenke die Freundschaft erhalten bzw. aufbauen helfen. Berücksichtigen sollten Sie dabei jedoch, dass ein Geschenk nur Sinn macht, wenn es für den Beschenkten eine Funktion hat. Mit anderen Worten: Ihr Geschenk braucht einen Wert:

- *Spielwert:* Wenn man etwas mit dem Geschenk machen kann, damit spielen kann, ist es besser, als wenn es nachher nur in der Ecke herumsteht. Durch das Spiel entsteht eine Interaktion mit dem Geschenk und somit auch eine Interaktion mit Ihnen.
- *Sammelwert:* Sammeln ist gerade bei Kindern fast ein Grundbedürfnis und ihr Sammeltrieb kann auf vielfältige Weise angesprochen werden. Da gibt es die Möglichkeit, nette Figuren zu schaffen und den Ehrgeiz anzuregen, dass die Kinder alle Figuren dieser Serie wollen. Gesammelt werden aber auch Informationen zu bestimmten Themen oder Bilder. Die Möglichkeiten sind hier unerschöpflich, wichtig ist nur, die Variation der zu sammelnden Dinge zu veranschaulichen, und dies dann durch begleitende Angebote wie z. B. Sammelalben noch weiter zu verstärken.
- *Praktischer Nutzen:* Bestes Beispiel sind Baseball-Mützen, die im Sommer wirklich nützlich sind, aber auch Stifte. Mit diesen Dingen kann man wirklich etwas anfangen.
- *Prestigewert:* Prestige verleihen die meisten Give-aways allein schon dadurch, dass sie nicht jeder hat. Gut ist auch, wenn auf ihnen z. B. auf die Veranstaltung hingewiesen wird, bei der sie verteilt wurden, da dies den exklusiven Charakter weiter unterstreicht.
  Prestige kann aber allein schon dadurch verliehen werden, wenn der Name Ihres Produktes aufgedruckt wird – wenn es so gut eingeführt ist wie z. B. Kellogg's, adidas oder Sony. Im Idealfall wird Ihre Marke auf diese Weise in Orte wie die Schule getragen, zu denen Sie sonst keinen Zugang hätten.

Denken Sie bei Give-aways aber auch immer daran, dass Ihre Geschenke altersstimmig sein müssen und nicht etwa zu jung.

Preisausschreiben

Insbesondere Kinder lieben Rätsel und natürlich gewinnen sie auch gerne etwas. Der Reiz für Sie als Unternehmen liegt darin, dass die Kinder aktiv werden und mit Ihnen Kontakt aufnehmen: Eine nicht zu unterschätzende Chance, Ihre Zielgruppe näher kennen zu lernen. Der Reiz für die Kinder liegt dagegen im Gewinnen und entsprechend sollte Ihr Preisausschreiben gemacht sein:

- *Altersadäquate Aufgaben:* Die Preisfragen, die Sie stellen, sollten nicht zu schwer, aber auch nicht zu leicht sein. Zu schwere Fragen – oder Kreativitätswettbewerbe, bei denen bereits in der Ausschreibung tolle Ideen gezeigt werden – mindern die Bereitschaft zu Teilnahme, weil man sich richtig anstrengen muss. Zu leichte Fragen führen zu der Wahrnehmung, daß jeder teilnehmen kann und wird, was sich negativ auf die erwartete Gewinnchance auswirkt.
- *Altersgerechte Auswahl der Preise:* Es ist wohl selbstverständlich, dass nur wirklich attraktive Preise zur Teilnahme motivieren können.
- *Zeigen Sie diese Preise* und regen Sie die Phantasie und Begehrlichkeit an („Damit kannst Du ...“). Nur die Nennung ohne Bild macht die schönsten Preise weniger wertvoll.
- *Faire Gewinnchance:* Je größer die Chance auf einen Gewinn, desto größer die Bereitschaft zur Teilnahme. Dies bedeutet, dass Sie lieber nur 10 Hauptpreise und 1000 kleine Preise auslosen sollten als 100 Hauptpreise.
- *Einfache Teilnahme:* Je einfacher Sie den Kindern die Teilnahme machen, desto besser. Eine beigelegte Antwortkarte ist besser als eine Karte, die das Kind komplett selbst ausfüllen muss.
- *Zeigen Sie die Gewinner:* Selbst wenn das Kind nicht gewonnen hat, wird es beruhigend wirken, wenn es erfährt, dass tatsächlich alles mit rechten Dingen zuging und tatsächlich jemand die Preise gewonnen hat. Dadurch wird die Bereitschaft zur erneuten Teilnahme erhöht.
- *Schreiben Sie einen Trostbrief:* Wenn Sie es sich leisten können, schreiben Sie auch den Verlierern und bedanken Sie sich für die Teilnahme. Kinder erhalten so wenig Post, dass sie sich trotzdem als Gewinner fühlen werden.

Veranstaltungen und Events

Dieser Option im Kommunikationsmix ist in den 90er Jahre viel Aufmerksamkeit geschenkt worden, sie wurde von einigen sogar als Wunderwaffe angesehen. Die *Attraktivität* von Events jeglicher Art für das Kinder- und Jugendmarketing speist sich dabei aus verschiedenen Quellen:

- Sie können in direkten Kontakt mit Ihrer Zielgruppe treten, ohne zwischengeschaltete Medien oder Produkte.
- Bei Events können Sie Ihre Zielgruppe sehr zielgenau und ohne große Streuverluste ansprechen.
- Events zeigen das Bemühen um die junge Zielgruppe: Durch solche Veranstaltungen geben Sie etwas von dem Geld, das die Kinder und Jugendlichen an Sie gezahlt haben, wieder zurück.
- Mit Events können Sie Marken und Produkte in idealer Weise mit aktuellen Trends und Szenen verknüpfen, so dass eine deutliche Verbesserung und Konturierung des Images möglich ist. Mit dem richtigen Event können Sie zeigen, dass Sie verstehen, was derzeit aktuell ist und was die junge Zielgruppe bewegt. Dadurch wird Nähe erzeugt.
- Mit Events holen Sie Ihre Marke, Ihr Produkt aus der Anonymität des POS und können eine Produktpräsentation wählen, die Ihr Produkt in den Vordergrund stellt und Nähe zur Zielgruppe schafft.
- Events für die ganze Familie sind eine großartige Möglichkeit, Produktverwender und Gatekeeper (die Eltern) gleichermaßen anzusprechen. Gerade Eltern sind dankbar, wenn ihnen die Verpflichtung, am Wochenende für Programm zu sorgen, abgenommen wird.
- Insbesondere Jugendliche sind erlebnishungrig und immer auf der Suche nach starken Reizen. Mit Events können Sie diese Reize viel besser bieten als über klassische Kommunikationskanäle.
- Die Peer Group, also der Freundeskreis, stellt für Jugendliche die zentrale Bezugsgruppe dar und alle Aktionen, die mit dieser Gruppe zusammen gemacht werden können, sind deswegen besonders reizvoll. Events können die Peer Group viel besser einbeziehen als andere Kommunikationsoptionen.
- Mit Events erreichen Sie in hohem Maße die aktiven und mo-

bilen Opinion Leader in der Zielgruppe, die jugendlichen Meinungsbildner und Multiplikatoren.

- Auf Events können Produkteigenschaften erlebbar gemacht werden, von der Qualität von Inline Skates bis hin zur Erfrischung durch Limonade.
- Auf Events können Sie das Umfeld, in der sich Ihre Marke oder Ihr Produkt präsentiert, bis ins Detail gestalten.

Fasst man diese Liste in 2 Schlagworten zusammen, so ist zum einen also die *zielgruppenadäquate Emotionalisierung* als Stärke von Events zu nennen und zum anderen die *Überwindung der Distanz* zwischen Ihnen und den Kindern und Jugendlichen.

Diesen klaren Stärken von Events steht allerdings der Nachteil einer begrenzten Reichweite gegenüber:

- *Zahlenmäßige Begrenzung*
  Die meisten Events erlauben nur eine relativ kleine Zahl jugendlicher Teilnehmer, so dass immer nur eine Minderheit der Zielgruppe erreicht werden kann.
- *Regionale Begrenzung*
  Je jünger die anvisierte Zielgruppe ist, desto weniger mobil ist sie. Entsprechend können oft nur die Jugendlichen vor Ort erreicht werden. Bei großen, überregionalen Veranstaltungen wie der Love Parade oder bei Rockkonzerten gehen die Sponsoren wiederum oft in der Masse unter.
- *Thematische Begrenzung*
  Dadurch, dass die meisten Events starken Bezug zu bestimmten Sportarten oder Musikstilen haben, begrenzt sich die erreichbare Zielgruppe auf die Jugendlichen mit Affinität zu diesen Themen.

Diese Begrenzung der Reichweite von Events hat natürlich zur Folge, dass Events nicht unbedingt kostengünstig sind, wenn sie im Rahmen einer breiter angelegten Kommunikationsstrategie größere Reichweiten erzielen sollen.

Deswegen sollten Sie folgende 10 Regeln befolgen, wenn Sie Events für junge Zielgruppen planen:

1. Einbindung in eine Gesamtstrategie

Was immer Sie als Event planen, es sollte in Ihre Gesamtstrategie passen. Damit ist allerdings nicht gemeint, dass Sie Ihren Kommunikationsmix auf dieses Instrument abstimmen müssen. Es geht vielmehr darum, einen auch für die Zielgruppe logischen Zusammenhang zwischen Ihrem Produkt oder Ihrer Marke und der Veranstaltung herzustellen, denn nichts ist gefährlicher als ein widersprüchlicher oder unglaubwürdiger Auftritt bei einem Event:

- *Über die angesprochene Zielgruppe:* Ihre Zielgruppe und die des Events sollten sich decken. Wenn Sie Ihre Zielgruppe langfristig mit Hilfe von Events erweitern oder akzentuieren möchten und zunächst also eine Diskrepanz besteht, sollten Sie erklären, warum Ihr Produkt hierher passt: Präsenz allein genügt nicht.
- *Über den Produktnutzen:* Zeigen Sie, warum Sie vor Ort sind, dass Ihr Produkt auf dem Event „gebraucht" wird. Je näher Ihre Produktart am Event oder den Eventbesuchern ist, desto besser.
- *Über das Image, den Markenkern:* Die Werte und Grunddimensionen, für die Ihre Marke steht, sollten sich auch auf dem Event finden. Seien Sie nicht schrill auf einem schrillen Event, wenn Ihr Markenimage eher brav ist, denn niemand würde Ihnen diesen Auftritt abnehmen. Doch auch hier gilt: Wenn Sie Ihren Markenkern mit Events langfristig verändern wollen, begründen Sie – am besten mit den entsprechenden Produkten – warum Sie sich verändern wollen und was bei Ihnen schon anders ist.

2. Auswahl der richtigen Events

Die oben genannten Punkte zeigen, dass sich nicht jedes Event für jede Marke eignet. Entsprechend sorgfältig sollten Sie auswählen, wo Sie sich präsentieren. Hierbei geht es nicht nur darum, Events mit der richtigen Zielgruppe herauszufiltern, bei denen Ihr Produkt auch thematisch gut aufgehoben ist, sondern es geht beispielsweise auch um das richtige Sponsorenumfeld, denn in den meisten Fällen werden Sie ja nicht als einziges Unternehmen dabei sein.

Neben einem wünschenswerten Ausschluss von Wettbewerbern sollten andere Marken eine ähnliche Zielgruppe ansprechen wie Sie und auch eine vergleichbare Tonalität haben.

Achten Sie auch darauf, dass das Event einen klaren Fokus hat, also eine bestimmte Zielgruppe anspricht oder separate Areale für unterschiedliche Zielgruppen anbietet. Nichts ist verwirrender – und problematischer – als ein Stand mit Teenagerprodukten neben einem mit Produkten für jüngere Kinder.

3. Definieren Sie Ihre Zielgruppe

Natürlich ist die erreichbare Zielgruppe oft durch die Art des Events vorgegeben. Dennoch sollten Sie sich vorher genau klarmachen, wen Sie mit Ihrer Aktion erreichen wollen. Insbesondere Massenmarken aus dem Foodbereich haben in der Regel eine sehr breite Zielgruppe, jedoch ist es fast unmöglich, diese Zielgruppe in ihrer ganzen Breite mit nur einer Aktion auf einem Event anzusprechen. Was 8-Jährige lustig finden, vertreibt 14-Jährige von Ihrem Stand! Entweder Sie konzentrieren sich also auf eine Zielgruppe, oder aber Sie schaffen getrennte Bereiche für unterschiedliche Gruppen.

4. Schaffen Sie Wiedererkennungswert

Über das Aufgreifen von Elementen aus der Produkt- und Markenkommunikation sorgen Sie für Wiedererkennung. Schließlich wollen Sie ja, dass die Zielgruppe weiß, dass Sie da sind.

5. Nutzen der Marken/des Produktes demonstrieren

Sie sind vor Ort, Ihre Zielgruppe ist vor Ort, was liegt da näher, als die Zielgruppe mit Ihrem Angebot vertraut zu machen? Verteilen Sie Ihr Produkt oder bieten Sie die Möglichkeit, es (kostenlos) auszuprobieren.

6. Added Values anbieten

Warum sollten sich Kinder und Jugendliche für Ihren Auftritt interessieren, wenn Sie auf dem Event nur das anbieten oder vorstellen, was man sowieso schon von Ihnen kennt? Sie müssen also einen zusätzlichen Nutzen einbringen, der wiederum erklären hilft, warum Sie vor Ort sind. Dies können z. B. limitierte Auflagen Ihres Produktes sein oder aber Aktionen, mit denen Sie Ihre Präsenz aufladen.

Schöner ist natürlich, wenn Sie Elemente Ihres Markenkerns stimmig in Aktionen umsetzen können, das können bei Sportartikelherstellern beispielsweise kleine sportliche Wettkämpfe sein.

7. Nicht zu aufdringlich werden

Denken Sie immer daran, dass Kinder und Jugendliche ja nicht wegen Ihnen oder Ihrem Produkt ein Event besuchen. Nicht die Zielgruppe ist Gast bei Ihnen, sondern umgekehrt. Entsprechend sollte auch Ihr Auftritt gestaltet sein. Stellen Sie sich dar ohne sich zu sehr in den Vordergrund zu spielen und den eigentlichen Zweck der Veranstaltung zu überlagern.

8. Zu Interaktion einladen

Nutzen Sie die Gelegenheit, mit Ihrer Zielgruppe in Kontakt zu kommen. Das geht natürlich nicht über Plakate und ein paar verteilte Flugblätter, sondern beispielsweise über einen Stand, an dem etwas passiert, wo Aktion ist. Spiele, Mitmachaktionen oder einfach das Verteilen von Produktproben oder das Verkaufen von Getränken bringen die Besucher des Events zu Ihnen.

Und wenn Sie die Besucher schon an Ihrem Stand haben, können Sie über Spiele, Preisausschreiben oder Ähnlichem auch Adressen für Ihre Kundenkartei generieren.

9. Seien Sie locker

Events sind Spaß und Action und entsprechend muss auch die Tonalität Ihres Auftritts sein. Verkrampfte Präsentationen oder gewollte Jugendlichkeit stören und fallen in einem jungen Umfeld umso negativer auf. Events sind die Orte für einen ungezwungenen Umgang mit der eigenen Identität und für souveräne, sogar selbstironische Auftritte. Schließlich gibt sich auf Events und Parties jeder anders, als er im Alltag ist. Aber: Sie dürfen zwar mit Ihrer Markenidentität spielen, Sie jedoch auf keinen Fall verletzen!

10. Verteilen Sie Promotion-Artikel

Jeder Mensch bekommt gerne etwas geschenkt und insbesondere Kinder sind dankbare Abnehmer. Bei entsprechender Verteilung z. B. von coolen Caps können Sie so bereits auf dem Event das Interesse an Ihrem Auftritt steigern und für Gesprächsstoff sorgen. Nach dem Event können die Kids dann mit Ihren Geschenken Insiderstatus demonstrieren und mit Dingen angeben, die keiner hat: Schön für Sie und für die Kids!

Aber auch Jugendliche lassen sich locken: Hoch attraktiv sind beispielsweise Sondereditionen, die nur auf dem Event zu bekommen sind und damit natürlich eine gesteigerte Begehrlichkeit auslösen können.

Kataloge und Prospekte

Die Produkt- und Warenwelt hat für alle Menschen etwas Faszinierendes. Kinder können sich stundenlang damit beschäftigen, was es an neuem Spielzeug gibt, Jugendliche interessieren sich für die neueste Mode, Sportartikel oder Kinofilme. Kataloge und Prospekte sind das ideale Mittel, dieses Interesse für Ihre Produkte auszunutzen.

Prospekte und Kataloge haben im Vergleich zu Werbung zum einen den starken Vorteil der Eigenbestimmung – der Leser fühlt sich nicht gezwungen, sie anzusehen – und sie erlauben eine intensivere Beschäftigung mit dem Objekt der Begierde. Wenn Sie also eine breite Palette von etwas teureren Produkten haben, sollten Sie diesen Mechanismus ausnutzen.

Vorreiter in diesem Punkt sind insbesondere die Spielwarenhersteller: Unternehmen wie Playmobil oder Lego streuen ihre Kataloge alljährlich in hoher Auflage unter das junge Volk und können sich der starken Beachtung sicher sein. Insbesondere vor Weihnachten sind diese Kataloge eine auch bei Eltern beliebte Form des bebilderten Wunschzettels.

Etwas schwerer tun sich Kataloge, die sich an Jugendliche wenden. Bei modischen Artikeln wie Bekleidung oder Accessoires reicht die bloße Abbildung des Produktes, wie sie bei Spiel-

Abb. 3.26: Katalog von Lego   **Abb. 3.27: Katalog von Playmobil**

waren möglich ist, nicht mehr aus. Hier ist die Einbindung des beworbenen Produktes in eine adäquate und aktuelle Erlebniswelt zwingend erforderlich, sei es durch eine entsprechende Bildsprache oder durch die passende Betextung.

Abb. 3.28: Katalog von Infogrames

Kundenclubs

Kundenclubs sind ein Instrument des Beziehungsmanagements: Mit ihnen kann das Unternehmen Kontakt mit der Zielgruppe aufnehmen und dann auch halten. Bei entsprechender Pflege können auf diese Weise verschiedene Ziele erreicht werden:

■ Das Unternehmen kann sein Interesse an der jungen Zielgruppe beweisen und Verständnis für deren Wünsche und Bedürfnisse zeigen.

▪ Die eigene Zielgruppe wird aus der Anonymität geholt: Man weiß, mit wem man es zu tun hat.

▪ Es kann langfristig Stammkundschaft gebildet und gebunden werden.

▪ Die eigene Zielgruppe kann punktgenau mit genau abgestimmten Mitteln und ohne Streuverlust angesprochen werden.

Die Einrichtung eines solchen Clubs macht insbesondere für Marken und Dienstleister Sinn, die sich (auch) an Kinder bis etwa 12 Jahren wenden. Für diese Altersgruppe ist es toll, zu einem Verein oder Club dazuzugehören und dies auch zeigen zu können. Entsprechend gehören zu einem kindergerechten Kundenclub auch immer die „Insignien" der Mitgliedschaft:

▪ Ein personalisierter Mitgliedsausweis, idealerweise mit Foto

▪ Caps oder T-Shirts nur für Mitglieder

▪ Regelmäßige Mailings vom Club, beispielsweise zum Geburtstag oder in Form einer Clubzeitschrift. Kinder bekommen noch selten Post und jeder an das Kind adressierte Brief ist ein Ereignis!

Pre-Teens und vor allem Teenager zeigen dagegen generell eine deutlich geringe Bereitschaft, sich an Clubs zu binden: Alles, was nach Zwang oder spezifischen Vorgaben aussieht, stößt hier leicht auf Reaktanz. Um auch diese Zielgruppe zu erreichen, gilt in besonderem Maße, was eine Grundvoraussetzung für die langfristige Bindung an einen Club ist:

Damit ein Club wirklich angenommen wird, muss er einen Nutzen bieten, sonst wird das Mitglied schnell sein Interesse daran verlieren. Sie sollten sich also nicht nur fragen, was Sie davon haben, wenn Sie einen solchen Club einrichten. Viel wichtiger ist zunächst einmal, was Ihre Zielgruppe davon haben soll, wenn sie Mitglied in Ihrem Club wird. Es reicht einfach nicht, alle paar Wochen Werbeblättchen zu verschicken, denn wenn der Club zur reinen Werbeveranstaltung verkommt, werden Kinder (und Eltern) misstrauisch.

Der Nutzen Ihres Clubs kann und sollte vor allem auch ein materieller sein, z. B. Sonderangebote, Sonderausgaben, spezielle Informationen, die sonst niemand hat oder auch Veranstaltungen für die Mitglieder. Und hier gilt die Faustregel: Je älter die Kinder sind, desto konkreter muss der Nutzen sein.

Werbung für Ihre Produkte oder Ihre Dienstleistung ist natürlich erlaubt – niemand erwartet von Ihnen, dass Sie so uneigennützig sind – doch diese Information kann nie zum Treiber des Clubs werden.

Machen Sie sich allerdings bewusst, dass Kundenclubs eine sehr aufwändige Form des Kinder- und Jugendmarketings sind. Richtig betrieben, benötigen Sie zumindest einen Mitarbeiter, der sich um die Clubmitglieder kümmert, und vor allem auch die Bereitschaft, regelmäßig in Mailings oder Aktionen zu investieren. Ein Kundenclub ist ein langfristiges Investment, keine Eintagsfliege.

Kundenzeitschriften

Auch Kundenzeitschriften bieten wie Kundenclubs viele Möglichkeiten, um den Kontakt mit Ihrer Zielgruppe aufzunehmen. Auf das Alter der Zielgruppe einzugehen, ist hier besonders wichtig, denn es differiert nicht nur die Lesefähigkeit, sondern mit jedem Alter verändern sich auch die Anforderungen, die man an das Layout und die Inhalte stellt.

Abb. 3.29: Zeitschrift Lego   **Abb. 3.30: Zeitschrift Nintendo**

Im Einzelfall heißt das:

■ Ein *inhaltliches Konzept*, das die Kernkompetenz des Absenders als Ausgangspunkt für die Auswahl der Themen nimmt. Im Falle der Lego-Clubzeitschrift heißt das beispielsweise, daß das Thema Lego in Comics, Rätseln und Bauanleitungen aufgegriffen wird.

- Ein *Layout-Konzept*, das die jeweilige Altersstufe berücksichtigt und Markencodes aufgreift.
- *Interaktive Elemente* wie Rätsel, Ratgeberecken, Leserbriefseiten und so weiter.
- *Zusatznutzen* anbieten, also wie in der Lego-Zeitschrift Tipps, was man noch alles mit seinem Lego machen kann.

Im Idealfall bedient eine Kundenzeitschrift also wie eine echte Zeitschrift verschiedene Dimensionen: Spaß, Abwechslung, Information und Interaktion. Und dies ist auch notwendig, schließlich muss sich Ihre Kundenzeitschrift im Wettbewerb gegen alle anderen Printtitel behaupten können – selbst wenn sie nichts kostet.

Teil 4

Internationales Kinder- und Jugendmarketing

1 Nationales Bewusstsein trotz Globalisierung?

Würde man in die Runde fragen, was denn besonders typisch für den Engländer, den Franzosen, oder einen Deutschen ist, wäre wohl jeder von uns in der Lage, aus dem Stehgreif eine Reihe von Stereotypen zu produzieren, die alle auch ihre mehr oder weniger genaue Entsprechung in der Realität fänden – zumindest wären wir uns dessen sicher.

Das Interessante ist, dass wir uns der nationalen Besonderheiten und Eigentümlichkeiten durchaus bewusst sind, aber dazu neigen, diese zu vergessen, wenn es darum geht, Produkte oder Marken international zu verkaufen. Dann sind wir uns plötzlich sicher, dass es diesen gemeinsamen Markt gibt, sei er global oder „nur" europäisch. Fakt ist aber, dass diese Unterschiede zwischen den Nationen bestehen. Man könnte es auch so sagen, wie es ein Bericht der EU ausdrückt: „The ‚euro consumer' does not exist" (EUROSTAT, 1998). Dieser Bericht wurde über den Konsum von Erwachsenen geschrieben, aber es ist natürlich auch bei Kindern und Jugendlichen so.

Die Vision, dass sich die Werte und Verhaltensweisen der Konsumenten in den einzelnen Industrienationen angleichen würden (vgl. Inglehart, 1977), hat sich nicht erfüllt. Propagierte Werte wie Selbstverwirklichung und Individualismus finden sich in einzelnen Ländern immer noch in sehr unterschiedlichem Maße wieder: Die Nationen gleichen sich nicht – oder nur sehr langsam – an.

Das vielleicht eindringlichste Beispiel hierfür ist der Musiksender MTV: In den 80ern wurde dieser Musiksender noch als Katalysator des Global Village gefeiert, als der erste Schritt hin zu einer internationalen Gesellschaft, getrieben vor allem von der Jugend. Doch die Macher mussten schließlich erkennen, dass diese besondere Art der Internationalität als Kern des Senders offenbar an den Bedürfnissen der Jugendlichen vorbei ging. Sobald es nationale Alternativen gab wie zum Beispiel in Deutschland VIVA, verlor MTV massiv an Zuschauer. Die Konsequenz: MTV musste sich von einer Kerndimension des Senders trennen und bietet derzeit in Europa 5 nationale Fenster an. Gleiches ließ sich in Deutschland auch bei den Teenager Soaps beobachten: Gab Anfang der 90er noch Beverly Hills 90210 den Puls und Style vor, ist diese Kompetenz mittlerweile eindeutig auf deutsche Produktionen wie Gute Zeiten, schlechte Zeiten übergegangen.

Warum ist das so? Die Antwort auf diese Frage ist relativ einfach, sie heißt *Relevanz*. In den vorangegangenen Kapiteln dieses Buches haben wir uns bemüht, ein Verständnis dafür zu schaffen, dass Kinder und Jugendliche immer zu den Produkten greifen werden, von denen sie das Gefühl haben, dass sie für sie, für ihre Bedürfnisse und nach ihren Vorstellungen gemacht wurden.

Das heißt auf den Punkt gebracht: Es wird das Produkt bevorzugt, das am besten in die persönliche Lebenswelt des Konsumenten passt, das beweist, dass es den jungen Konsumenten in seinem Umfeld versteht und dort hineinpasst. Übertragen auf Produkte und Marken könnte man es so ausdrücken: Kindern und Jugendlichen ist es zunächst egal, ob eine Marke international ist oder nicht, sie muss sich hier und jetzt bewähren. Wenn sie dann auch noch international ist, mag das bei Jugendlichen noch zur Steigerung des Prestiges beitragen. Dieser Nutzen ist allerdings immer nur ein sekundärer.

Was uns von anderen Ländern unterscheidet

Wenn man also über internationales Marketing spricht und darum geht es in diesem Kapitel, muss man zunächst erkennen und akzeptieren, dass es teilweise gravierende Unterschiede zwischen den Nationen gibt. Im Bereich des Kinder- und Jugendmarketing sind das z. B. Unterschiede bei den

- *Familienstrukturen*, etwa die Größe der Familien, ob beide Elternteile da sind oder ein Elternteil allein erzieht und ob die Mutter berufstätig ist oder nicht
- der *Wohnsituation*, ob im eigenen Haus oder einer Wohnung oder wieviele Zimmer zur Verfügung stehen, wie kinder- und jugendfreundlich die Umgebung ist
- nationalen *Bildungssystemen*, also auch den jeweiligen, national akzeptierten Lernnormen und Zielsetzungen
- zwischen den jeweiligen *Erziehungsstilen und -idealen*, also dem, wie Eltern mit ihren Kindern umgehen, was sie ihnen mit auf den Weg geben wollen
- im Hinblick auf das allgemeine *Wertesystem* der Gesellschaft, also das, was im jeweiligen Land erwünscht, akzeptiert, nur toleriert oder sogar abgelehnt wird
- *nationalen Needs*, also den Bedürfnissen, die man hat, auch in Bezug auf den *Konsum*
- Mediennutzungsgewohnheiten

Alles in allem also Variablen, die internationales Jugendmarketing erschweren, andererseits bei richtigem Einsatz des Marketing-Mixes aber auch nicht grundsätzlich unmöglich machen, eher eine Herausforderung also.

Wir möchten deswegen zunächst auf die mannigfaltigen Stolpersteine aufmerksam machen, die es gibt – und im Kinder- und Jugendmarkt gibt es eindeutig mehr davon als im Erwachsenenmarkt. Andererseits möchten wir aber auch verschiedene Möglichkeiten aufzeigen, wie man diese Stolpersteine umschiffen kann.

Länderspezifische Alterseinteilungen

Wenn man über junge Zielgruppen spricht, dann beginnt man normalerweise mit einer groben Alterseinteilung, wie Sie sie in diesem Buch im ersten Teil finden. Da gibt es das Babyalter bis zum Ende des ersten Lebensjahres, das Kleinkindalter von 2 bis 3 Jahren, das Vorschulalter von 3 bis 6 Jahren. Die erste große Zäsur erfolgt mit dem Eintritt in die Schule, wobei wir die Grundschulzeit noch differenzieren zwischen der heilen Kinderwelt der 6- bis 7-Jährigen und der kritischen Auseinandersetzung mit der Umwelt bei den 8- bis 9-Jährigen.

Die zweite Zäsur erfolgt mit etwa 10 bis 12 Jahren, wenn die Kids von ihren Interessen her eigentlich keine Kinder mehr sind, aber eben auch noch keine Jugendlichen. Wir nennen diese Kinder die Pre-Teens. Im Alter von 12 bis 15 haben wir dann die „richtigen" Jugendlichen und ab etwa 16 Jahren fängt dann schon die Orientierung hin zum Erwachsensein an.

Diese Alterseinteilung ist vom Prinzip her auf alle Industrienationen übertragbar. Das liegt daran, dass sie nur zum Teil durch die Kultur des jeweiligen Landes beeinflusst wird, hauptsächlich aber durch die sozusagen „naturgegebenen" Variablen *kognitive und physiologische Entwicklung* bestimmt wird. Das Erreichen jeder dieser Stufen setzt einen gewissen körperlichen und geistigen Reifegrad voraus.

Das Prinzip, also die einzelnen Stufen sind identisch. Aber: In welchem Lebensjahr diese einzelnen Stufen durchlaufen werden, da gibt es deutliche Unterschiede zwischen den einzelnen Ländern. Die Altersangaben bei den einzelnen Stufen sind fast in jedem Land andere, insbesondere bei den Kindern bis etwa 12 Jahren. Warum ist das so?

Unterschiedliche Bildungssysteme – andere Altersstufen

Eine Hauptursache liegt im Bildungssystem. Schon vor dem Eintritt in die Primarstufe der Schule, also bei Kindergarten und Vorschule, unterscheiden sich die Länder deutlich: Oft ist schon der Name „Programm", d. h. in den Ländern, wo von einer Vorschule gesprochen wird (école maternelle, scuola materna, pre-school) ist das Programm auch stärker auf das Erlernen von Kulturtechniken wie Lesen und Schreiben ausgerichtet. Wo „Kindergarten" die gebräuchlichere Bezeichnung ist (Deutschland), wird das erklärte Lernziel mit „Kreativität und Sozialverhalten" beschrieben.

99% der 3-jährigen Franzosen und 89% der Italiener sind in einer Vorschule, aber nur 47% der Deutschen diesen Alters (UNESCO). Nur ein Jahr später sind in England bereits 90% der 4-Jährigen in der richtigen primary school, während in Deutschland dann 88% der Kinder in Vorschulen oder Kindergärten gehen (UNESCO). Und während in Deutschland erst 45% der 6-Jährigen zur Schule gehen, sind es in Frankreich und Italien 100% (EUROSTAT).

Die Folge dieses zeitlichen Rückstandes ist ein deutliches Defizit von deutschen Kindern gegenüber gleichaltrigen Engländern, Italienern und Franzosen. Ganz platt ausgedrückt, können diese Kinder besser denken, sind wortgewandter als die kleinen Deutschen. Eine messbare Konsequenz daraus ist beispielsweise, dass 9-jährige deutsche Kinder eine eindeutig schlechtere Lesefähigkeit haben als ihre Altersgenossen in den anderen Ländern (vgl. International Association for the Evaluation of Educational Achievement, 1992).

Die Konsequenzen für das Marketing sind klar: Wo englische Kids fast schon gelangweilt reagieren, sind gleichaltrige deutsche oft noch überfordert.

Aber auch das Sozialverhalten ist ein anderes: Durch den frühen Eintritt in die Ganztagsschule in Frankreich und England sind Kinder in den jeweiligen Ländern viel stärker darauf angewiesen, sich mit anderen Kindern und auch mit Erwachsenen zu arrangieren. Sie können sich deswegen besser artikulieren, lernen Konflikte auszutragen und stehen einfach nicht so im Mittelpunkt wie in Deutschland. Außerdem – und das ist für die Beschleunigung des Reifeprozesse wichtig – kommt man in Ländern wie England oder Frankreich durch den früheren Schuleintritt auch früher mit älteren Kindern in Kontakt.

Wenn man also ein Produkt in eines dieser vorhin beschriebenen Alterssegmente platzieren möchte, muss man damit rechnen, dass dieses Produkt in den einzelnen Ländern altersmäßig eine andere Verwenderstruktur haben wird. 9-jährige Mädchen sind in Deutschland noch Kinder und nutzen Kinderprodukte, in England sind sie meistens schon Pre-Teens und greifen zu ganz anderen Marken.

Auch hieraus kann man bereits klare Konsequenzen für die werbliche Kommunikation ableiten: Die Auswahl der Akteure in der Werbung sollte sich immer am „ältesten" Land orientieren. Jedes Produkt, jede Marke muss bis zu einem gewissen Grad *aspirational* sein und dafür muss man auf jeden Fall vermeiden, zu junge Presenter zu haben.

Mit zunehmendem Alter – dies sei zur Beruhigung hinzugefügt – verlieren sich die länderspezifischen Unterschiede bei der Entwicklung. Spätestens bei den 13- bis 14-Jährigen sind kaum noch Unterschiede im Entwicklungsstand zu erkennen.

Unterschiedliche Kulturen verlangen unterschiedliche werbliche Ansprache

Wenn man über nationale Besonderheiten im Kinder- und Jugendmarkt spricht, muss man aber auch über das Land insgesamt sprechen, nicht nur über die Bildungssysteme. In einer sehr interessanten Studie, die auf Befragungen von IBM-Mitarbeitern in 40 Ländern basiert, hat Geert Hofstede Dimensionen nationaler Sozialisationsfaktoren und Unterschiede zwischen den Kulturen herausgearbeitet und vier wesentliche Faktoren entdeckt und beschrieben (Hofstede, 1989).

Machtdistanz

Damit wird ausgedrückt, wie autoritär die Gesellschaft ist, wie sehr Unterschiede in Macht und Einfluss akzeptiert werden. In der Familie fällt darunter etwa die Frage, ob die Kinder zum Gehorsam erzogen werden oder dazu ermutigt werden, ihren eigenen Willen zu haben, ob die Eltern eher gleichberechtigt oder der Boss sind.

In der Schule sind die Pole eine sehr „lehrerzentrierte Erziehung", in der der Lehrer wie ein „Guru" auftritt oder aber eine „schülerzentrierte Erziehung", die die Eigeninitiative der Schüler und ihr individuelles Entfaltungsbedürfnis ins Zentrum stellt.

Die Ergebnisse zeigten, dass insbesondere in Frankreich, aber auch Spanien Machtunterschiede akzeptiert werden, in Deutschland und England eher nicht (vgl. Abb. 4.1). Sie werden jetzt vielleicht denken, dass das soziologisch alles sehr interessant ist, aber ansonsten wenig Relevanz für Ihre Arbeit hat. Vor dieser Denkweise können wir aber nur warnen. Denn auf diesen Wertedimensionen beruhen die Consumer Needs, die Sie mit Ihren Produkten ansprechen können und sollten.

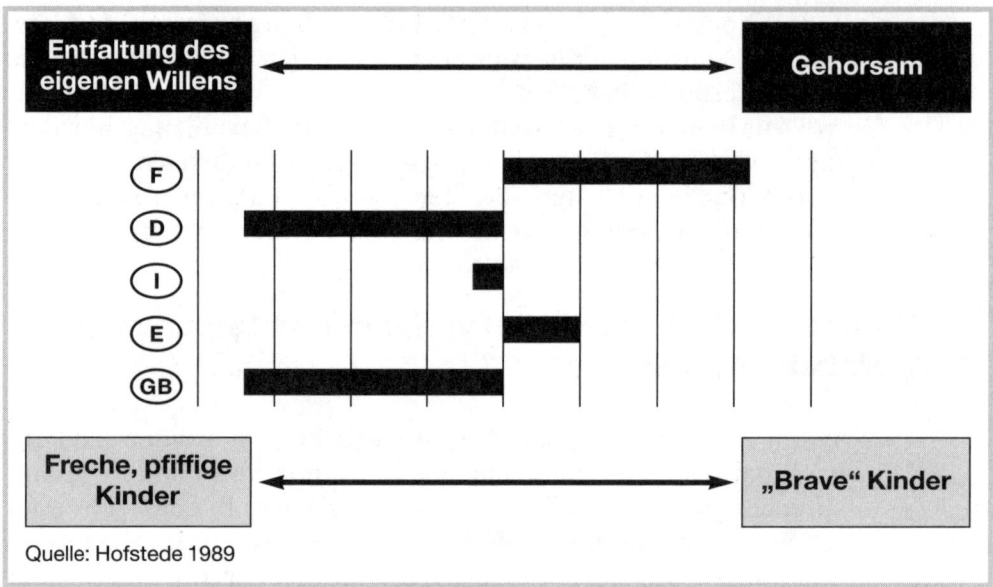

Entfaltung des eigenen Willens ⟷ **Gehorsam**

F
D
I
E
GB

Freche, pfiffige Kinder ⟷ **„Brave" Kinder**

Quelle: Hofstede 1989

Abb. 4.1: Akzeptanz von Machtunterschieden

Anerkennung und Lob von den Eltern zu bekommen, ist beispielsweise ein Grundbedürfnis für Kinder in allen Ländern. In eher autoritär geprägten Ländern kann das Kind dies erreichen, wenn es brav ist und sich an die Spielregeln hält. Konformität wird belohnt. In weniger autoritären Ländern dagegen kann sich das Kind die Anerkennung der Eltern auch durch Frechheit und Pfiffigkeit verdienen: Brave Kinder sind langweilig und somit auch keine „Role Models" für die Werbung.

Denken Sie beispielsweise an einen Werbespot für Kinder, in dem Kinder dem Lehrer oder ihrer Mutter einen Streich spielen. In Frankreich und Spanien ist da deutlich weniger erlaubt und nachvollziehbar als in Deutschland oder England.

Und wenn Sie berücksichtigen, wie scharf Kinder Regelverstöße ahnden, also auf die Einhaltung erlernter Normen pochen, dann wird klar, wie sehr man darauf achten muss, hier keine Tabus zu brechen.

Individualismus

Dahinter steht die Frage, ob Kinder dazu erzogen werden, ein starkes Ich-Bewusstsein und eine ausgeprägte eigene Meinung zu entwickeln, oder ob die Einordnung in die Gruppe als wichtiges Ziel gesehen wird. Die Abbildung 4.2 zeigt, dass insbesondere in England viel Raum für Selbstdarstellung, zum Individualismus geboten wird, während in Spanien die Einordnung in den Gruppen-Kollektivismus, in die Gruppe, deutlich wichtiger ist. Dahinter steht das ebenfalls ungeheuer wichtige Bedürfnis, von der sozialen Umwelt akzeptiert zu werden. Und Produkte sollen ja helfen, Akzeptanz zu schaffen und nicht zu isolieren.

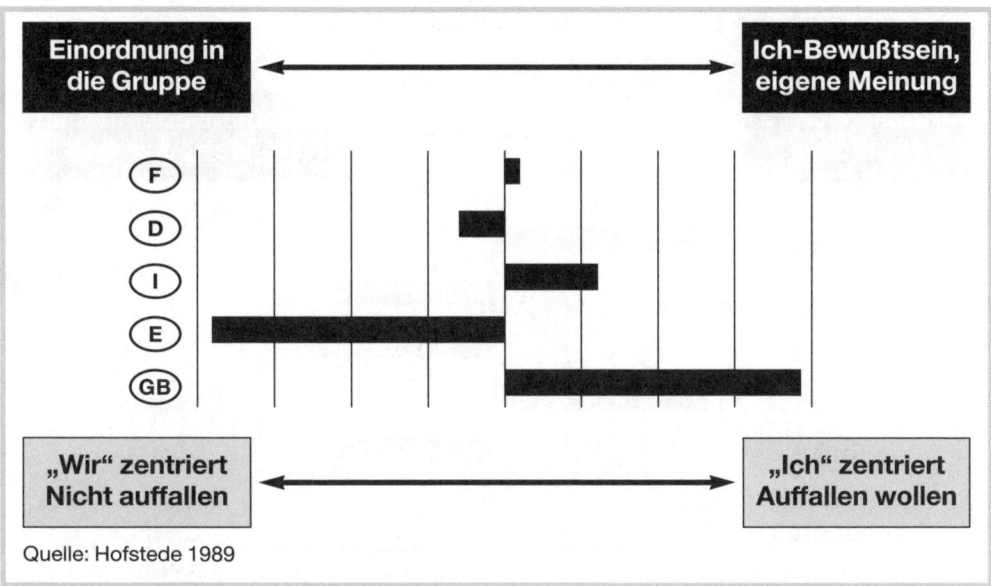

Quelle: Hofstede 1989

Abb. 4.2: Akzeptanz von Individualismus

Auch hier die konkrete Anwendung: Wie egoistisch darf ein Akteur in einer Werbung agieren? In England sehr egoistisch, in Spanien überhaupt nicht. Und welcher Nutzen soll aus einem Produkt abgeleitet werden: Akzeptanz und Anerkennung in der Gruppe oder Abhebung von den anderen, etwas Besonderes sein? Wieder die beiden Pole: In England ist Anderssein cool, in Spanien geht man mit dem Mainstream, um sich nicht zu isolieren.

Maskuline und feminine Kulturen

Eine weitere Unterscheidung wird gemacht zwischen maskulinen und femininen Kulturen. Maskuline Kulturen beziehen ihre Dynamik aus der Konkurrenz, der Selbstbehauptung. Konflikte werden ausgetragen und Leistung, besser sein als andere, ist das Ziel und die Quelle gesellschaftlicher Anerkennung. Feminine Kulturen legen dagegen Wert auf Ausgleich, Lebensqualität, Intuition; Beziehungen zu anderen sind wichtig und Konflikte werden durch Kompromisse gelöst.

Core needs, die hier dahinter stehen, sind also einerseits das Gewinnen-Wollen, Erfolgserlebnisse auch auf Kosten anderer haben – wie der Name schon sagt, ein typisch männlicher Need –, bzw. anderseits der Wunsch, Integration zu schaffen, etwas, das als typisch weiblich angesehen wird.

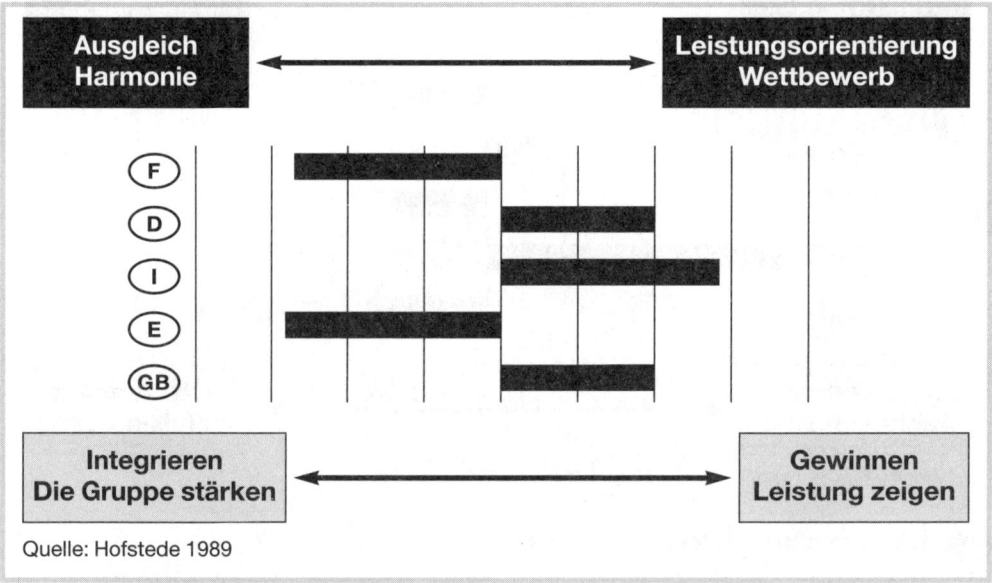

Quelle: Hofstede 1989

Abb. 4.3: Maskuline und feminine Kulturen

In der Werbung wird in der femininen Kultur der Akteur für die soziale Anpassung belohnt, z. B. dadurch, dass er den Zusammenhalt der Gruppe stärkt oder Außenseiter integriert; in der maskulinen Kultur würde er oder sie dagegen für Entschlossenheit, Zielstrebigkeit, sei es im Sport oder in der Schule anerkannt. Die Abbildung 4.3 zeigt, dass Frankreich und Spanien eher feminin geprägte Kulturen sind, Italien, England und Deutschland eher maskulin. Und das gilt tendenziell für beide Geschlechter, d. h.: In einer maskulinen Kultur wurden auch Mädchen weniger integrativ erzogen.

Grad der Unsicherheitsvermeidung

Allgemein ausgedrückt geht es hier um das Bedürfnis nach Bewährtem, nach allenfalls langsamem Wandel, bzw. um den Wunsch nach und die Freude am Wandel an sich. Die Pole sind hier einerseits eine ungezwungene Offenheit gegenüber Neuem, die Freude an Überraschendem, eine Toleranz, die, wie die Abbildung 4.4 zeigt, insbesondere in England zu finden ist.

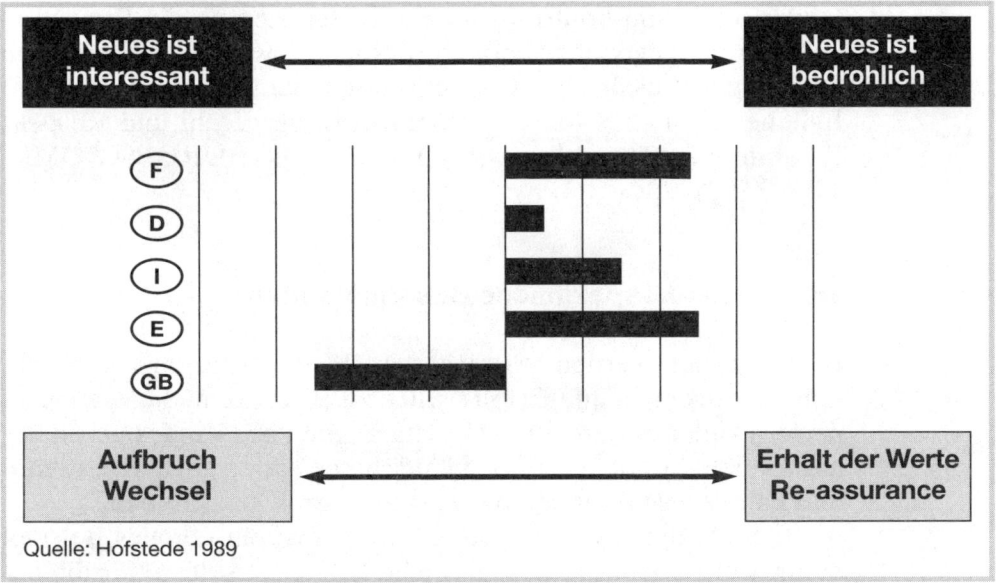

Quelle: Hofstede 1989

Abb. 4.4: Grad der Unsicherheitsvermeidung

Der andere Pol sind Kulturen, die Unsicherheit und damit auch Innovationen lieber vermeiden, in denen Andersartigkeit und Improvisation geradezu als gefährlich, als stressig erlebt werden: Im 5-Länder-Vergleich sind dies vor allem Spanien, Frankreich und Italien.

Diese Dimension ist beispielsweise während der Pubertät besonders relevant, wenn die Werte und Ideale sowieso im Fluss sind. In Spanien, Italien oder Frankreich ist das Verwurzelt-Bleiben in den familiären sozialen Strukturen ein viel stärker Core Need, in England und Deutschland ist dagegen im Vergleich der Wunsch nach Abgrenzung von den Eltern und nach neuen Erlebnissen deutlich ausgeprägter.

Wieder die Übertragung auf die Werbung: Das Verhältnis zwischen Familie und Kind wird man je nach Land unterschiedlich zeigen müssen: mal mit harmonischer Zusammengehörigkeit, sozusagen der Fels in der Brandung, mal als ein Ort, von dem man flüchten möchte. Und: Das, was man als Reassurance bezeichnet, ist sehr viel wichtiger in Ländern wie Spanien, Frankreich und Italien. Verwirrende oder gar verstörende Werbung ist dagegen vor allem in England akzeptabel.

Diese grundlegenden Wertestrukturen der einzelnen Nationen wirkt sich natürlich auf die jeweiligen Erziehungsideale aus, also auf das, was man den Kindern für's Leben mitgeben möchte. Für die eher non-konformistischen Briten ist z. B. die Erziehung zu Toleranz gegenüber anderen besonders wichtig, während die stärker auf Ausgleich und Konformität bedachten Spanier und Italiener ein hohes Maß an Verantwortungsgefühl und Respekt für andere für besonders wichtig halten (vgl. EUROBAROMETER, 1993).

Weitere länderspezifische Besonderheiten

In Frankreich werden beispielsweise Kinder früh dazu erzogen, sich anzustrengen und Erfolgswillen zu entwickeln, dagegen ist in keinem anderen Land die Selbstständigkeit des Kindes ein so hohes Erziehungsideal wie in Deutschland; aber auch Kreativität und Fantasie werden bei uns besonders groß geschrieben.

Gerade die Erziehung zu Kreativität ist ein schönes Beispiel dafür, welche Konsequenzen solche Erziehungsideale für die nationalen Märkte haben. Wenn Sie beispielsweise Zeitschriften für Vorschulkinder in Deutschland und England vergleichen, werden Sie feststellen, wie unterschiedlich die Inhalte sind, ja sein müssen: In Deutschland geht ohne pädagogisch wertvolle Inhalte nichts, in England ist das ein nettes Extra, aber kein primäres Kaufmotiv.

Ein anderes schönes Beispiel ist das Thema Gesundheit: Auch da sind wir Deutschen besonders heikel. Deutsche Haushalte geben 15% der Ausgaben für Gesundheitsprodukte aus, britische Haushalte dagegen nur 2% (EUROSTAT). Beim Konsum der Kinder wirkt sich das dann z. B. so aus, dass kohlensäurehaltige Getränke von 88% der britischen, aber nur von 31% der deutschen 7- bis 12-Jährigen mindestens 3-mal pro Woche getrunken werden (Carey, 1997).

Ein drittes Beispiel, wie gesellschaftliche Normen den Konsum beeinflussen, ist der Spielwarenmarkt: Spielzeug soll in Deutschland zu kreativem Spiel anregen, bei Action und Gewalt sagt die deutsche Mama „Nein". Englische Mütter sind da viel toleranter. Wie die Zahlen von EUROTOYS zeigen, ist der Unterschied krass: Aktionsfiguren wie Power Rangers oder Action Man haben bei uns nur knapp 2% Marktanteil, in anderen Ländern bis zu 11%. Dafür haben Baukästen wie Lego in Deutschland mit Abstand den höchsten Marktanteil (EUROTOYS, 1998).

Kinder und Jugendliche leben also in einem äußerst dichten Geflecht von gesellschaftlichen Normen und Konventionen, denen sie auch beim Konsum folgen. Folgen müssen, sollte man sagen. Denn diese Normen entsprechen nicht immer den Bedürfnissen der jungen Leute.

Es gibt kindliche Core Needs, die von der Gesellschaft nicht akzeptiert werden. Jungs haben z. B. in allen Kulturen das Bedürfnis, Aggressionen spielerisch auszuleben. In Deutschland wird ihnen das aber aus pädagogischen Gründen oft verwehrt. Wenn Sie sich noch einmal an die Marktanteile der Spiel-waren in Deutschland erinnern: Wenn nur die Kinder bestimmen würden, sähen die Zahlen hier vermutlich etwas anders aus.

Das Marketing hat nun also die Wahl: Soll es den Bedürfnissen der Kinder folgen, ihren Needs oder den Werten der Gesellschaft? Das ist eine strategische Entscheidung, die man oft treffen *muss*. Ohne das weiter zu kommentieren, hierzu nochmals das Beispiel Spielwaren: Lego hat sich lange Jahre auf die Werte der Eltern konzentriert. Bandai hat mit Figuren wie Power Rangers oder Tamagotchi dagegen immer auf die Needs der Kinder gesetzt.

Neben den durch Familie und Schule vermittelten Normen und den dadurch gesteuerten Bedürfnissen darf aber auch nicht die *Erziehung durch die Medien* vergessen werden. Dazu nur ein Beispiel: Die von den Spice Girls propagierte Girl-Power hat in England zu einem vollkommenen veränderten Selbstbild und Selbstbewusstsein der 8- bis 12-jährigen Mädchen geführt bis hin zu dem Gefühl, man *müsse* sich zumindest ein bisschen wie ein *bad girl* benehmen. An den anderen europäischen Ländern ist dieses Phänomen weitgehend vorübergegangen, weil die Mädchen dort die Spice Girls nie im O-Ton hören konnten.

Dass aus solch national unterschiedlich erzogenen Kindern keine global einheitlichen Jugendlichen werden, ist wohl klar. Ohne in die Details zu gehen, hier ein paar Ergebnisse aus einer Untersuchung bei 12- bis 20-Jährigen, die wir 1997 durchgeführt haben (iconkids & youth, 1997):

Mode und Trends in den einzelnen Nationen

So denken z. B. die *Briten*, dass sie am besten wissen, was gerade „in" ist. Außerdem glauben sie auch am häufigsten, von anderen kopiert zu werden bzw. der Opinion Leader in der Clique zu sein. Ein in Bezug auf Trends also sehr selbstbewusstes Volk, das Spaß daran hat, neue Sachen auszuprobieren.

Die *Italiener* finden es besonders wichtig, nach der neuesten Mode gekleidet zu sein, holen sich dazu aber auch gerne Rat und wechseln dann schnell. Man spürt hier einen deutlich geringeren Willen, sich abzugrenzen und eine stärkere Orientierung an anderen.

Die *Franzosen* beschreiben sich dagegen zwar als sehr markenbewusst und sind eher ehrgeizig und selbstbewusst, folgen aber nicht sofort jedem Trend, vor allem nicht um jeden Preis.

Die *Spanier* müssen wie die *Deutschen* nicht unbedingt mit der neuesten Mode gehen, sind zudem aber auch deutlich preisbewusster als die Deutschen und weniger durch Freunde zu beeinflussen.

Was sagen uns nun diese Ergebnisse? Zunächst mal, dass die Jugendlichen ganz offensichtlich die Werte ihrer nationalen Gesellschaft verinnerlicht haben. Die Parallelen zu den bei Erwachsenen gemessen Werten und Erziehungsidealen sind unübersehbar, denken Sie an die Dimensionen wie Individualismus versus Konformität. Entsprechend unterschiedlich sind die konsumrelevanten nationalen Needs, z. B. was Mode, Individualität, Streben nach Anerkennung und so weiter angeht.

Darüber hinaus lässt sich aber auch ableiten, dass Großbritannien und Italien sehr geeignete Märkte für Neueinführungen sind, wenn auch basierend auf vollkommen anderen Need-Strukturen. Für die britischen Jugendlichen ist es wichtig, immer einen Schritt voraus zu sein. Sie sind deswegen sicherlich die *Innovatoren* in Europa. Für die Italiener ist es dagegen einerseits der Wunsch, mit der Mode, d. h. mit der *Masse* zu gehen, andererseits greifen sie neueste Trends begierig auf. Wenn man so will, sind sie *Early Adopters*.

Frankreich, Spanien und Deutschland sind dagegen eher *Follower-Märkte*. Frankreich, weil dort ein besonders spürbarer national bezogener Kulturkonservatismus und Konformismus herrscht. Spanien ist zusätzlich ein sehr pragmatischer Markt, was naturgemäß auf Kosten von Moden geht, und Deutschland, weil dort bodenständige Werte wie Qualität und Tradition noch eine besonders starke Bedeutung haben.

Diese Beispiele zeigen anschaulich, dass es bei der Entwicklung von internationalen Marktstrategien notwendig ist, über das reine Marktvolumen hinaus zu denken, und die Märkte zunächst im wahrsten Sinne des Wortes zu verstehen. Sowohl, was die zugrunde liegende Wertestruktur angeht, als auch im Hinblick auf die darauf aufbauenden Needs der Konsumenten.

Worauf wir im Detail noch gar nicht eingegangen sind, was aber natürlich auch eine wichtige Rolle spielt, sind Unterschiede in der Familienstruktur. Ob es die Anzahl der Kinder pro Familie ist, die zwischen 1,8 Kindern in Großbritannien und 1,1 Kindern in Italien schwankt (Statistisches Bundesamt), oder der Anteil der Familien mit allein erziehendem Elternteil mit einem Höchstwert von 23% in Großbritannien (EUROSTAT). All das hat natürlich Einfluss auf das Marketing. Anfangen kann man da mit der Preispolitik bis hin zur Verpackung, ob also beispielsweise ein Kinderprodukt zwischen Geschwistern teilbar sein muss.

Auch die Unterschiede in der Wohnsituation sind eigentlich ein eigenes Kapitel wert. Hier soll als Veranschaulichung die Information reichen, dass z. B. in Großbritannien 80% in den eigenen vier Wänden wohnen, also mehr als doppelt so viele wie in Italien, Spanien oder Deutschland (EUROSTAT). Und wie es in der Umgebung mit Freizeit- und Spielmöglichkeiten aussieht, ist auch wichtig: Wer viel Zeit draußen verbringt, ist weniger für indoor Aktivitäten zu begeistern.

2 Die Ausgangspunkte für internationales Kinder- und Jugendmarketing

Wenn Sie Produkte und Marken international vertreiben möchten, werden Sie also mit einer Menge Unterschiede konfrontiert. Wie sieht das aber in der Marketing-Praxis aus? Da gibt es zunächst 2 unterschiedliche Ausgangspositionen:

- Die Marke ist in den einzelnen Ländern schon eingeführt
- Die Marke ist in den einzelnen Ländern noch nicht im Markt

Das erste Szenario geht also von einer *Harmonisierung* der internationalen Marktstrategie aus, das zweite von der *Einführung* einer komplett neuen Strategie. Und ganz gleich, welche Situation bei Ihnen vorliegt: Im ersten Schritt müssen Informationen gesammelt werden und zwar zu den verschiedensten Bereichen:

Da ist zunächst wichtig, die *Positionierung der eigenen Marke* aus Sicht der Verbraucher zu kennen. Welches *Image* haben Sie, mit welchen *Key Visuals* ist Ihre Marke verknüpft, welche *Needs* der Zielgruppe werden mit Ihrem Produkt befriedigt, mit welcher *Tonalität* treten Sie auf. Daraus abgeleitet kann dann auch die Frage beantwortet werden, wer eigentlich Ihre Zielgruppe ist, und die kann im Kindermarkt je nach Land allein altersmäßig sehr unterschiedlich beantwortet werden.

Und die gleichen Fragen müssen Sie natürlich auch zu Ihren jeweiligen nationalen Wettbewerbern stellen: Wie sieht deren Profil aus, was bringen die rüber? Wer ist deren Zielgruppe? Und wen sieht eigentlich Ihre Zielgruppe als Wettbewerber?

Dabei sollte man keinesfalls auf der Image-Ebene stehenbleiben. Es gab kürzlich den Fall eines Nahrungsmittelherstellers, der feststellen musste, dass seine Marke in den einzelnen Ländern zu vollkommen unterschiedlichen Tageszeiten in vollkommen unterschiedlicher Zusammensetzung konsumiert wurde. Auch hier, bei der konkreten Verwendung des Produktes, liegen Stolpersteine bei der Internationalisierung: In welchen Situationen, bei welchen Anlässen wird das Produkt konsumiert, wie sieht die konkrete Verwendungsweise aus, welche anderen Produkte werden ergänzend oder substituierend genutzt?

Fragen über Fragen. Doch ohne eine Antwort auf diese Fragen werden Sie sich schwer tun, eine Marktstrategie zu entwickeln, die wirklich international ist und nicht bloß versucht, ein Konzept über alle Märkte zu stülpen.

Am Ende sollte für jeden Markt ein genaues Positionierungsmodell stehen, aus dem klar hervorgeht, was Ihre Kunden an Ihre Marke bindet, was also Ihr Markenguthaben ist, und was Konsumenten der Wettbewerber vom Kauf Ihrer Marke abhält und in die Arme der Konkurrenz treibt.

Diese Analyse wird Ihnen aber auch zeigen, wie schwer es sein wird, Ihre Marke international anzugleichen. Geht es wirklich nur um eine Harmonisierung oder muss in manchen Ländern massiv umpositioniert werden? Und wenn letzteres der Fall ist: Welches Land kann und soll dabei die Lead-Funktion übernehmen?

Und jetzt kommen wir zu dem Punkt, der Sie wahrscheinlich am meisten interessiert: Wie entwickelt man nun eine internationale Marktstrategie, wenn man all die Punkte berücksichtigen möchte, die wir aufgezählt haben?

Die Entwicklung einer internationalen Strategie

Unabhängig davon, ob es sich um eine Neueinführung oder eine Harmonisierung handelt, lohnt es sich, zunächst darüber nachzudenken, *welche* der beschriebenen nationalen Einflussgrößen einen *wie starken* Einfluss nehmen auf Ihre Marke und deren Positionierung.

Gehen wir es vielleicht einfach noch mal der Reihe nach durch. Da haben wir *die nationalen Wertesysteme und Erziehungsideale* bzw. darauf aufbauend, *die Needs der Zielgruppe.* Wir haben diesem Punkt auch deswegen so breiten Raum eingeräumt, weil es hier wirklich ans „Eingemachte" geht. Wenn eine Marke durch ihre Brand Values oder die Kommunikation diese Werte verletzt und wichtige Needs falsch anspricht, wird es heikel.

Eine Marke kann sich dadurch emotional disqualifizieren, sich unabhängig von der Produktqualität den Zugang zu bestimmten Ländern verbauen. International tragfähige *Markenwerte und Benefits* verpackt in einer entsprechenden Kommunikationsstrategie sind also zwingend erforderlich.

Dabei gibt es im Grunde für jede Produktkategorie *nationale Needhierarchien,* also die Benefits, die man sich pro Land erwartet. Hier sei nur noch einmal kurz an die Beispiele Zeitschriften- bzw. Spielwarenmarkt erinnert, in denen in Deutschland die Förderung der Kreativität viel wichtiger ist als in anderen Ländern.

Im Food-Markt steht beispielsweise zwar überall die Qualität an erster Stelle, doch dann gibt es bereits Unterschiede, ob Geschmack oder Preis wichtiger sind und wie bedeutsam der Gesundheitsaspekt ist. Abweichend ist auch der Grad der Anpassung des Nahrungsmitteleinkaufs an den Geschmack der Kinder (Institute of European Food Studies, 1996).

Es ist aber eine Voraussetzung, dass eine international geführte Marke weitgehend identische Benefits bietet, gleiche Needs anspricht. Sie können ein Produkt nicht im einen Land mit dem Argument Gesundheit verkaufen und im anderen als Genussmittel. Neben international akzeptierten Markenwerten brauchen sie also auch einen international *produktbezogenen Reason Why*, ein rationales Argument zugunsten ihres Produktes. Coca-Cola hat beispielsweise gemeinsamen Spaß als emotionale Markenwerte und Erfrischung als produktspezifischen Reason Why.

Sie haben natürlich gewisse Möglichkeiten, auf nationale Besonderheiten einzugehen. Durch sensibles Umgewichten von spezifischen Auslobungen wie „gesund" lässt sich eine Anpassung an nationale Bedürfnisse erreichen, ohne den Markenkern dabei gravierend zu beeinträchtigen.

Die Dimensionen, die Sie hervorheben wollen, müssen dabei aber in jedem Land vorhanden sein, zum internationalen Markenkern gehören. Wie massiv Sie diese dann aber z. B. auf den nationalen Verpackungen in den Vordergrund stellen, da bleibt Ihnen ein gewisser Spielraum. Das Action-Potenzial eines Spielzeugs finden Kinder überall heraus, deswegen muss man es aber nicht in jedem Land deutlich auf die Verpackung setzen, die die Eltern kaufen sollen.

Verhältnismäßig geringer als die Bedeutung nationaler Wertesysteme und Need-Strukturen ist dagegen der Einfluss der *familiären Struktur*, z. B. die *Anzahl der Kinder*, sowie die *Wohnsituation* auf internationale Marktstrategien anzusiedeln. Deswegen haben wir diese Punkte auch nur kurz behandelt.

Wie groß etwa die Verkaufseinheiten sind, spielt für das Image und die Produkteigenschaften keine Rolle, sie müssen am Ende nur die Packshots ändern. Und ob es viele alleinerziehende Mütter gibt, die sich Convenience-Gerichte wünschen, die ihre Kinder selbst zubereiten können, hat Einfluss auf das erreichbare Marktpotenzial, nicht aber auf das anzustrebende Markenimage.

Eine internationale Marke muss also Werte verkörpern, die in jedem Land akzeptiert werden, und Consumer Needs ansprechen, die in jedem Land vorhanden sind. Diese Feststellung gilt grundsätzlich für jede Marke, ganz gleich, an welche Zielgruppe sie sich wendet.

Internationales Marketing versus nationale Needs

Die Schwierigkeit im Kinder- und Jugendmarkt liegt nun darin, dass man es mit so vielen verschiedenen Zielgruppen zu tun hat. Wie wir gesehen haben, unterscheidet sich das Wertesystem der Kinder und Jugendlichen nicht dramatisch von dem ihrer Eltern, es stellt eher eine Weiterentwicklung mit junger, aber dennoch klar national geprägter Tonalität dar.

Deutliche Unterschiede gibt es aber bei den Needs und da haben Eltern andere als ihre Kinder und 8-Jährige andere als 14-Jährige. Über die unterschiedlichen Need-Strukturen der Eltern haben wir schon gesprochen. Sie erinnern sich an die Beispiele Zeitschriften, Nahrungsmittel und Spielwaren. Wie sieht es nun bei den Kindern und Jugendlichen aus? Da gibt es zum einen altersunabhängige Needs, die in jedem Land zu finden sind, und die im Rahmen dieses Buchs bereits ausführlich diskutiert wurden.

Dazu kommen dann eben auch noch altersspezifische Needs, z. B. bei den 6- bis 8-Jährigen die eigenen Ängste zu überwinden und aus der Rolle des ohnmächtigen Kindes herauszukommen. Für die Teenager ist das beispielsweise der Wunsch nach Selbsterfahrung, aber auch nach Selbstinszenierung.

Bleiben wir aber der Einfachheit halber nur bei den altersunabhängigen Needs. Wie gesagt, diese Needs haben Kinder und Jugendliche in allen Ländern. Das Entscheidende ist aber, dass diese Needs in den einzelnen Ländern teilweise gänzlich anders befriedigt werden müssen.

Wenn wir einige der Reihe nach durchgehen, werden Sie sehr leicht feststellen, welche davon problematisch sind und welche eher einfach zu handhaben sind:

- *Spaß haben, Lachen:* Über wen, über was darf ich lachen? Darf ich mich, meine Marke, meine Konsumenten auf's Korn nehmen? Und Sie kennen auch den Spruch vom typisch englischen Humor, den nicht nur wir Deutschen nicht immer verstehen.
- *Anerkennung und Lob bekommen:* Wofür bekomme ich Lob, für integratives oder kompetitives Verhalten? Dafür, dass ich

der erste unter Gleichen bin oder dafür, dass ich mich von den anderen abhebe? Sicherlich eines der problematischsten Needs.

▓ *Wettstreit, sich messen:* Wie klar darf der Sieg sein, wie verhalte ich mich gegenüber dem Verlierer? Wie aggressiv und ehrgeizig darf ich sein? Sie sehen, ein ebenfalls ziemlich heikler Core Need.

▓ *Gerechtigkeit, sich für etwas Gutes einsetzen:* Hier sind wir gerade bei Kindern auf der sicheren Seite. Kinder denken in Gut-Böse-Kategorien und das Produkt als Helfer im Kampf gegen das Böse zu zeigen, funktioniert immer und überall.

▓ *Freundschaft, Freunde haben:* Wie gewinne ich Freunde? Und wie erhalte ich sie? Was verschafft mir Akzeptanz? Hier haben wir die gleichen Probleme wie bei dem Punkt *Anerkennung und Lob* und das bei einem der zentralsten Needs in allen Altersgruppen.

▓ *Aufschauen, bewundern können:* Kinder und Jugendliche suchen nach Vorbildern, die sie verehren und bewundern, für die sie schwärmen können. Doch wer kann Vorbild sein? Dazu später mehr.

▓ *Etwas bekommen, besitzen, ganz für sich haben:* Noch so ein wichtiger Core Need, aber was dürfen Kinder und Jugendliche machen, wenn sie Ihr Produkt besitzen? Was ist schon angeberisch, was noch akzeptiert?

▓ *Etwas schützen, retten helfen, z. B. Tiere:* Ein sicherer Treffer, da kann Ihnen nicht viel passieren, denn dies funktioniert überall.

▓ *Autonomie, Dinge allein machen können:* Hier können Sie Horizonte eröffnen. Jede Altersgruppe in jedem Land steht auf Dinge, die *aspirational* sind, den Zugang zur nächsten Altersstufe eröffnen. Zu sagen „Ich mache dich älter" ist ein toller Benefit für eine Marke.

Es gibt also ein paar Core Values, die sicher sind, da kann man nicht viel falsch machen, andere sind dagegen problematisch, will man diese international zum Besitzstand einer Marke machen. Wie Sie aber sicher schon gemerkt haben, ist das eher eine Frage der Kommunikation und nicht der Werte selbst. Problematisch ist nicht, welche Werte man auswählt, sondern, wie man sie beispielsweise in der Werbung vermittelt.

Und da tauchen Fragen auf wie diese:

- Wie verrückt und ausgeflippt darf Werbung sein, ohne die eher konservativen Nationen zu verletzen und ohne beispielsweise die Engländer zu langweilen?
- Wieviel Leistungsdenken und Individualität verträgt internationale Werbung oder ist Gemeinschaftssinn nicht doch besser?

Das einfachste ist natürlich, die problematischen Values einfach auszuklammern. Warum soll man sich auf's Glatteis begeben, wenn es nicht unbedingt sein muss. Um zu verhindern, dass wir in Zukunft mit Gut-versus-Böse-Geschichten überschwemmt werden, möchten wir aber auch ein paar Tipps geben, wie man diese Probleme in den Griff bekommen kann:

- *Vermeiden Sie Hierarchien zwischen Akteuren in der Werbung.* So vermeiden Sie, erklären zu müssen, wie diese Personen interagieren. Bringen Sie mit der Mutter oder Lehrern Autoritätspersonen ins Spiel, lassen Sie diese immer etwas außen vor: Diese Personen dürfen die Kinder nicht herumkommandieren und die Kinder dürfen die Erwachsenen andererseits auch nicht auf's Korn nehmen, es sei den die Erwachsenen sind erkennbar „blöd und gemein". Bleiben Sie in der Welt und auf der Ebene der Kinder und Jugendlichen.
- *Etwas zu teilen oder integrativ zu wirken, muss klar belohnt werden* durch Zuneigung, durch etwas, das man zurück bekommt. Warum sollte man es sonst machen?
- *Anderssein darf nicht isolierend wirken.* Auch hier muss der soziale Benefit, sprich die Anerkennung durch die Peer Group, klar ersichtlich werden.
- *Witz darf nicht auf Kosten anderer gehen,* nicht verletzen. Am besten nimmt man sich selbst auf's Korn. Das zeigt Souveränität.
- *Skurrilität darf nicht unästhetisch werden.* Sonst verlieren Sie die Sympathie vor allem der Südländer.
- *Leistung, egal ob körperlich oder geistig, darf anerkannt werden,* darf aber wiederum nicht von der Gemeinschaft entfremden. Im Idealfall hilft es der Gruppe, stärkt sie gegen wen oder was auch immer.
- *Freundschaft und Anerkennung dadurch, dass man ist, wie man ist.* Authentizität ist wohl das meistgebrauchte Schlag-

wort in Bezug auf Jugendmarketing der letzten Jahre und genau das ist der Punkt. Die Presenter Ihrer Marke müssen glaubwürdig wirken und sie müssen dafür akzeptiert werden, dass sie genauso sind.

Sie sehen also, dass man bei der Auswahl der Werte, die eine Marke verkörpern kann, durchaus eine große Auswahl hat. Denken Sie bei dieser Auswahl aber immer daran, dass der schönste Markenbenefit nichts nützt, wenn er in der Peer Group nicht wirklich zu Akzeptanz verhilft.

Und denken Sie auch daran, dass Sie Werte auswählen, die zu Ihrer Marke passen, die auch zum Produkt stimmig sind. Wenn Sie Kindern beispielsweise Cleverness versprechen, muss das auch irgendwie nachvollziehbar sein, z. B. durch bestimmte Zutaten bei einem Nahrungsmittel. Oder wenn Sie Teenys Erfolg beim anderen Geschlecht versprechen, sollte klar werden, was Ihre Marke dazu beitragen kann. Macht sie bessere Haut, sexy oder einfach nur besonders oder interessant?

Ideal ist es, wenn diese Benefits und Werte nicht mit dem Dampfhammer transportiert werden. Wenn Sie nur andeuten, lassen Sie Freiräume, jeder kann dann individuell seine Vorstellungen hineinprojizieren. Je mehr Sie zeigen und erklären, desto spitzer wird Ihre Positionierung und desto schwieriger wird es, international zu sein.

Und nun, zum Abschluss dieses Kapitels, noch ein paar Hinweise, was man bei der Execution so alles berücksichtigen muss.

Hinweise zur Durchführung

Zunächst mal zur *Mediaauswahl*: Da werden Sie um TV als Lead-Medium nicht herumkommen. Zum einen nicht, weil Printmedien beispielsweise in Südeuropa viel weniger etabliert sind als bei uns. Es gibt dort viel weniger zielgruppenspezifische Publikationen. Außerdem tut man sich im TV auch deswegen leichter, weil die Bildsprache in diesem Medium durch Spielfilme und Serien international viel homogener ist als in Zeitschriften. Es gibt z. B. mit Ausnahme der Klassiker wie Disney's König der Löwen deutliche Unterschiede, welche Cartoon-Character von Kindern in einzelnen Ländern bevorzugt werden (James, 1997).

Überhaupt *Characters*: Sie erinnern sich, dass bei den Core Values auch *Zu jemandem aufschauen, bewundern* stand. Die Heroes der Kinder und Jugendlichen sind leider national äußerst unterschiedlich und deswegen kaum geeignet für internationale Kampagnen. Am extremsten fällt dieser nationale Bezug bei Sportlern auf, aber auch beim Fernsehen ist es nicht anders. Italienische oder englische Fußballspieler interessieren die deutschen Jungs nur, wenn sie in der Bundesliga spielen, die wichtigsten Schauspieler sieht man in den deutschen Daily Soaps oder in Kommissar Rex. Die einzigen Ausnahmen sind die Superstars wie DiCaprio oder Brad Pitt im Kino oder Michael Jordan im Sport. Wenn Sie die bezahlen können, bitte.

Wahrscheinlicher ist aber wohl, dass Sie Ihre eigenen Characters kreieren müssen. Besonders geeignet sind da insbesondere für Kinder *Cartoon-Character*, weil Sie denen eine maßgeschneiderte Persönlichkeit verpassen können. Wenn Sie sich dann noch am Zeichenstil der Klassiker wie Disney oder Warner orientieren, können Sie eigentlich nicht viel falsch machen.

Etwas schwieriger sind da schon echte Menschen. Typischerweise findet man in internationalen Kampagen immer die mitteleuropäische Mischhaarfarbe, nur die Mädchen dürfen blond sein. Sich hier an der europäischen Mitte zu orientieren, ist sicher richtig, aber müssen das dann immer so leere, antiseptische Model-Gesichter sein? Echte, authentische Typen finden Sie in internationalen Kampagnen eigentlich nur, wenn diese aus England kommen. Und die sind dann für andere Länder oft schon wieder zu unästhetisch.

Thema *Musik*: Lange Zeit wurde Musik ja als globale Sprache gehandelt. Schaut man aber in die nationalen Hitparaden, so werden diese dominiert von nationalen Produktionen. In anderen Ländern ist das auffälliger, weil dort öfter in der Landessprache gesungen wird, aber in Deutschland ist es nicht viel anders – nur dass eben oft auf Englisch gesungen wird. Der europäische Musikgeschmack ist also nur in Maßen international, die Anbindung an Stars funktioniert damit wie beim Sport auch nur bei den großen wie Madonna. Was wird also gemacht: Man greift auf Klassiker zurück, die billig zu haben sind, und freut sich, wenn die dann in die Hitparaden kommen.

Musik ist aber, wie bereits mehrfach beschrieben, ein wichtiges Erkennungssignal gerade für Jugendwerbung und eine außerordentlich dynamische Kultur. Und da kann man viel mehr wagen, als bisher gemacht wird. Das beste Beispiel ist Mr. Bombastic aus der Levi's Kampagne von vor wenigen Jahren: Das Lied hat eigentlich überhaupt kein Hit-Potenzial gehabt, dennoch hat es hervorragend funktioniert.

Thema *Sprache*: Englisch oder nicht ist hier eine viel diskutierte Frage, zu der auch schon im Kapitel zur Kommunikation etwas gesagt wurde. Dazu eine ganz einfache Faustregel: Wenn Sie etwas über das Produkt oder Ihre Marke zu sagen haben, dann tun Sie's in der Landessprache. Wenn Sie nur ein Ausrufezeichen setzen wollen, geht das mit Englisch einfach knackiger.

Und noch etwas zum Thema Englisch: Dass eine Marke international ist, wird nun einmal erst ab etwa 13 bis 14 Jahren relevant. Davor muss die Marke vor allem beweisen, dass sie in das tägliche Leben der Kinder passt, Relevanz im örtlichen Nahbereich hat. Und wer da mit englischen Texten daherkommt, zeigt, dass er seine Zielgruppe nicht verstanden hat. Das ist zwar irgendwo *aspirational*, vielleicht auch cool, hat aber mit der Lebenswelt der Kids nichts zu tun.

Wichtig sind auch die passenden *Orte und Situationen*: Das fängt mit dem Straßenbild an und hört nicht mit der Kleidung und Accessoires auf. Auch hier gilt als Faustregel: Je jünger die Kinder, desto näher müssen Sie bei deren Alltag bleiben. 8-Jährige werden internationale Anspielungen nicht verstehen.

Benutzen können Sie bei Jüngeren stattdessen aber auch *alterspezifische Erlebniswelten*: Tiere sind beispielsweise für Kinder in allen Ländern toll und damit auch so etwas wie Urwald, Unterwasserwelt oder Zirkus. Jungs stehen z. B. auf Raumschiffe oder Monster-Trucks.

Was Sie dann noch brauchen, ist natürlich ein international gültiges *Key Visual*. Denken Sie auch hier daran, dass das Key Visual im Idealfall aus der Marke, aus dem Produkt abgeleitet wird und eine Information transportiert, wie das beispielsweise Twix macht (Finger) oder die Punica-Oase, die für Erfrischung stand.

Und damit kommen wir zum letzten Punkt, den wir auch mit Absicht an das Ende gestellt haben. *Vertrauen*. Das Vertrauen, das die jungen Konsumenten in Ihre Marke setzen müssen. Hans-Dieter Evers spricht hier von einem wichtigen „cultural keystone" (Evers, 1996). Das ist natürlich zum einen das Vertrauen, dass die versprochenen Benefits tatsächlich geliefert werden. Aber vor allem auch das Vertrauen, dass Sie und Ihre Marke den lokalen Konsumenten verstehen, auf seine Needs eingehen, seine Werte respektieren. Internationalität allein ist kein ausreichender Benefit, siehe MTV, Ihr Produkt muss sich in jedem Markt als stimmig, glaubwürdig und authentisch beweisen.

Literatur

Baake, D., Sander, U., Vollbrecht, R., Kommer, S. u.a.: Zielgruppe Kind. Opladen 1999

Barlovic, I.: Kinder testen das Fernsehen, in: Baacke, D., Lenssen, M., Röllecke, R. (Hrsg.): Von Mäusen und Monstern – Kinderfernsehen unter der Lupe. Bielefeld 1997

Bravo Faktor Jugend 2, 1999

Carey, G., Zhao, X., Chiaramonte, J., Eden, D.: Is there one global village for our future generation? In: Marketing and research today 2/1997

Egmont Ehapa Verlag: Coole Profis: Die Medienrealität der Kids. Stuttgart 1997

Eurobarometer: 1993

Eurotoys: 1998

Evers, H.-D.: Globale Märkte und soziale Transformation. In: Universität Bielefeld, Fakultät für Soziologie: Working Paper No. 234. Bielefeld 1996

Hamman, P., Palupski, R., Bofinger, K.: Markenstress in: Marketing ZFP 3/1997

Hofstede, G.: Sozialisation am Arbeitsplatz aus kulturvergleichender Sicht. In: Trommsdorff, G. (Hrsg.): Sozialisation im Kulturvergleich. Stuttgart 1989

iconkids & youth Studie: Quotenstichprobe mit 1004 Jugendlichen zwischen 12 und 20 Jahren in 5 europäischen Ländern, 1997

Inglehart, R.: The silent revolution. Changing values and political style in Western publics. Princeton 1977

Institut of European Food Studies: A pan-EU survey of consumer attitudes to food, nutrition and health. 1996

International Association for the Evaluation of Educational Achievement: Study of reading literacy – „How in the world do students read?", 1992

James, L.: From Rugrats to Spice Girls. In: ESOMAR Publication Series Vol. 216: How to be number one in the youth market. 1997

Janke, K., Niehues, S.: Echt Abgedreht. Die Jugend der 90er Jahre. München 1995

Mangleburg, T.F., Grewal, D., Bristol, T.: Family types, family authority relations, and adolescents' purchase influence. In: Advances in consumer research, Vol. 26, Provo UT, 1999

Neckermann, G.: Kinobesuch: Demographisch Bedingte Rückgänge und neue Zuschauergruppen. In: Media Perspektiven 3/1997

Salcher, E.F., Hoffelt, P.: Psychologische Marktforschung. Berlin 1995

Schenk-Danzinger, L.: Entwicklungspsychologie. Wien 1991

o.V.: Final household consumption in the European Union: Main trends and structure. In: Eurostat Statistics in focus, Economy and Finance 21/1998

Stichwortverzeichnis